《能源发展“十三五”规划》

辅导读本

国家能源局　编　写
努尔·白克力　主　编
李仰哲　副主编

中国电力出版社
CHINA ELECTRIC POWER PRESS

图书在版编目（CIP）数据

《能源发展“十三五”规划》辅导读本 / 努尔·白克力主编；国家能源局编写. —北京：中国电力出版社，2017. 3

ISBN 978-7-5198-0498-5

Ⅰ. ①能… Ⅱ. ①努… ②国… Ⅲ. ①能源经济-经济规划-五年计划-中国-2016-2020-学习参考资料 Ⅳ. ①F426. 2

中国版本图书馆 CIP 数据核字（2017）第 054359 号

出版发行：中国电力出版社
地　　址：北京市东城区北京站西街 19 号（邮政编码 100005）
网　　址：http://www.cepp.sgcc.com.cn
责任编辑：孙世通（010-63412326）
责任校对：马　宁
装帧设计：张俊霞
责任印制：单　玲

印　　刷：北京盛通印刷股份有限公司
版　　次：2017 年 3 月第一版
印　　次：2017 年 3 月北京第一次印刷
开　　本：787 毫米×1092 毫米　16 开本
印　　张：16. 5
字　　数：224 千字
定　　价：75. 00 元

本书编委会

主　编　努尔·白克力

副主编　李仰哲

编　委　袁　民　梁昌新　李福龙　何勇健
　　　　洪　澜　王思强　黄学农　刘宝华
　　　　严天科　刘德顺　朱　明　向海平
　　　　童光毅　顾　骏　熊国平　李晶华
　　　　丁勇军

撰稿人　马　宁　刘建平　张晓东　葛　炬
　　　　李　刚　丁　莹　韩逾瑾　姬大潜
　　　　宋　雯　杨瑞广　冯　波　贺　涛
　　　　翟广伟　任育之　赵学顺　任立新
　　　　樊　宁　刘　涛　纪庆磊　王　晶
　　　　王晓伟　李　东　方　竹　熊敏峰
　　　　刘明阳　吴　晔　周　倜　张　迪
　　　　田　昕　董少廷　刘翔宇　胡晓明
　　　　徐英新　初　赓　张会福　李高峰
　　　　凌　锋　张　鹏　魏新强　岳　昊
　　　　王世谦　王　茜　杨帮敏　李书喆

前　言

2016 年 12 月 26 日，经国务院批准，国家发展改革委、国家能源局印发了《能源发展“十三五”规划》（发改能源〔2016〕2744 号）。《能源发展“十三五”规划》（以下简称《规划》）根据《中华人民共和国国民经济和社会发展第十三个五年规划纲要》编制，主要阐明我国能源发展的指导思想、基本原则、发展目标、重点任务和政策措施，是“十三五”时期我国能源发展的总体蓝图和行动纲领。

为了使社会各界全面、准确理解《规划》，深入宣传贯彻国家能源发展改革战略意图和政策导向，凝聚各方面智慧和力量，共同推动“十三五”能源发展规划的落实，国家能源局组织编写了《〈能源发展“十三五”规划〉辅导读本》。

本辅导读本各讲由国家能源局参与规划研究编制的同志撰写，是对“十三五”能源发展工作的系统论述和深刻阐释。希望本书的出版对广大读者和能源工作者进一步学习和理解《规划》有所裨益。

目 录

能源发展“十三五”规划

前　言

能源是人类社会生存发展的重要物质基础，攸关国计民生和国家战略竞争力。当前，世界能源格局深刻调整，供求关系总体缓和，应对气候变化进入新阶段，新一轮能源革命蓬勃兴起。我国经济发展步入新常态，能源消费增速趋缓，发展质量和效率问题突出，供给侧结构性改革刻不容缓，能源转型变革任重道远。“十三五”时期是全面建成小康社会的决胜阶段，也是推动能源革命的蓄力加速期，牢固树立和贯彻落实创新、协调、绿色、开放、共享的发展理念，遵循能源发展“四个革命、一个合作”战略思想，深入推进能源革命，着力推动能源生产利用方式变革，建设清洁低碳、安全高效的现代能源体系，是能源发展改革的重大历史使命。

本规划根据《中华人民共和国国民经济和社会发展第十三个五年规划纲要》（以下简称“十三五”规划纲要）编制，主要阐明我国能源发展的指导思想、基本原则、发展目标、重点任务和政策措施，是“十三五”时期我国能源发展的总体蓝图和行动纲领。

第一章 发展基础与形势

一、发展基础

“十二五”时期我国能源较快发展，供给保障能力不断增强，发展质量逐步提高，创新能力迈上新台阶，新技术、新产业、新业态和新模式开始涌现，能源发展站到转型变革的新起点。

能源供给保障有力。能源生产总量、电力装机规模和发电量稳居世界第一，长期以来的保供压力基本缓解。大型煤炭基地建设取得积极成效，建成一批安全高效大型现代化煤矿。油气储采比稳中有升，能源储运能力显著增强，油气主干管道里程从 7.3 万公里增长到 11.2 万公里，220 千伏及以上输电线路长度突破 60 万公里，西电东送能力达到 1.4 亿千瓦，资源跨区优化配置能力大幅提升。

结构调整步伐加快。非化石能源和天然气消费比重分别提高 2.6 和 1.9 个百分点，煤炭消费比重下降 5.2 个百分点，清洁化步伐不断加快。水电、风电、光伏发电装机规模和核电在建规模均居世界第一。非化石能源发电装机比例达到 35%，新增非化石能源发电装机规模占世界的 40% 左右。

节能减排成效显著。单位国内生产总值能耗下降 18.4%，二氧化碳排放强度下降 20% 以上，超额完成规划目标。大气污染防治行动计划逐步落实，重点输电通道全面开工，成品油质量升级行动深入实施，东部 11 个省（市）提前供应国五标准车用汽柴油，散煤治理步伐加快，煤炭清洁高效利用水平稳步提升。推动现役煤电机组全面实现脱硫，脱硝机组比例达到 92%，单位千瓦时供电煤耗下降 18 克标准煤，煤电机组超低排放和节能改造工程全面启动。

科技创新迈上新台阶。千万吨煤炭综采、智能无人采煤工作面、三次采油和复杂区块油气开发、单机 80 万千瓦水轮机组、百万千瓦超超临界燃煤机组、特高压输电等技术装备保持世界领先水平。自主创新取得重大进展，三代核电“华龙一号”、四代安全特征高温气冷堆示范工程开工建设，深水油气钻探、页岩气开采取得突破，海上风电、低风速风电进入商业化运营，大规模储能、石墨烯材料等关键技术正在孕育突破，能源发展进入创新驱动的新阶段。

体制改革稳步推进。大幅取消和下放行政审批事项，行政审批制度改革成效明显。电力体制改革不断深化，电力市场建设、交易机构组建、发用电计划放开、售电侧和输配电价改革加快实施。油气体制改革稳步推进。电煤价格双轨制取消，煤炭资源税改革取得突破性进展，能源投资进一步向民间资本开放。

国际合作不断深化。“一带一路”能源合作全面展开，中巴经济走廊能源合作深入推进。西北、东北、西南及海上四大油气进口通道不断完善。电力、油气、可再生能源和煤炭等领域技术、装备和服务合作成效显著，核电国际合作迈开新步伐。双多边能源交流广泛开展，我国对国际能源事务的影响力逐步增强。

专栏1：“十二五”时期能源发展主要成就

指　标	单　位	2010年	2015年	年均增长
一次能源生产量	亿吨标准煤	31.2	36.2	3%
其中：煤炭	亿吨	34.3	37.5	1.8%
原油	亿吨	2	2.15	1.1%
天然气	亿立方米	957.9	1346	7.0%
非化石能源	亿吨标准煤	3.2	5.2	10.2%
电力装机规模	亿千瓦	9.7	15.3	9.5%
其中：水电	亿千瓦	2.2	3.2	8.1%
煤电	亿千瓦	6.6	9.0	6.4%

续表

指　标	单　位	2010 年	2015 年	年均增长
气电	万千瓦	2642	6603	20. 1%
核电	万千瓦	1082	2717	20. 2%
风电	万千瓦	2958	13075	34. 6%
太阳能发电	万千瓦	26	4318	177%
能源消费总量	亿吨标准煤	36. 1	43	3. 6%
能源消费结构 其中：煤炭	%	69. 2	64	[-5. 2]
石油	%	17. 4	18. 1	[0. 7]
天然气	%	4	5. 9	[1. 9]
非化石能源	%	9. 4	12	[2. 6]

注　〔 〕内为五年累计值。

二、发展趋势

从国际看，“十三五”时期世界经济将在深度调整中曲折复苏，国际能源格局发生重大调整，围绕能源市场和创新变革的国际竞争仍然激烈，主要呈现以下五个趋势。

能源供需宽松化。美国页岩油气革命，推动全球油气储量、产量大幅增加。液化天然气技术进一步成熟，全球天然气贸易规模持续增长，并从区域化走向全球化。非化石能源快速发展，成为能源供应新的增长极。世界主要发达经济体和新兴经济体潜在增长率下降，能源需求增速明显放缓，全球能源供应能力充足。

能源格局多极化。世界能源消费重心加速东移，发达国家能源消费基本趋于稳定，发展中国家能源消费继续保持较快增长，亚太地区成为推动世界能源消费增长的主要力量。美洲油气产能持续增长，成为国际油气新增产量的主要供应地区，西亚地区油气供应一极独大的优势弱化，逐步形成西亚、中亚—俄罗斯、非洲、美洲多极发展新格局。

能源结构低碳化。世界能源低碳化进程进一步加快，天然气和非化石能源成为世界能源发展的主要方向。经济合作与发展组织成员国天然气消费比重已经超过30%，2030年天然气有望成为第一大能源品种。欧盟可再生能源消费比重已经达到15%，预计2030年将超过27%。日本福岛核事故影响了世界核电发展进程，但在确保安全的前提下，主要核电大国和一些新兴国家仍将核电作为低碳能源发展的方向。

能源系统智能化。能源科技创新加速推进，新一轮能源技术变革方兴未艾，以智能化为特征的能源生产消费新模式开始涌现。智能电网加快发展，分布式智能供能系统在工业园区、城镇社区、公用建筑和私人住宅开始应用，新能源汽车产业化进程加快，越来越多的用能主体参与能源生产和市场交易，智慧能源新业态初现雏形。

国际竞争复杂化。能源国际竞争焦点从传统的资源掌控权、战略通道控制权向定价权、货币结算权、转型变革主导权扩展。能源生产消费国利益分化调整，传统与新兴能源生产国之间角力加剧，全球能源治理体系加速重构。

从国内看，“十三五”时期是我国经济社会发展非常重要的时期。能源发展将呈现以下五个趋势。

能源消费增速明显回落。未来五年，钢铁、有色、建材等主要耗能产品需求预计将达到峰值，能源消费将稳中有降。在经济增速趋缓、结构转型升级加快等因素共同作用下，能源消费增速预计将从“十五”以来的年均9%下降到2.5%左右。

能源结构双重更替加快。“十三五”时期是我国实现非化石能源消费比重达到15%目标的决胜期，也是为2030年前后碳排放达到峰值奠定基础的关键期。煤炭消费比重将进一步降低，非化石能源和天然气消费比重将显著提高，我国主体能源由油气替代煤炭、非化石能源替代化石能源的双重更替进程将加快推进。

能源发展动力加快转换。能源发展正在由主要依靠资源投入向创新驱动转变，科技、体制和发展模式创新将进一步推动能源清洁化、智能化发展，培育形成新产业和新业态。能源消费增长的主要来源逐步由传统高耗能产业转向第三产业和居民生活用能，现代制造业、大数据中心、新能源汽车等将成为新的用能增长点。

能源供需形态深刻变化。随着智能电网、分布式能源、低风速风电、太阳能新材料等技术的突破和商业化应用，能源供需方式和系统形态正在发生深刻变化。“因地制宜、就地取材”的分布式供能系统将越来越多地满足新增用能需求，风能、太阳能、生物质能和地热能在新城镇、新农村能源供应体系中的作用将更加凸显。

能源国际合作迈向更高水平。“一带一路”建设和国际产能合作的深入实施，推动能源领域更大范围、更高水平和更深层次的开放交融，有利于全方面加强能源国际合作，形成开放条件下的能源安全新格局。

三、主要问题和挑战

“十三五”时期，我国能源消费增长换挡减速，保供压力明显缓解，供需相对宽松，能源发展进入新阶段。在供求关系缓和的同时，结构性、体制机制性等深层次矛盾进一步凸显，成为制约能源可持续发展的重要因素。面向未来，我国能源发展既面临厚植发展优势、调整优化结构、加快转型升级的战略机遇期，也面临诸多矛盾交织、风险隐患增多的严峻挑战。

传统能源产能结构性过剩问题突出。煤炭产能过剩，供求关系严重失衡。煤电机组平均利用小时数明显偏低，并呈现进一步下降趋势，导致设备利用效率低下、能耗和污染物排放水平大幅增加。原油一次加工能力过剩，产能利用率不到70%，但高品质清洁油品生产能力不足。

可再生能源发展面临多重瓶颈。可再生能源全额保障性收购政策尚未得到有效落实。电力系统调峰能力不足，调度运行和调峰成本补偿机制不健全，难以适应可再生能源大规模并网消纳的要求，部分地区弃风、弃水、弃光问题严重。鼓励风电和光伏发电依靠技术进步降低成本、加快分布式发展的机制尚未建立，可再生能源发展模式多样化受到制约。

天然气消费市场亟需开拓。天然气消费水平明显偏低与供应能力阶段性富余问题并存，需要尽快拓展新的消费市场。基础设施不完善，管网密度低，储气调峰设施严重不足，输配成本偏高，扩大天然气消费面临诸多障碍。市场机制不健全，国际市场低价天然气难以适时进口，天然气价格水平总体偏高，随着煤炭、石油价格下行，气价竞争力进一步削弱，天然气消费市场拓展受到制约。

能源清洁替代任务艰巨。部分地区能源生产消费的环境承载能力接近上限，大气污染形势严峻。煤炭占终端能源消费比重高达20%以上，高出世界平均水平10个百分点。“以气代煤”和“以电代煤”等清洁替代成本高，洁净型煤推广困难，大量煤炭在小锅炉、小窑炉及家庭生活等领域散烧使用，污染物排放严重。高品质清洁油品利用率较低，交通用油等亟需改造升级。

能源系统整体效率较低。电力、热力、燃气等不同供能系统集成互补、梯级利用程度不高。电力、天然气峰谷差逐渐增大，系统调峰能力严重不足，需求侧响应机制尚未充分建立，供应能力大都按照满足最大负荷需要设计，造成系统设备利用率持续下降。风电和太阳能发电主要集中在西北部地区，长距离大规模外送需配套大量煤电用以调峰，输送清洁能源比例偏低，系统利用效率不高。

跨省区能源资源配置矛盾凸显。能源资源富集地区大都仍延续大开发、多外送的发展惯性，而主要能源消费地区需求增长放缓，市场空间萎缩，更加注重能源获取的经济性与可控性，对接受区外能源的积极性普遍降低。能源送受地区之间利益矛盾日益加剧，清洁能源在全国范围内优化配置受阻，部分跨省区能源输送通道面临低效运行甚至闲置的风险。

适应能源转型变革的体制机制有待完善。能源价格、税收、财政、环保等政策衔接协调不够，能源市场体系建设滞后，市场配置资源的作用没有得到充分发挥。价格制度不完善，天然气、电力调峰成本补偿及相应价格机制较为缺乏，科学灵活的价格调节机制尚未完全形成，不能适应能源革命的新要求。

第二章 指导方针和目标

一、指导思想

全面贯彻党的十八大和十八届三中、四中、五中、六中全会精神，更加紧密地团结在以习近平同志为核心的党中央周围，认真落实党中央、国务院决策部署，紧紧围绕统筹推进“五位一体”总体布局和协调推进“四个全面”战略布局，牢固树立和贯彻落实创新、协调、绿色、开放、共享的发展理念，主动适应、把握和引领经济发展新常态，遵循能源发展“四个革命、一个合作”的战略思想，顺应世界能源发展大势，坚持以推进供给侧结构性改革为主线，以满足经济社会发展和民生需求为立足点，以提高能源发展质量和效益为中心，着力优化能源系统，着力补齐资源环境约束、质量效益不高、基础设施薄弱、关键技术缺乏等短板，着力培育能源领域新技术新产业新业态新模式，着力提升能源普遍服务水平，全面推进能源生产和消费革命，努力构建清洁低碳、安全高效的现代能源体系，为全面建成小康社会提供坚实的能源保障。

二、基本原则

——革命引领，创新发展。把能源革命作为能源发展的核心任务，把创新作为引领能源发展的第一动力。加快技术创新、体制机制创新、商业模式创新，充分发挥市场配置资源的决定性作用，增强发展活力，促进能源持续健康发展。

——效能为本，协调发展。坚持节约资源的基本国策，把节能贯穿于经济社会发展全过程，推行国际先进能效标准和节能制度，推动形成全社会节能型生产方式和消费模式。以智能高效为目标，加强能源系统统筹协调和集成优化，推动各类能源协同协调发展，大幅提升系统效率。

——清洁低碳，绿色发展。把发展清洁低碳能源作为调整能源结构的主攻方向，坚持发展非化石能源与清洁高效利用化石能源并举。逐步降低煤炭消费比重，提高天然气和非化石能源消费比重，大幅降低二氧化碳排放强度和污染物排放水平，优化能源生产布局和结构，促进生态文明建设。

——立足国内，开放发展。加强能源资源勘探开发，增强能源储备应急能力，构建多轮驱动的能源供应体系，保持能源充足稳定供应。积极实施“一带一路”战略，深化能源国际产能和装备制造合作，推进能源基础设施互联互通，提升能源贸易质量，积极参与全球能源治理。

——以人为本，共享发展。按照全面建成小康社会的要求，加强能源基础设施和公共服务能力建设，提升产业支撑能力，提高能源普遍服务水平，切实保障和改善民生。坚持能源发展和脱贫攻坚有机结合，推进能源扶贫工程，重大能源工程优先支持革命老区、民族地区、边疆地区和集中连片贫困地区。

——筑牢底线，安全发展。树立底线思维，增强危机意识，坚持国家总体安全观，牢牢把握能源安全主动权。增强国内油气供给保障能力，推进重点领域石油减量替代，加快发展石油替代产业，加强煤制油气等战略技术储备，统筹利用“两个市场，两种资源”，构建多元安全保障体系，确保国家能源安全。

三、政策取向

更加注重发展质量，调整存量、做优增量，积极化解过剩产能。对存在产能过剩和潜在过剩的传统能源行业，“十三五”前期原则上不安排新增项目，大力推进升级改造和淘汰落后产能。合理把握新能源发展节奏，着力消化存量，优化发展增量，新建大型基地或项目应提前落实市场空间。尽快建立和完善煤电、风电、光伏发电设备利用率监测预警和调控约束机制，促进相关产业健康有序发展。

更加注重结构调整，加快双重更替，推进能源绿色低碳发展。抓住能源供需宽松的有利时机，加快能源结构双重更替步伐。着力降低煤炭消费比重，加快散煤综合治理，大力推进煤炭分质梯级利用。鼓励天然气勘探开发投资多元化，实现储运接收设施公平接入，加快价格改革，降低利用成本，扩大天然气消费。超前谋划水电、核电发展，适度加大开工规模，稳步推进风电、太阳能等可再生能源发展，为实现2030年非化石能源发展目标奠定基础。

更加注重系统优化，创新发展模式，积极构建智慧能源系统。把提升系统调峰能力作为补齐电力发展短板的重大举措，加快优质调峰电源建设，积极发展储能，变革调度运行模式，加快突破电网平衡和自适应等运行控制技术，显著提高电力系统调峰和消纳可再生能源能力。强化电力和天然气需求侧管理，显著提升用户响应能力。大力推广热、电、冷、气一体化集成供能，加快推进“互联网+”智慧能源建设。

更加注重市场规律，强化市场自主调节，积极变革能源供需模式。适应跨省区能源配置需求减弱的新趋势，处理好能源就地平衡与跨区供应的关系，慎重研究论证新增跨区输送通道。用市场机制协调电力送、受双方利益，发挥比较优势，实现互利共赢。坚持集中开发与分散利用并举，高度重视分布式能源发展，大力推广智能化供能和用能方式，培育新的增长动能。

更加注重经济效益，遵循产业发展规律，增强能源及相关产业竞争力。以全社会综合用能成本较低作为能源发展的重要目标和衡量标准，更加突出经济性，着力打造低价能源优势。遵循产业发展趋势和规律，逐步降低风电、光伏发电价格水平和补贴标准，合理引导市场预期，通过竞争促进技术进步和产业升级，实现产业健康可持续发展。

更加注重机制创新，充分发挥价格调节作用，促进市场公平竞争。放开电力、天然气竞争性环节价格，逐步形成及时反映市场供求关系、符合能源发展特性的价格机制，引导市场主体合理调节能源生产和消费行为。推动实施有利于提升清洁低碳能源竞争力的市场交易制度和绿色财税机制。

四、主要目标

按照“十三五”规划纲要总体要求，综合考虑安全、资源、环境、技术、经济等因素，2020年能源发展主要目标是：

——能源消费总量。能源消费总量控制在50亿吨标准煤以内，煤炭消费总量控制在41亿吨以内。全社会用电量预期为6.8万亿～7.2万亿千瓦时。

——能源安全保障。能源自给率保持在80%以上，增强能源安全战略保障能力，提升能源利用效率，提高能源清洁替代水平。

——能源供应能力。保持能源供应稳步增长，国内一次能源生产量约40亿吨标准煤，其中煤炭39亿吨，原油2亿吨，天然气2200亿立方米，非化石能源7.5亿吨标准煤。发电装机20亿千瓦左右。

——能源消费结构。非化石能源消费比重提高到15%以上，天然气消费比重力争达到10%，煤炭消费比重降低到58%以下。发电用煤占煤炭消费比重提高到55%以上。

——能源系统效率。单位国内生产总值能耗比2015年下降15%，煤电平均供电煤耗下降到每千瓦时310克标准煤以下，电网线损率控制在6.5%以内。

——能源环保低碳。单位国内生产总值二氧化碳排放比2015年下降18%。能源行业环保水平显著提高，燃煤电厂污染物排放显著降低，具备改造条件的煤电机组全部实现超低排放。

——能源普遍服务。能源公共服务水平显著提高，实现基本用能服务便利化，城乡居民人均生活用电水平差距显著缩小。

专栏 2：“十三五” 时期能源发展主要指标

类别	指　　标	单位	2015年	2020年	年均增长	属性
能源总量	一次能源生产量	亿吨标准煤	36.2	40	2.0%	预期性
	电力装机总量	亿千瓦	15.3	20	5.5%	预期性
	能源消费总量	亿吨标准煤	43	<50	<3%	预期性
	煤炭消费总量	亿吨原煤	39.6	41	0.7%	预期性
	全社会用电量	万亿千瓦时	5.69	6.8～7.2	3.6%～4.8%	预期性
能源安全	能源自给率	%	84	>80		预期性
能源结构	非化石能源装机比重	%	35	39	[4]	预期性
	非化石能源发电量比重	%	27	31	[4]	预期性
	非化石能源消费比重	%	12	15	[3]	约束性
	天然气消费比重	%	5.9	10	[4.1]	预期性
	煤炭消费比重	%	64	58	[-6]	约束性
	电煤占煤炭消费比重	%	49	55	[6]	预期性
能源效率	单位国内生产总值能耗降低	%	—	—	[15]	约束性
	煤电机组供电煤耗	克标准煤/千瓦时	318	<310		约束性
	电网线损率	%	6.64	<6.5		预期性
能源环保	单位国内生产总值二氧化碳排放降低	%	—	—	[18]	约束性

注　〔〕内为五年累计值。

第三章 主 要 任 务

一、高效智能，着力优化能源系统

以提升能源系统综合效率为目标，优化能源开发布局，加强电力系统调峰能力建设，实施需求侧响应能力提升工程，推动能源生产供应集成优化，构建多能互补、供需协调的智慧能源系统。

优化能源开发布局。根据国家发展战略，结合全国主体功能区规划和大气污染防治要求，充分考虑产业转移与升级、资源环境约束和能源流转成本，全面系统优化能源开发布局。能源资源富集地区合理控制大型能源基地开发规模和建设时序，创新开发利用模式，提高就地消纳比例，根据目标市场落实情况推进外送通道建设。能源消费地区因地制宜发展分布式能源，降低对外来能源调入的依赖。充分发挥市场配置资源的决定性作用和更好发挥政府作用，以供需双方自主衔接为基础，合理优化配置能源资源，处理好清洁能源充分消纳战略与区域间利益平衡的关系，有效化解弃风、弃光、弃水和部分输电通道闲置等资源浪费问题，全面提升能源系统效率。

加强电力系统调峰能力建设。加快大型抽水蓄能电站、龙头水电站、天然气调峰电站等优质调峰电源建设，加大既有热电联产机组、燃煤发电机组调峰灵活性改造力度，改善电力系统调峰性能，减少冗余装机和运行成本，提高可再生能源消纳能力。积极开展储能示范工程建设，推动储能系统与新能源、电力系统协调优化运行。推进电力系统运行模式变革，实施节能低碳调度机制，加快电力现货市场及电力辅助服务市场建设，合理补偿电力调峰成本。

实施能源需求响应能力提升工程。坚持需求侧与供给侧并重，完善市场机制及技术支撑体系，实施“能效电厂”“能效储气库”建设工程，逐步完善价格机制，引导电力、天然气用户自主参与调峰、错峰，增强需求响应能力。以智能电网、能源微网、电动汽车和储能等技术为支撑，大力发展分布式能源网络，增强用户参与能源供应和平衡调节的灵活性和适应能力。积极推行合同能源管理、综合节能服务等市场化机制和新型商业模式。

实施多能互补集成优化工程。加强终端供能系统统筹规划和一体化建设，在新城镇、新工业园区、新建大型公用设施（机场、车站、医院、学校等）、商务区和海岛地区等新增用能区域，实施终端一体化集成供能工程，因地制宜推广天然气热电冷三联供、分布式再生能源发电、地热能供暖制冷等供能模式，加强热、电、冷、气等能源生产耦合集成和互补利用。在既有工业园区等用能区域，推进能源综合梯级利用改造，推广应用上述供能模式，加强余热余压、工业副产品、生活垃圾等能源资源回收及综合利用。利用大型综合能源基地风能、太阳能、水能、煤炭、天然气等资源组合优势，推进风光水火储多能互补工程建设运行。

专栏 3：能源系统优化重点工程

综合能源基地建设工程：统筹规划、集约开发，优化建设山西、鄂尔多斯盆地、内蒙古东部地区、西南地区和新疆五大国家综合能源基地。稳步推进宁夏宁东、甘肃陇东区域能源基地开发，科学规划安徽两淮、贵州毕节、陕西延安、内蒙古呼伦贝尔、河北张家口等区域能源基地建设，促进区域能源协调可持续发展。

优质调峰机组建设工程：加快推进金沙江龙盘、岗托等龙头水电站建设，建设雅砻江两河口、大渡河双江口等龙头水电站，提高水电丰枯调节能力和水能利用效率。合理规划抽水蓄能电站规模与布局，完善投资、价格机制和管理体制，加快大型抽水蓄能电站建设，新增开工规模 6000 万千瓦，2020 年在运规模达到 4000 万千瓦。在大中型城市、气源有保障地区和风光等集中开发地区优先布局天然气调峰电站。

风光水火储多能互补工程：重点在青海、甘肃、宁夏、四川、云南、贵州、内蒙古等省区，利用风能、太阳能、水能、煤炭、天然气等资源组合优势，充分发挥流域梯级水电站、具有灵活调节能力火电机组的调峰能力和效益，积极推进储能等技术研发应用，完善配套市场交易和价格机制，开展风光水火储互补系统一体化运行示范，提高互补系统电力输出功率稳定性和输电效率，提升可再生能源发电就地消纳能力。加快发展储电、储热、储冷等多类型、大容量、高效率储能系统，积极建设储能示范工程，合理规划建设供电、加油、加气与储能（电）站一体化设施。

终端一体化集成供能工程：在新增用能区域加强终端供能系统统筹规划和一体化建设，因地制宜实施传统能源与风能、太阳能、地热能、生物质能、海洋能等能源的协同开发利用，统筹规划电力、燃气、热力、供冷、供水管廊等基础设施，建设终端一体化集成供能系统。在既有用能区域推广应用上述供能模式，同时加快能源综合梯级利用改造，建设余热、余压综合利用发电机组。建成北京城市副中心、福建平潭综合实验区、山西大同经济技术开发区等终端一体化集成供能示范工程，余热、余压综合利用规模达到1000万千瓦，建设一批智慧能源示范园区。

“能效电厂”建设工程：全国范围内扩大实施峰谷、季节、可中断负荷等价格制度，推广落实气、电价格联动机制。在四川、云南、湖北、湖南、广西、福建等水电比重大的省份实施丰枯电价。鼓励发展咨询、诊断、设计、融资、改造、托管等“一站式”合同能源管理服务，积极开展合同能源管理示范工程。

积极推动“互联网+”智慧能源发展。加快推进能源全领域、全环节智慧化发展，实施能源生产和利用设施智能化改造，推进能源监测、能量计量、调度运行和管理智能化体系建设，提高能源发展可持续自适应能力。加快智能电网发展，积极推进智能变电站、智能调度系统建设，扩大智能电表等智能计量设施、智能信息系统、智能用能设施应用范围，提高电网与发电侧、需求侧交互响应能力。推进能源与信息、材料、生物等领域新技术深度融合，统筹能源与通信、交通等基础设施建设，构建能源生产、输送、使用和储能体系协调发展、集成互补的能源互联网。

二、节约低碳，推动能源消费革命

坚持节约优先，强化引导和约束机制，抑制不合理能源消费，提升能源消费清洁化水平，逐步构建节约高效、清洁低碳的社会用能模式。

实施能源消费总量和强度“双控”。把能源消费总量和能源消费强度作为经济社会发展重要约束性指标，建立指标分解落实机制。调整产业结构，综合运用经济、法律等手段，切实推进工业、建筑、交通等重点领域节能减排，通过淘汰落后产能、加快传统产业升级改造和培育新动能，提高能源效率。加强重点行业能效管理，推动重点企业能源管理体系建设，提高用能设备能效水平，严格钢铁、电解铝、水泥等高耗能行业产品能耗标准。

开展煤炭消费减量行动。严控煤炭消费总量，京津冀鲁、长三角和珠三角等区域实施减煤量替代，其他重点区域实施等煤量替代。提升能效环保标准，积极推进钢铁、建材、化工等高耗煤行业节能减排改造。全面实施散煤综合治理，逐步推行天然气、电力、洁净型煤及可再生能源等清洁能源替代民用散煤，实施工业燃煤锅炉和窑炉改造提升工程，散煤治理取得明显进展。

拓展天然气消费市场。积极推进天然气价格改革，推动天然气市场建设，探索建立合理气、电价格联动机制，降低天然气综合使用成本，扩大天然气消费规模。稳步推进天然气接收和储运设施公平开放，鼓励大用户直供。合理布局天然气销售网络和服务设施，以民用、发电、交通和工业等领域为着力点，实施天然气消费提升行动。以京津冀及周边地区、长三角、珠三角、东北地区为重点，推进重点城市“煤改气”工程。加快建设天然气分布式能源项目和天然气调峰电站。2020 年气电装机规模达到 1.1 亿千瓦。

实施电能替代工程。积极推进居民生活、工业与农业生产、交通运输等领域电能替代。推广电锅炉、电窑炉、电采暖等新型用能方式，以京津冀及周边地区为重点，加快推进农村采暖电能替代，在新能源富集地区利用低谷富余电实施储能供暖。提高铁路电气化率，适度超前建设电动汽车充电设施，大力发展港口岸电、机场桥电系统，促进交通运输“以电代油”。到 2020 年电能在终端能源消费中的比重提高到 27% 以上。

开展成品油质量升级专项行动。2017 年起全面使用国五标准车用汽柴油，抓紧制定发布国六标准车用汽柴油标准，力争 2019 年全面实施。加快推进普通柴油、船用燃料油质量升级，推广使用生物质燃料等清洁油品，提高煤制燃料战略储备能力。加强车船尾气排放与净化设施改造监管，确保油机协同升级。

创新生产生活用能模式。实施工业节能、绿色建筑、绿色交通等清洁节能行动。健全节能标准体系，大力开发、推广节能高效技术和产品，实现重点用能行业、设备节能标准全覆盖。推行重点用能行业能效“领跑者”制度和对标达标考核制度。积极创建清洁能源示范省（区、市）、绿色能源示范市（县）、智慧能源示范镇（村、岛）和绿色园区（工厂），引导居民科学合理用能，推动形成注重节能的生活方式和社会风尚。

专栏 4：能源消费革命重点工程

天然气消费提升行动：扩大城市高污染燃料禁燃区范围，加快实施“煤改气”。以京津冀及周边地区、长三角、珠三角、东北地区为重点，推进重点城市“煤改气”工程，增加用气 450 亿立方米，替代燃煤锅炉 18.9 万蒸吨。提高天然气发电利用比重，鼓励发展天然气分布式多联供项目，支持发展燃气调峰电站，结合热负荷需求适度发展燃气热电联产项目。扩大交通领域天然气利用，推广天然气公交车、出租车、物流配送车、环卫车、重型卡车和液化天然气船舶。

充电基础设施建设工程：建设“四纵四横”城际电动汽车快速充电网络，新增超过 800 座城际快速充电站。新增集中式充换电站超过 1.2 万座，分散式充电桩超过 480 万个，满足全国 500 万辆电动汽车充换电需求。

节能行动：大力推广应用高效节能产品和设备，发展高效锅炉、高效内燃机、高效电机和高效变压器，推进高耗能通用设备改造，推广节能电器和绿色照明，不断提高重点用能设备能效。提高建筑节能标准，加快推进建筑节能改造，推广供热计量，完善绿色建筑标准体系，推广超低能耗建筑。实施工业园区节能改造工程，加强园区能源梯级利用。大力发展城市公共交通，提高绿色出行比例。

清洁能源示范省区建设工程：着眼于提高非化石能源和天然气消费比重，控制煤炭消费，提高清洁化用能水平，加快推进浙江清洁能源示范省，宁夏新能源综合示范区，青海、张家口可再生能源示范区建设，支持四川、海南、西藏等具备条件的省区开展清洁能源示范省建设，支持日喀则等地区发挥资源综合比较优势，推进绿色能源示范区建设，在具备资源条件和发展基础的地区建设一批智慧能源示范城市（乡镇、园区、楼宇）。

三、多元发展，推动能源供给革命

推动能源供给侧结构性改革，以五大国家综合能源基地为重点优化存量，把推动煤炭等化石能源清洁高效开发利用作为能源转型发展的首要任务，同时大力拓展增量，积极发展非化石能源，加强能源输配网络和储备应急设施建设，加快形成多轮驱动的能源供应体系，着力提高能源供应体系的质量和效率。

着力化解和防范产能过剩。坚持转型升级和淘汰落后相结合，综合运用市场和必要的行政手段，提升存量产能利用效率，从严控制新增产能，支持企业开展产能国际合作，推动市场出清，多措并举促进市场供需平衡。加强市场监测预警，强化政策引导，主动防范风险，促进产业有序健康发展。

——煤炭。严格控制审批新建煤矿项目、新增产能技术改造项目和生产能力核增项目，确需新建煤矿的，实行减量置换。运用市场化手段以及安全、环保、技术、质量等标准，加快淘汰落后产能和不符合产业政策的产能，积极引导安全无保障、资源枯竭、赋存条件差、环境污染重、长期亏损的煤矿产能有序退出，推进企业兼并重组，鼓励煤、电、化等上下游产业一体化经营。实行煤炭产能登记公告制度，严格治理违法违规煤矿项目建设，控制超能力生产。"十三五"期间，停缓建一批在建煤矿项目，14 个大型煤炭基地生产能力达到全国的 95% 以上。

专栏 5：煤炭发展重点

严格控制新增产能：神东、陕北、黄陇和新疆基地，在充分利用现有煤炭产能基础上，结合已规划电力、现代煤化工项目，根据市场情况合理安排新建煤矿项目；蒙东（东北）、宁东、晋北、晋中、晋东和云贵基地，有序建设接续煤矿，控制煤炭生产规模；鲁西、冀中、河南和两淮基地压缩煤炭生产规模。

加快淘汰落后产能：尽快关闭 13 类落后小煤矿，以及开采范围与自然保护区、风景名胜区、饮用水水源保护区等区域重叠的煤矿。2018 年前淘汰产能小于 30 万吨/年且发生过重大及以上安全生产责任事故的煤矿，产能 15 万吨/年且发生过较大及以上安全生产责任事故的煤矿，以及采用国家明令禁止使用的采煤方法、工艺且无法实施技术改造的煤矿。

有序退出过剩产能：开采范围与依法划定、需特别保护的相关环境敏感区重叠的煤矿，晋、蒙、陕、宁等地区产能小于 60 万吨/年的非机械化开采煤矿，冀、辽、吉、黑、苏、皖、鲁、豫、甘、青、新等地区产能小于 30 万吨/年的非机械化开采煤矿，其他地区产能小于 9 万吨/年的非机械化开采煤矿有序退出市场。

——煤电。优化规划建设时序，加快淘汰落后产能，促进煤电清洁高效发展。建立煤电规划建设风险预警机制，加强煤电利用小时数监测和考核，与新上项目规模挂钩，合理调控建设节奏。"十三五"前两年暂缓核准电力盈余省份中除民生热电和扶贫项目之外的新建自用煤电项目，采取有力措施提高存量机组利用率，使全国煤电机组平均利用小时数达到合理水平；后三年根据供需形势，按照国家总量控制要求，合理确定新增煤电规模，有序安排项目开工和投产时序。民生热电联产项目以背压式机组为主。提高煤电能耗、环保等准入标准，加快淘汰落后产能，力争关停2000万千瓦。2020年煤电装机规模力争控制在11亿千瓦以内。

全面实施燃煤机组超低排放与节能改造，推广应用清洁高效煤电技术，严格执行能效环保标准，强化发电厂污染物排放监测。2020年煤电机组平均供电煤耗控制在每千瓦时310克以下，其中新建机组控制在300克以下，二氧化硫、氮氧化物和烟尘排放浓度分别不高于每立方米35、50、10毫克。

专栏6： 煤电发展重点

优化建设时序：取消一批，缓核一批，缓建一批和停建煤电项目，新增投产规模控制在2亿千瓦以内。

淘汰落后产能：逐步淘汰不符合环保、能效等要求且不实施改造的30万千瓦以下、运行满20年以上纯凝机组、25年及以上抽凝热电机组，力争淘汰落后产能2000万千瓦。

节能减排改造：“十三五”期间完成煤电机组超低排放改造4.2亿千瓦，节能改造3.4亿千瓦。其中，2017年前总体完成东部11省市现役30万千瓦及以上公用煤电机组、10万千瓦及以上自备煤电机组超低排放改造；2018年前基本完成中部8省现役30万千瓦及以上煤电机组超低排放改造，2020年前完成西部12省区市及新疆生产建设兵团现役30万千瓦及以上煤电机组超低排放改造。不具备改造条件的机组实现达标排放，对经整改仍不符合要求的，由地方政府予以淘汰关停。东部、中部地区现役煤电机组平均供电煤耗力争在2017年、2018年实现达标，西部地区到2020年前达标。

——煤炭深加工。按照国家能源战略技术储备和产能储备示范工程的定位，合理控制发展节奏，强化技术创新和市场风险评估，严格落实环保准入条件，有序发展煤炭深加工，稳妥推进煤制燃料、煤制烯烃等升级示范，增强项目竞争力和抗风险能力。严格执行能效、环保、节水和装备自主化等标准，积极探索煤炭深加工与炼油、石化、电力等产业有机融合的创新发展模式，力争实现长期稳定高水平运行。"十三五"期间，煤制油、煤制天然气生产能力达到1300万吨和170亿立方米左右。

鼓励煤矸石、矿井水、煤矿瓦斯等煤炭资源综合利用，提升煤炭资源附加值和综合利用效率。采用先进煤化工技术，推进低阶煤中低温热解、高铝粉煤灰提取氧化铝等煤炭分质梯级利用示范项目建设。积极推广应用清洁煤技术，大力发展煤炭洗选加工，2020年原煤入选率达到75%以上。

专栏7：煤炭深加工建设重点

煤制油项目：宁夏神华宁煤二期、内蒙古神华鄂尔多斯二三线、陕西兖矿榆林二期、新疆甘泉堡、新疆伊犁、内蒙古伊泰、贵州毕节、内蒙古东部。

煤制天然气项目：新疆准东、新疆伊犁、内蒙古鄂尔多斯、山西大同、内蒙古兴安盟。

煤炭分质利用示范项目：陕西延长榆神煤油电多联产、陕煤榆林煤油气化多联产、龙成榆林煤油气多联产，江西江能神雾萍乡煤电油多联产等。

——炼油。加强炼油能力总量控制，淘汰能耗高、污染重的落后产能，适度推进先进产能建设。严格项目准入标准，防止以重油深加工等名义变相增加炼油能力。积极开展试点示范，推进城市炼厂综合治理，加快产业改造升级，延长炼油加工产业链，增加供应适销对路、附加值高的下游产品，提高产业智能制造和清洁高效水平。

推进非化石能源可持续发展。统筹资源、环境和市场条件，超前布局、积极稳妥推进建设周期长、配套要求高的水电和核电项目，实现接续滚动发展。坚持集中开发与分散利用并举，调整优化开发布局，全面协调推进风电开发，推动太阳能多元化利用，因地制宜发展生物质能、地热能、海洋能等新能源，提高可再生能源发展质量和在全社会总发电量中的比重。

——常规水电。坚持生态优先、统筹规划、梯级开发，有序推进流域大型水电基地建设，加快建设龙头水电站，控制中小水电开发。在深入开展环境影响评价、确保环境可行的前提下，科学安排金沙江、雅砻江、大渡河等大型水电基地建设时序，合理开发黄河上游等水电基地，深入论证西南水电接续基地建设。创新水电开发运营模式，探索建立水电开发收益共享长效机制，保障库区移民合法权益。2020 年常规水电规模达到 3.4 亿千瓦，“十三五”新开工规模 6000 万千瓦以上。

发挥现有水电调节能力和水电外送通道、周边联网通道输电潜力，优化调度运行，促进季节性水电合理消纳。加强四川、云南等弃水问题突出地区水电外送通道建设，扩大水电消纳范围。

——核电。安全高效发展核电，在采用我国和国际最新核安全标准、确保万无一失的前提下，在沿海地区开工建设一批先进三代压水堆核电项目。加快堆型整合步伐，稳妥解决堆型多、堆型杂的问题，逐步向自主三代主力堆型集中。积极开展内陆核电项目前期论证工作，加强厂址保护。深入实施核电重大科技专项，开工建设 CAP1400 示范工程，建成高温气冷堆示范工程。加快论证并推动大型商用乏燃料后处理厂建设。适时启动智能小型堆、商业快堆、60 万千瓦级高温气冷堆等自主创新示范项目，推进核能综合利用。实施核电专业人才队伍建设行动，加强核安全监督、核电操作人员及设计、建造、工程管理等关键岗位人才培养，完善专业人才梯队建设，建立多元化人才培养渠道。2020 年运行核电装机力争达到 5800 万千瓦，在建核电装机达到 3000 万千瓦以上。

——风电。坚持统筹规划、集散并举、陆海齐进、有效利用。调整优化风电开发布局，逐步由“三北”地区为主转向中东部地区为主，大力发展分散式风电，稳步建设风电基地，积极开发海上风电。加大中东部地区和南方地区资源勘探开发，优先发展分散式风电，实现低压侧并网就近消纳。稳步推进“三北”地区风电基地建设，统筹本地市场消纳和跨区输送能力，控制开发节奏，将弃风率控制在合理水平。加快完善风电产业服务体系，切实提高产业发展质量和市场竞争力。2020 年风电装机规模达到 2.1 亿千瓦以上，风电与煤电上网电价基本相当。

——太阳能。坚持技术进步、降低成本、扩大市场、完善体系。优化太阳能开发布局，优先发展分布式光伏发电，扩大“光伏+”多元化利用，促进光伏规模化发展。稳步推进“三北”地区光伏电站建设，积极推动光热发电产业化发展。建立弃光率预警考核机制，有效降低光伏电站弃光率。2020 年，太阳能发电规模达到 1.1 亿千瓦以上，其中分布式光伏 6000 万千瓦、光伏电站 4500 万千瓦、光热发电 500 万千瓦，光伏发电力争实现用户侧平价上网。

专栏 8：风能和太阳能资源开发重点

稳步推进内蒙古、新疆、甘肃、河北等地区风电基地建设。在青海、新疆、甘肃、内蒙古、陕西等太阳能资源和土地资源丰富地区，科学规划、合理布局、有序推进光伏电站建设。在四川、云南、贵州等水能资源丰富的西南地区，借助水电站外送通道和灵活调节能力，推进多能互补形式的大型新能源基地开发建设，充分发挥风电、光伏发电、水电的互补效益，重点推进四川省凉山州风水互补、雅砻江风光水互补、金沙江风光水互补、贵州省乌江与北盘江“两江”流域风水联合运行等基地规划建设。

鼓励“三北”地区风电和光伏发电参与电力市场交易和大用户直供，支持采用供热、制氢、储能等多种方式，扩大就地消纳能力。大力推动中东部和南方地区分散风能资源的开发，推动低风速风机和海上风电技术进步。

推广光伏发电与建筑屋顶、滩涂、湖泊、鱼塘、农业大棚及相关产业有机结合的新模式，鼓励利用采煤沉陷区废弃土地建设光伏发电项目，扩大中东部和南方地区分布式利用规模。

——生物质能及其他。积极发展生物质液体燃料、气体燃料、固体成型燃料。推动沼气发电、生物质气化发电，合理布局垃圾发电。有序发展生物质直燃发电、生物质耦合发电，因地制宜发展生物质热电联产。加快地热能、海洋能综合开发利用。2020 年生物质能发电装机规模达到 1500 万千瓦左右，地热能利用规模达到 7000 万吨标煤以上。

夯实油气资源供应基础。继续加强国内常规油气资源勘探开发，加大页岩气、页岩油、煤层气等非常规油气资源调查评价，积极扩大规模化开发利用，立足国内保障油气战略资源供应安全。

——石油。加强国内勘探开发，促进石油增储稳产。深化精细勘探开发，延缓东部石油基地产量衰减，实现西部鄂尔多斯、塔里木、准噶尔三大石油基地增储稳产。加强海上石油基地开发，积极稳妥推进深水石油勘探开发。支持鄂尔多斯、松辽、渤海湾等地区超低渗油、稠油、致密油等低品位资源和页岩油、油砂等非常规资源勘探开发和综合利用。“十三五”期间，石油新增探明储量 50 亿吨左右，年产量 2 亿吨左右。

——天然气。坚持海陆并进，常非并举。推进鄂尔多斯、四川、塔里木气区持续增产，加大海上气区勘探开发力度。以四川盆地及周缘为重点，加强南方海相页岩气勘探开发，积极推进重庆涪陵、四川长宁—威远、云南昭通、陕西延安等国家级页岩气示范区建设，推动其他潜力区块勘探开发。建设沁水盆地、鄂尔多斯盆地东缘和贵州毕水兴等煤层气产业化基地，加快西北煤层气资源勘查，推进煤矿区瓦斯规模化抽采利用。积极开展天然气水合物勘探，优选一批勘探远景目标区。2020 年常规天然气产量达到 1700 亿立方米，页岩气产量达到 300 亿立方米，煤层气（煤矿瓦斯）利用量达到 160 亿立方米。

补齐能源基础设施短板。按照系统安全、流向合理、优化存量、弥补短板的原则，稳步有序推进跨省区电力输送通道建设，完善区域和省级骨干电网，加强配电网建设改造，着力提高电网利用效率。科学规划、整体布局，统筹推进油气管网建设，增强区域间协调互济供给能力和终端覆盖能力。加强能源储备应急体系建设。

——电网。坚持分层分区、结构清晰、安全可控、经济高效的发展原则，充分论证全国同步电网格局，进一步调整完善电网主网架。根据目标市场落实情况，稳步推进跨省区电力输送通道建设，合理确定通道送电规模。有序建设大气污染防治重点输电通道，积极推进大型水电基地外送通道建设，优先解决云南、四川弃水和东北地区窝电问题。探索建立灵活可调节的跨区输电价格形成机制，优化电力资源配置。进一步优化完善区域和省级电网主网架，充分挖掘既有电网输送潜力，示范应用柔性直流输电，加快突破电网平衡和自适应等运行控制技术，着力提升电网利用效率。加大投资力度，全面实施城乡配电网建设改造行动，打造现代配电网，鼓励具备条件地区开展多能互补集成优化的微电网示范应用。“十三五”期间新增跨省区输电能力1.3亿千瓦左右。

——油气管网。统筹油田开发、原油进口和炼厂建设布局，以长江经济带和沿海地区为重点，加强区域管道互联互通，完善沿海大型原油接卸码头和陆上接转通道，加快完善东北、西北、西南陆上进口通道，提高管输原油供应能力。按照“北油南下、西油东运、就近供应、区域互联”的原则，优化成品油管输流向，鼓励企业间通过油品资源串换等方式，提高管输效率。按照“西气东输、北气南下、海气登陆、就近供应”的原则，统筹规划天然气管网，加快主干管网建设，优化区域性支线管网建设，打通天然气利用“最后一公里”，实现全国主干管网及区域管网互联互通。优化沿海液化天然气（LNG）接收站布局，在环渤海、长三角、东南沿海地区，优先扩大已建LNG接收站储转能力，适度新建LNG接收站。加强油气管网运行维护，提高安全环保水平。2020年，原油、成品油管道总里程分别达到3.2万公里和3.3万公里，年输油能力分别达到6.5亿吨和3亿吨；天然气管道总里程达到10万公里，干线年输气能力超过4000亿立方米。

——储备应急设施。加快石油储备体系建设，全面建成国家石油储备二期工程，启动后续项目前期工作，鼓励商业储备，合理提高石油储备规模。加大储气库建设力度，加快建设沿海 LNG 和城市储气调峰设施。推进大型煤炭储配基地和煤炭物流园区建设，完善煤炭应急储备体系。

专栏9：能源基础设施建设重点	
电力	跨省区外送电通道：建成内蒙古锡盟经北京天津至山东、内蒙古蒙西至天津南、陕北神木至河北南网扩建、山西盂县至河北、内蒙古上海庙至山东、陕西榆横至山东、安徽淮南经江苏至上海、宁夏宁东至浙江、内蒙古锡盟至江苏泰州、山西晋北至江苏、滇西北至广东等大气污染防治重点输电通道以及金沙江中游至广西、观音岩水电外送、云南鲁西背靠背、甘肃酒泉至湖南、新疆准东至华东皖南、扎鲁特至山东青州、四川水电外送、乌东德至广东、川渝第三通道、渝鄂背靠背、贵州毕节至重庆输电工程。 开工建设赤峰（含元宝山）至华北、白鹤滩至华中华东、张北至北京、陕北（神府、延安）至湖北、闽粤联网输电工程。 结合电力市场需求，深入开展新疆、东北（呼盟）、蒙西（包头、阿拉善、乌兰察布）、陇彬（陇东、彬长）、青海、金沙江上游等电力外送通道项目前期论证。 区域电网：依托外送通道优化东北电网500千伏主网架；完善华北电网主网架，适时推进蒙西与华北主网异步联网；完善西北电网750千伏主网架，覆盖至南疆等地区；优化华东500千伏主网架；加快实施川渝藏电网与华中东四省电网异步联网，推进实施西藏联网工程；推进云南电网与南方主网异步联网，适时开展广东电网异步联网。

石油	跨境跨区原油输配管道：完善中哈、中缅原油管道，建设中俄二线、仪长复线仪征至九江段、日仪增输、日照—濮阳—洛阳等原油管道，完善长江经济带管网布局，实施老旧管道改造整改。论证中哈原油管道至格尔木延伸工程。
	跨区成品油输配管道：建设锦州至郑州、樟树至株洲、洛阳至三门峡至运城至临汾、三门峡至西安管道，改扩建格尔木至拉萨等管道。
天然气	跨境跨区干线管道：建设中亚天然气管道D线、西气东输三线（中段）四线五线、陕京四线、中俄东线、中俄西线（西段）、川气东送二线、新疆煤制气外输、鄂安沧煤制气外输、蒙西煤制气外输、青岛至南京、青藏天然气管道等。 区域互联互通管道：建成中卫至靖边、濮阳至保定、东先坡至燕山、武清至通州、建平至赤峰、海口至徐闻等跨省管道，建设长江中游城市群供气支线。
储气库	已建项目扩容达容：大港库群、华北库群、金坛盐穴、中原文96、相国寺等。 新建项目：华北兴9、华北文23、中原文23、江汉黄场、河南平顶山、江苏金坛、江苏淮安等。

四、创新驱动，推动能源技术革命

深入实施创新驱动发展战略，推动大众创业、万众创新，加快推进能源重大技术研发、重大装备制造与重大示范工程建设，超前部署重点领域核心技术集中攻关，加快推进能源技术革命，实现我国从能源生产消费大国向能源科技装备强国转变。

加强科技创新能力建设。加强能源科技创新体系顶层设计，完善科技创新激励机制，统筹推进基础性、综合性、战略性能源科技研发，提升能源科技整体竞争力，培育更多能源技术优势并加快转化为经济优势。深入推进能源领域国家重大专项工程。整合现有科研力量，建设一批能源创新中心和实验室。进一步激发能源企业、高校及研究机构的创新潜能，推动大众创业、万众创新，鼓励加强合作，建立一批技术创新联盟，推进技术集成创新。强化企业创新主体地位，健全市场导向机制，加快技术产业化应用，打造若干具有国际竞争力的科技创新型能源企业。依托现有人才计划，强化人才梯队建设，培育一批能源科技领军人才与团队。

推进重点技术与装备研发。坚持战略导向，以增强自主创新能力为着力点，围绕油气资源勘探开发、化石能源清洁高效转化、可再生能源高效开发利用、核能安全利用、智慧能源、先进高效节能等领域，应用推广一批技术成熟、市场有需求、经济合理的技术，示范试验一批有一定技术积累但工艺和市场有待验证的技术，集中攻关一批前景广阔的技术，加速科技创新成果转化应用。加强重点领域能源装备自主创新，重点突破能源装备制造关键技术、材料和零部件等瓶颈，加快形成重大装备自主成套能力，推动可再生能源上游制造业加快智能制造升级，提升全产业链发展质量和效益。

实施科技创新示范工程。发挥我国能源市场空间大、工程实践机会多的优势，加大资金、政策扶持力度，重点在油气勘探开发、煤炭加工转化、高效清洁发电、新能源开发利用、智能电网、先进核电、大规模储能、柔性直流输电、制氢等领域，建设一批创新示范工程，推动先进产能建设，提高能源科技自主创新能力和装备制造国产化水平。

专栏 10： 能源科技创新重点任务	
关键技术	推广应用：页岩气水平井分段压裂、蒸汽辅助重力泄油、煤层气井高效排水降压、百万吨级煤炭间接液化、生物柴油、高效低成本晶体硅电池、大容量特高压直流输电、智能电网、第三代核电技术、能源装备耐热耐腐蚀材料、新型高效储能材料。 示范试验：非常规油气评价、干热岩资源勘查与开发利用、新一代煤炭气化、规模化煤炭分质利用、非粮燃料乙醇、生物质集中高效热电联产、柔性直流输电、先进超超临界火电机组高温金属材料研制与部件制造、大功率电力电子器件制造及应用、精细陶瓷、石墨烯储能器件、光伏电池材料。 集中攻关：煤炭绿色无人开采、深井灾害防治、非常规油气精确勘探和高效开发、深海和深层常规油气开发、新型低阶煤热解分质转化、绿色煤电、生物航空燃油、核电乏燃料后处理、新型高效低成本光伏发电、光热发电、超导直流输电、基于云技术的电网调度控制系统、新能源并网技术、微网技术、新型高效电池储能、氢能和燃料电池。
重大装备	煤炭：薄煤层机械化开采装备、重大事故应急抢险技术装备、大型空分装置、超大型煤炭气化装置、大型煤炭液化装置、大型合成气甲烷化装置。 油气：旋转导向钻井系统、国产水下生产系统、万吨级半潜式起重铺管船、海上大型浮式生产储油系统、非常规油气勘探开发技术装备、重大海上溢油应急处置技术装备。 电力：节能/超低排放型超临界循环流化床锅炉、燃气轮机、百万千瓦级水电机组、核电主泵和爆破阀等关键设备、低速及 7 兆～10 兆瓦级风电机组、光热发电核心设备、高效锅炉、高效电机、超大规模可再生能源集成装备、大规模储能电池。

重大示范工程	煤炭：智慧煤矿、煤制芳烃、煤基多联产、百万吨级煤油共炼、煤油气资源综合利用、煤电铝一体化、煤制清洁燃料。 油气：非常规油气开发、深层稠油开发、1500米以下深海油气开发。 电力：清洁高效燃煤发电、自主知识产权重型F级燃气轮机发电、“华龙一号”、CAP1400、60万千瓦高温气冷堆、CFR600快堆、模块化小型堆、智能电网、大规模先进储能。 新能源：大型超大型海上风电、大型光热发电、多能互补分布式发电、生物质能梯级利用多联产、海岛微网、深层高温干热岩发电、海洋潮汐发电、天然气水合物探采。

五、公平效能，推动能源体制革命

坚持市场化改革方向，理顺价格体系，还原能源商品属性，充分发挥市场配置资源的决定性作用和更好发挥政府作用，深入推进能源重点领域和关键环节改革，着力破除体制机制障碍，构建公平竞争的能源市场体系，为提高能源效率、推进能源健康可持续发展营造良好制度环境。

完善现代能源市场。加快形成统一开放、竞争有序的现代能源市场体系。放开竞争性领域和环节，实行统一市场准入制度，推动能源投资多元化，积极支持民营经济进入能源领域。健全市场退出机制。加快电力市场建设，培育电力辅助服务市场，建立可再生能源配额制及绿色电力证书交易制度。推进天然气交易中心建设。培育能源期货市场。开展用能权交易试点，推动建设全国统一的碳排放交易市场。健全能源市场监管机制，强化自然垄断业务监管，规范竞争性业务市场秩序。

推进能源价格改革。按照“管住中间、放开两头”的总体思路，推进能源价格改革，建立合理反映能源资源稀缺程度、市场供求关系、生态环境价值和代际补偿成本的能源价格机制，妥善处理和逐步减少交叉补贴，充分发挥价格杠杆调节作用。放开电力、油气等领域竞争性环节价格，严格监管和规范电力、油气输配环节政府定价，研究建立有效约束电网和油气管网单位投资和成本的输配价格机制，实施峰谷分时价格、季节价格、可中断负荷价格、两部制价格等科学价格制度，完善调峰、调频、备用等辅助服务价格制度，推广落实气、电价格联动机制。研究建立有利于激励降低成本的财政补贴和电价机制，逐步实现风电、光伏发电上网电价市场化。

深化电力体制改革。按照“准许成本加合理收益”的原则，严格成本监管，合理制定输配电价。加快建立相对独立、运行规范的电力交易机构，改革电网企业运营模式。有序放开除公益性调节性以外的发用电计划和配电增量业务，鼓励以混合所有制方式发展配电业务，严格规范和多途径培育售电市场主体。全面放开用户侧分布式电力市场，实现电网公平接入，完善鼓励分布式能源、智能电网和能源微网发展的机制和政策，促进分布式能源发展。积极引导和规范电力市场建设，有效防范干预电力市场竞争、随意压价等不规范行为。

推进油气体制改革。出台油气体制改革方案，逐步扩大改革试点范围。推进油气勘探开发制度改革，有序放开油气勘探开发、进出口及下游环节竞争性业务，研究推动网运分离。实现管网、接收站等基础设施公平开放接入。

加强能源治理能力建设。进一步转变政府职能，深入推进简政放权、放管结合、优化服务改革，加强规划政策引导，健全行业监管体系。适应项目审批权限下放新要求，创新项目管理机制，推动能源建设项目前期工作由政府主导、统一实施，建设项目经充分论证后纳入能源规划，通过招投标等市场机制选择投资主体。

深入推进政企分开，逐步剥离由能源企业行使的管网规划、系统接入、运行调度、标准制定等公共管理职能，由政府部门或委托第三方机构承担。强化能源战略规划研究，组织开展能源发展重大战略问题研究，提升国家能源战略决策能力。

健全能源标准、统计和计量体系，修订和完善能源行业标准，构建国家能源大数据研究平台，综合运用互联网、大数据、云计算等先进手段，加强能源经济形势分析研判和预测预警，显著提高能源数据统计分析和决策支持能力。

六、互利共赢，加强能源国际合作

统筹国内国际两个大局，充分利用两个市场、两种资源，全方位实施能源对外开放与合作战略，抓住“一带一路”建设重大机遇，推动能源基础设施互联互通，加大国际产能合作，积极参与全球能源治理。

推进能源基础设施互联互通。加快推进能源合作项目建设，促进“一带一路”沿线国家和地区能源基础设施互联互通。研究推进跨境输电通道建设，积极开展电网升级改造合作。

加大国际技术装备和产能合作。加强能源技术、装备与工程服务国际合作，深化合作水平，促进重点技术消化、吸收再创新。鼓励以多种方式参与境外重大电力项目，因地制宜参与有关新能源项目投资和建设，有序开展境外电网项目投资、建设和运营。

积极参与全球能源治理。务实参与二十国集团、亚太经合组织、国际能源署、国际可再生能源署、能源宪章等国际平台和机构的重大能源事务及规则制订。加强与东南亚国家联盟、阿拉伯国家联盟、上海合作组织等区域机构的合作，通过基础设施互联互通、市场融合和贸易便利化措施，协同保障区域能源安全。探讨构建全球能源互联网。

七、惠民利民，实现能源共享发展

全面推进能源惠民工程建设，着力完善用能基础设施，精准实施能源扶贫工程，切实提高能源普遍服务水平，实现全民共享能源福利。

完善居民用能基础设施。推进新一轮农村电网改造升级工程，实施城市配电网建设改造行动，强化统一规划，健全技术标准，适度超前建设，促进城乡网源协调发展。统筹电网升级改造与电能替代，满足居民采暖领域电能替代。积极推进棚户区改造配套热电联产机组建设。加快天然气支线管网建设，扩大管网覆盖范围。在天然气管网未覆盖地区推进液化天然气、压缩天然气、液化石油气直供，保障民生用气。推动水电气热计量器具智能化升级改造，加强能源资源精细化管理。积极推进城市地下综合管廊建设，鼓励能源管网与通信、供水等管线统一规划、设计和施工，促进城市空间集约化利用。

精准实施能源扶贫工程。在革命老区、民族地区、边疆地区、集中连片贫困地区，加强能源规划布局，加快推进能源扶贫项目建设。调整完善能源开发收益分配机制，增强贫困地区自我发展“造血功能”。继续强化定点扶贫，加大政府、企业对口支援力度，重点实施光伏、水电、天然气开发利用等扶贫工程。

提高能源普遍服务水平。完善能源设施维修和技术服务站，培育能源专业化服务企业，健全能源资源公平调配和应急响应机制，保障城乡居民基本用能需求，降低居民用能成本，促进能源军民深度融合发展，增强普遍服务能力。提高天然气供给普及率，全面释放天然气民用需求，2020 年城镇气化率达到 57%，用气人口达到 4.7 亿。支持居民以屋顶光伏发电等多种形式参与清洁能源生产，增加居民收入，共享能源发展成果。

大力发展农村清洁能源。采取有效措施推进农村地区太阳能、风能、小水电、农林废弃物、养殖场废弃物、地热能等可再生能源开发利用，促进农村清洁用能，加快推进农村采暖电能替代。鼓励分布式光伏发电与设施农业发展相结合，大力推广应用太阳能热水器、小风电等小型能源设施，实现农村能源供应方式多元化，推进绿色能源乡村建设。

专栏 11：民生工程建设重点

配电网：建成 20 个中心城市（区）核心区高可靠性供电示范区、60 个新型城镇化配电网示范区。基本建成结构合理、技术先进、灵活可靠、经济高效、环境友好的新型配电网，中心城市（区）用户年均停电时间不超过 1 小时；城镇地区用户年均停电时间不超过 10 小时。乡村地区用户年均停电时间不超过 24 小时，综合电压合格率达到 97%，动力电基本实现全覆盖。

农村电网：开展西藏、新疆以及四川、云南、甘肃、青海四省藏区农村电网建设攻坚，加强西部及贫困地区农村电网改造升级，推进东中部地区城乡供电服务便利化进程。到 2017 年底，完成中心村电网改造升级，实现平原地区机井用电全覆盖，贫困村全部通动力电。到 2020 年，全国农村地区基本实现稳定可靠的供电服务全覆盖，供电能力和服务水平明显提升，农村电网供电可靠率达到 99.8%，综合电压合格率达到 97.9%，户均配变容量不低于 2 千伏安。

光伏扶贫：完成 200 万建档立卡贫困户光伏扶贫项目建设。

离网式微电网工程：在海岛、边防哨卡等电网未覆盖地区建设一批微电网工程。

第四章　保　障　措　施

一、健全能源法律法规体系

建立健全完整配套的能源法律法规体系，推动相关法律制定和修订，完善配套法规体系，发挥法律、法规、规章对能源行业发展和改革的引导和约束作用，实现能源发展有法可依。

二、完善能源财税投资政策

完善能源发展相关财政、税收、投资、金融等政策，强化政策引导和扶持，促进能源产业可持续发展。

加大财政资金支持。继续安排中央预算内投资，支持农村电网改造升级、石油天然气储备基地建设、煤矿安全改造等。继续支持科技重大专项实施。支持煤炭企业化解产能过剩，妥善分流安置员工。支持已关闭煤矿的环境恢复治理。

完善能源税费政策。全面推进资源税费改革，合理调节资源开发收益。加快推进环境保护费改税。完善脱硫、脱硝、除尘和超低排放环保电价政策，加强运行监管，实施价、税、财联动改革，促进节能减排。

完善能源投资政策。制定能源市场准入“负面清单”，鼓励和引导各类市场主体依法进入“负面清单”以外的领域。加强投资政策与产业政策的衔接配合，完善非常规油气、深海油气、天然铀等资源勘探开发与重大能源示范项目投资政策。

健全能源金融体系。建立能源产业与金融机构信息共享机制，稳步发展能源期货市场，探索组建新能源与可再生能源产权交易市场。加强能源政策引导，支持金融机构按照风险可控、商业可持续原则加大能源项目建设融资，加大担保力度，鼓励风险投资以多种方式参与能源项目。鼓励金融与互联网深度融合，创新能源金融产品和服务，拓宽创新型能源企业融资渠道，提高直接融资比重。

三、强化能源规划实施机制

建立制度保障，明确责任分工，加强监督考核，强化专项监管，确保能源规划有效实施。

增强能源规划引导约束作用。完善能源规划体系，制定相关领域专项规划，细化规划确定的主要任务，推动规划有效落实。强化省级能源规划与国家规划的衔接，完善规划约束引导机制，将规划确定的主要目标任务分解落实到省级能源规划中，实现规划对有关总量控制的约束。完善规划与能源项目的衔接机制，项目按核准权限分级纳入相关规划，原则上未列入规划的项目不得核准，提高规划对项目的约束引导作用。

建立能源规划动态评估机制。能源规划实施中期，能源主管部门应组织开展规划实施情况评估，必要时按程序对规划进行中期调整。规划落实情况及评估结果纳入地方政府绩效评价考核体系。

创新能源规划实施监管方式。坚持放管结合，建立高效透明的能源规划实施监管体系。创新监管方式，提高监管效能。重点监管规划发展目标、改革措施和重大项目落实情况，强化煤炭、煤电等产业政策监管，编制发布能源规划实施年度监管报告，明确整改措施，确保规划落实到位。

第1讲　深入贯彻能源革命战略思想为全面建成小康社会提供坚实能源保障

努尔·白克力

“十三五”时期是全面建成小康社会的决胜阶段，也是深入推进能源生产和消费革命的关键时期。党的十八大以来，面对错综复杂的国际国内形势，以习近平同志为核心的党中央，高屋建瓴、高瞻远瞩，做出了经济发展进入新常态的重大科学判断，形成了以新发展理念为指导、以供给侧结构性改革为主线的政策体系，创造性地提出了“四个革命、一个合作”能源发展战略思想，为化解能源资源和环境约束的世界性难题提供了“中国方案”，彰显了中国智慧和中国担当。遵循习近平总书记战略思想编制的《能源发展“十三五”规划》（以下简称《规划》），已经国家能源委员会第二次会议审议通过并报经国务院批准后正式印发。以“踏石留印、抓铁有痕”的工作劲头把习近平总书记战略思想落到实处，把《规划》既定目标和蓝图变成现实，是“十三五”时期能源发展和改革的重要任务。

一、准确把握国内国际能源发展大势

准确把握客观形势是各个时期做好能源工作的基本依据，研究拟订规划要重视，贯彻实施规划更要重视。能源问题是一个全球性问题，我国是能源生产、消费和进口大国，分析研判形势应坚持运用辩证思维，既考虑当前，又着眼长远，既立足国内，又研究国际。

从国际看，随着世界政治、经济格局的深刻调整和全球新一轮能源转型的蓬勃兴起，国际能源发展呈现出一系列新趋势、新特征。一是供需格局发生变化。受世界经济增长乏力、北美页岩油气革命、新能源发展等因素影响，世界能源总体呈现供需宽松、多极供应的格局。二是清洁低碳化态势加速。过去10年，全球非水可再生能源消费量年均增长15.9%，明显快于能源消费总量1.9%的增速。预计到2030年，天然气和非化石能源有望占全球能源消费的一半左右。三是能源科技创新迅猛发展。信息、传感、智能控制等技术与能源技术深度融合，可再生能源发电等技术日益成熟，大规模储能、氢能燃料电池等技术正孕育突破，能源科技创新有望成为新一轮工业革命的重要引擎。四是能源生产消费新模式层出不穷。分布式能源、能源微网、智慧能源等新模式、新业态快速发展，越来越多的企业、公用建筑和家庭，在消费能源的同时，开始成为能源生产者。

从国内看，随着我国经济发展进入新常态，速度变化、结构优化、动力转换的三大特征更加明显，我国的能源发展也呈现出三大突出特点。一是能源消费增长减速换挡。“十二五”期间，我国能源消费年均增长3.6%，其中前三年年均增速为5%，后两年分别为2.1%和0.9%，2016年为1.4%，减速换挡趋势明显。二是能源结构加速优化。“十二五”期间，我国煤炭消费占比下降5.2个百分点，天然气和非化石能源消费占比提高4.5个百分点。2016年，煤炭消费占比快速下降2.2个百分点，而天然气和非化石能源则快速提高1.7个百分点。三是增长动力持续转换。新兴产业、第三产业和居民用能逐步成为拉动能源消费增长的主要力量。

总的来看，“十三五”时期我国能源发展的内外部环境，可能比以往更加复杂严峻，但机遇与挑战并存，希望与困难并存。要密切跟踪形势，对发展中的问题和挑战做好预案，最大程度降低风险；对发展中的机遇和契机准确把握，最大程度趋利避害。

二、牢牢坚持“十三五”能源发展的方向原则

《规划》以习近平总书记能源革命战略思想为遵循，全面贯彻新发展理念，既总结了近年来能源发展的经验和成就，又对“十三五”时期推动能源消费、供给、技术、体制革命和开展国际合作，作出了具体部署和安

排，体现了建设清洁低碳、安全高效现代能源体系的总体要求。面对错综复杂和不断变化的国内外能源形势，《规划》实施过程中肯定会遇到许多困难和问题，但越是在困难的情况下，越要坚定信心，保持战略定力，做到“六个不动摇”。

（一）坚持供给侧结构性改革的工作主线不动摇

当前，多样化高质化个性化的能源需求同有效供给不足、供给质量不高的矛盾，已成为我国能源发展的主要矛盾，矛盾的主要方面在供给侧。要坚定不移地推进能源供给侧结构性改革，以提高供给质量、满足有效需求为根本目标，以减少无效供给、扩大有效供给、优化供给结构为主攻方向，标本兼治，综合施策，切实把“三去一降一补”任务落实好。必须注意的是，能源供给侧结构性改革不是权宜之计，更不是短期行为，而是调整优化能源结构、转变能源发展方式的治本良方，要作为战略举措，持续深入推进。

（二）坚持绿色低碳的战略方向不动摇

绿色低碳发展已成为国际社会共识，《规划》实施过程中要积极顺应、有力契合，着力提高天然气、非化石能源等清洁能源的消费比重。同时，要牢固树立生态红线意识，尽可能减少能源生产和消费活动对生态环境的损害，加快培育绿色低碳的生产方式和生活模式。

（三）坚持节能优先不动摇

长期以来，我国的能源开发和利用都较为粗放，能源强度接近世界平均水平的2倍，可以改进的空间很大。要把节能当作第一能源，把节能优先的理念措施贯穿于经济社会发展的全过程和各领域，严格控制能源消费总量和强度，尽快扭转传统粗放的用能方式，加快构建资源节约型的经济社会发展模式。

（四）坚持化石能源清洁高效利用不动摇

能源资源禀赋特征决定了我国能源消费以煤为主，且在较长一段时间内不会改变，这是最基本的国情。要在绿色低碳的方向下，找到符合我国实际的转型发展路径，实现化石能源的清洁高效利用，而不能分散注意力、简单地搞“去煤化”。

（五）坚持立足国内不动摇

能源安全是关系国家经济社会发展的全局性、战略性问题，对国家繁荣发展、人民生活改善、社会长治久安至关重要。保障国家安全，必须强化底线思维和忧患意识，坚持以我为主、立足国内，着力加强国内供应能力建设，加快形成多轮驱动的能源供应体系，切实把主动权牢牢掌握在自己手中。

（六）坚持创新开放不动摇

创新是引领发展的第一动力。要争取在一批关键能源技术装备上取得突破，实现由能源科技创新追赶者，向并跑和领跑者的转变。要坚定不移推动能源体制机制创新，大力营造有利于能源转型发展的良好环境。开放是国家繁荣的必由之路。要全方位开展国际合作，科学合理利用国际资源、国际市场，坚持互利共赢、共同发展，努力实现开放条件下的能源安全。

三、全面推出“十三五”能源发展重点任务落地

根据党中央、国务院的决策部署，结合国内外能源形势的新变化和新问题，“十三五”时期能源工作要以习近平总书记能源革命战略思想为遵循，以提高能源发展质量和效益为中心，以能源供给侧结构性改革为主线，着力推动能源生产和消费革命向纵深发展，努力构建清洁低碳、安全高效的现代能源体系，不断开创能源改革发展新局面。

（一）严格控制能源消费总量和强度

实行能源消费总量和强度双控制，是党的十八大提出的大方略，是推进生态文明建设的重点任务，目的是形成提高能效、集约高效利用能源的倒逼机制。能源消费增长减速换挡为实现《规划》提出的能源消费总量和

强度目标提供了有利契机，但困难依然很大，丝毫不能放松，需要下大力气抓好三个方面的工作。一是深入推进能源节约。聚焦重点领域，切实推进节能减排，通过淘汰落后产能、加快传统产业升级改造、推广利用节能技术装备等措施，切实提高能源效率。二是开展煤炭消费减量行动。在京津冀鲁、长三角、珠三角等重点区域大力实施煤炭减量替代，同时在终端消费领域积极实施“电代煤”“气代煤”，因地制宜地利用余热余能、风电、太阳能发电等替代分散燃煤锅炉。三是积极创新能源消费模式。推进电力、热力、燃气等不同供能系统统筹发展，推广多能互补、集成优化供能方式，促进能源梯级综合利用和高效利用。

（二）着力提高发展质量和效率

随着能源供应出现阶段性宽松，能源发展不平衡、不协调、效率低的问题逐步显现，突出地表现在煤炭产能过剩、“弃风、弃光、弃水”严重、煤电平均利用小时数连年下降等方面。解决好上述问题，关键是要精准发力、久久为功。一是有效化解煤炭过剩产能。要综合运用市场化法治化手段和安全、环保、技术、质量等标准刚性约束，坚决淘汰落后的产能，切实把国务院确定的煤炭去产能任务落实到位。二是加快补上能源发展的短板。增强电力系统调峰能力方面，既要加快抽水蓄能电站、天然气调峰电站建设，也要加大既有的热电联产机组、煤电机组灵活性改造力度。油气管网建设方面，既要着力提升骨干管网输送和进口接收能力，也要加强支线管网建设，打通“最后一公里”。城镇配电网建设方面，既要补欠账，又要上水平，在健全网架的同时，加快智能化升级。三是继续抓好煤电超低排放和节能改造。目前已累计完成 3 亿多千瓦装机的改造任务，要加快工作进度，争取提前完成剩余机组的改造任务。要加快建立煤电能效“领跑者”机制，推广先进成熟适用技术经验，不断提升煤电机组能效水平，让先进机组成为煤电发展的主导力量。四是有效防范和化解煤电产能过剩风险，按照清理违规、严控总量、淘汰落后的原则，制订“稳、准、狠”的措施，将 2020 年煤电装机总规模控制在 11 亿千瓦以内。

（三）着力增强油气安全保障能力

国际上有观点认为，如果一个国家的石油对外依存度超过 50%，这个国家的军事和外交格局都将发生变化。目前，我国石油对外依存度超过 60%、天然气超过 30%，增强国内油气资源供应能力、维护国家总体安全刻不容缓。一是要加大国内油气勘探开发力度，着力挖掘常规油气资源潜力，大力发展非常规油气，有效缓解进口压力。二是要稳步提高机动车燃油经济性标准，大力推广电动汽车，积极实施港口、机场等交通运输“以电代油”“以气代油”，降低石油消费增长速度。三是要着力增强储备保障能力，加大石油储备库、储气库建设力度，有序推进煤制油、煤制气示范工程建设，积极推广应用生物质液体燃料。

（四）着力调整能源结构

加快能源结构调整，实现能源清洁低碳发展，是能源革命的本质要求，也是我国经济社会转型发展的迫切需要。《规划》提出，2020 年非化石能源消费比重提高到 15% 以上，天然气消费比重力争达到 10%。从实际情况来看，实现非化石能源目标难度相对不大，关键是要提高可再生能源的可持续发展能力，衔接好规模、布局、通道与市场，超前布局一批水电、核电重大项目，为 2030 年非化石能源消费比重达到 20% 的发展目标赢得更多主动。而实现天然气消费比重 10% 的目标则存在较大难度，必须多措并举、奋力落实。一是要积极推进天然气价格改革，探索建立合理的气电价格联动机制，鼓励大用户直供，降低天然气供应成本。二是要深化油气体制改革，逐步放开液化天然气接收设施、配气管网的建设和运营。三是要以居民生活、交通运输、工业生产等领域为重点，大力实施“气代煤”和“气代油”，大力发展天然气分布式能源和天然气调峰电站，积极拓展天然气消费市场。

（五）着力优化能源发展布局

受资源禀赋等因素制约，我国重要的能源基地主要分布在中西部地区，长期形成了西电东送、西气东输、北煤南运的能源流向和格局。基于我国经济发展进入新常态的重大科学判断，综合考虑资源环境约束、可再生能源消纳、能源流转成本等因素，《规划》对"十三五"时期的重大能源项目、能源通道做出了统筹安排。其中，在可再生能源发展布局上，将新增风电、光伏发电开发重心向中东部地区转移，将开发方式重点向分布式开发、就地消纳倾斜。同时，较规划研究初期放缓了一批煤电项目建设节奏，减少了一批输电通道。在《规划》实施过程中，要密切跟踪发展布局调整的实施效果，动态评估新影响、分析新问题、采取新对策。

（六）大力提高民生用能水平

紧紧围绕人民群众普遍关心的突出问题，着力加强重点用能领域基础设施建设，积极推广清洁便利的用能方式，让能源发展成果更好惠及社会民生。一是深入推进北方地区冬季清洁取暖。编制实施《北方地区冬季清洁取暖规划（2017～2020年）》，按照企业为主、政府推动、居民可承受的方针，宜气则气、宜电则电，切实提高北方地区冬季清洁取暖水平。二是抓好农村电网改造升级和城市配电网建设。完成小城镇中心村电网改造，实现平原地区机井通电全覆盖，贫困村基本通动力电。特别是移民搬迁地区的生活用电和动力电要及时跟上，确保搬迁到哪里、电就通到哪里。三是加快贫困地区能源开发建设。继续推进光伏扶贫，实施200万建档立卡贫困户光伏扶贫项目。调整完善能源开发收益分配机制，增强贫困地区自我发展"造血功能"。四是做好大气污染防治有关工作。建成投产大气污染防治12条重点输电通道，因地制宜推广替代工程，着力压减煤炭散烧规模，进一步改善当地的用能条件，促进解决人民群众的心肺之患，让人民群众放心用能、舒心用能。

蓝图已绘就，奋进正当时。做好"十三五"时期的能源工作，任务艰巨、使命光荣。我们要更加紧密地团结在以习近平总书记为核心的党中央周围，坚定信心、振奋精神，团结一致、真抓实干，坚定不移走中国特色能源发展道路，努力开辟能源改革发展新局面，为全面建成小康社会提供坚实可靠的能源保障。

第2讲　构建清洁低碳、安全高效的现代能源体系

李仰哲

能源是人类生存发展的重要物质基础，是现代社会的血液，能源问题是关系国家经济社会发展的全局性、战略性问题，对国家繁荣发展、人民生活改善、社会长治久安至关重要。“十三五”时期是全面建成小康社会的决胜阶段，也是推动能源革命的蓄力加速期，必须全面贯彻党中央、国务院的决策部署，以“四个革命、一个合作”战略思想为遵循，主动适应、把握和引领经济发展新常态，认真践行创新、协调、绿色、开放、共享五大发展理念，深入推进能源革命，努力构建清洁低碳、安全高效的现代能源体系。

一、准确把握能源发展趋势，深入推进能源革命

能源是推动经济和社会发展的动力。人类社会发展至今，经历了从薪柴到煤炭、从煤炭到油气两次能源革命，由此推动了全球两次工业革命，推动实现了社会生产力的新跨越和人类文明的新飞跃。进入新世纪以来，在气候变化、资源约束、技术进步等多重因素的推动下，以清洁低碳、创新发展、智能共享为特征的新一轮能源转型变革正在全球蓬勃兴起，世界能源、经济和地缘政治格局也都在发生深刻变化。准确把握形势是制定正确路线、方针和政策的基本依据，我们必须准确把握能源发展大趋势、大逻辑，走出一条能源转型创新发展的新路径。

纵观国际能源发展大势，从供给侧看，受美国页岩油气革命影响，中东地区油气供应一极独大的格局逐步改变，世界油气呈现多极供应格局。

从消费侧看，世界主要发达经济体潜在增长率下降，能源消费增速明显放缓，全球能源市场相对宽松，亚太地区成为推动世界能源消费增长的主要力量。从结构上看，清洁低碳发展大潮席卷全球，天然气和非化石能源成为世界能源发展的主要方向。《巴黎协定》正式生效，全球气候治理迈出历史性的一步。从形态上看，以分布式、智能化为特征的能源利用新模式开始涌现，越来越多的用能主体参与到能源生产活动中来，“人人消费能源、人人生产能源”的新形态正在逐步形成。

从国内看，我国是世界第二大经济体，也是世界上最大的能源生产国和消费国，我国经济、能源与世界已经深度融合，必须从战略高度重视和把握能源形势的发展变化。党的十八大以来，以习近平同志为核心的党中央高瞻远瞩，总揽世情国情的深刻变化，准确把握我国经济社会发展的阶段性特征，做出了我国经济发展进入新常态的科学判断，创造性地提出了指导新常态下经济社会发展的五大理念，针对性地提出了新时期“推动能源生产和消费革命”的战略方向和“四个革命、一个合作”的战略思想。

遵循“四个革命、一个合作”战略思想，推进能源生产和消费革命，是党中央、国务院统揽全局、谋划长远，着眼人与自然和谐发展，以新理念引领经济发展新常态，顺应能源发展大势，以全球视野谋划能源发展新格局，做出的重大战略部署。随着经济新常态的出现，能源发展的主要矛盾也从长期供需紧平衡状态下的扩张保供转变到了提高发展质量和效率的主要目标上来。

二、优化能源系统，提高供给质量和效率

近年来，能源供需形势基本缓和，供给质量、效率等方面的问题逐渐显现，清洁能源供给不足，部分传统产能过剩，天然气市场拓展缓慢，能源系统效率不高，能源基础设施和普遍服务存在明显短板，能源可持续发展面临许多新的挑战。这些问题背后的矛盾根源在于供给与需求不匹配，矛盾的主要方面在供给侧。我们要紧紧围绕提高能源供给质量、满足合理需求这一根本目标，着力优化能源系统，不断扩大有效供给，努力提高能

源利用效率，加快迈向高水平能源供需平衡。

第一，有效化解防范产能过剩。去产能刻不容缓，但不能一蹴而就，我国以煤为主的能源国情在较长时期内不会改变。许多城市因煤而生，煤炭、煤电从业人员众多，去产能关乎千百万职工和群众的福祉，要有打持久战的心理准备，做好制度性安排和政策性设计。一是着力化解煤炭过剩产能。"十三五"要淘汰过剩落后产能 8 亿吨左右，通过减量置换和优化布局增加先进产能 5 亿吨左右，2020 年煤炭产量控制在 39 亿吨左右。二是积极防范煤电过剩风险。2015 年底全国煤电装机达到 9 亿千瓦，同时形成了约 3.4 亿千瓦的核准（在建）和纳入规划的煤电规模。我们采取了严格控制煤电规划建设规模和节奏、淘汰落后产能等措施，取消了 1300 万千瓦，暂缓核准、暂缓建设 1.3 亿千瓦，计划淘汰 2000 万千瓦，合计去产能 1.6 亿千瓦以上，2020 年煤电装机规模力争控制在 11 亿千瓦以内。三是控制炼油产能规模。近几年炼厂开工率连年下降，汽柴煤油净出口量连年递增，加工负荷率约 70%，无序竞争十分严重。炼油行业当务之急是控制总量，未纳入国家规划的项目不得核准建设，达不到国五、国六标准的产能要限期退出，不合格的油品不能在市场上流通。

第二，统筹优化能源开发布局。受资源禀赋等因素制约，我国能源基地大都分布在西北部，长期以来形成了西电东送、西气东输、北煤南运的能源格局和流向。但经济进入新常态后，主要能源消费地区市场空间萎缩，接受区外能源的积极性普遍降低，能源送受地区之间利益矛盾加剧。新形势下，我们要综合考虑资源环境约束、可再生能源消纳、能源流转成本等因素，统筹安排"十三五"时期的重大能源项目、能源通道，着重优化能源发展布局。一是将风电、光伏发电开发布局向中东部转移，"十三五"规划新增风电装机中，中东部地区约占 58%，新增太阳能发电装机中，中东部地区约占 56%，并以分布式开发、就地消纳为主。二是在深入推进煤炭去产能的同时，按照压缩东部、限制中部、优化西部的发展定位，调整优化煤炭产业布局，实现合理高效开发利用。三是适应新常态下各省能源需求减弱的新趋势，优化削减了跨区输电通道数量与规模。同时，要密切跟踪能源布局优化情况和实施效果，动态评估新变化、分析新问题、研究采取新对策。

第三，加快补上能源发展短板。主要是补上能源系统调峰能力不足、基础设施不均衡和普遍服务水平不高的短板。一是加强系统调峰能力建设。要扎实推进抽水蓄能电站建设，加强抽水蓄能电站调度运行管理，“十三五”期间，开工抽水蓄能电站6000万千瓦左右。加快推进“三北”地区煤电机组灵活性改造，“十三五”期间完成改造约2.15亿千瓦，增加调峰能力4500万千瓦。积极推进天然气调峰储气库和燃气调峰电站建设，提高能源系统运行灵活性。二是加快能源基础设施建设。油气管网建设方面，着力提升主干网输送能力，加快形成全国性天然气管道基础网络，加强区域管网和区域间联络线建设，提升城市配气管网覆盖范围，打通“最后一公里”，提高天然气供应覆盖面。配电网和农网建设方面，全面实施城镇配电网建设改造和新一轮农村电网升级改造工程，强化统一规划，健全技术标准，促进城乡协调发展。到2017年，完成小城镇和中心村电网改造升级，实现平原地区机井通电全覆盖，贫困村通动力电。三是实施能源惠民利民工程。大力推进北方地区冬季清洁供暖，按照“企业为主、政府推动、居民可承受”原则，充分利用清洁能源，加快提高清洁供暖比重。加快推进能源扶贫项目建设，深入实施光伏扶贫工程，积极探索能源扶贫新模式。鼓励居民参与清洁能源生产，完善收益分配机制，增加居民收入。

三、坚持节约优先，构建清洁低碳用能模式

能源的发展进步最终体现在能源消费上。在能源供求矛盾缓和后，能源与环境的矛盾成为影响我们生活质量改善的重要因素。近年来，全国多地雾霾频发，能源消费不合理是重要原因之一，推进大气污染治理要求加快构建清洁低碳的社会用能模式。

第一，控制能源消费总量和强度。2015年，我国能源消费总量约占世

界的 23%，而国内生产总值约占世界的 14%，节能的空间还很大。按照近几年单位国内生产总值能耗的平均降速，我国一年的节能量就相当于一个中等发达国家的能源消费量，必须坚持节能优先的方针，把节约能源作为第一能源。综合考虑我国经济社会发展阶段、能源消费趋势变化等因素，2020 年能源消费总量控制在 50 亿吨标准煤以内是合适的。从年均增速和增量看，“十三五”能源消费总量年均增速为 2.5%、年均增量约为 1.4 亿吨标准煤，分别比“十二五”后三年高 0.2 个百分点和 0.5 亿吨标准煤，符合经济新常态下能源消费变化趋势。从能源强度看，按照规划目标测算，“十三五”期间单位 GDP 能耗下降 15%以上，可完成“十三五”规划纲要明确的约束性目标。从人均用能看，2020 年我国人均用能可达到 3.5 吨标准煤左右，为目前世界人均水平的 1.4 倍，与英国、日本等发达国家差距进一步缩小，人均用电量达到发达国家 80%的水平，与我国发展阶段基本相适应。

第二，加快推进终端能源消费清洁替代。煤炭散烧和机动车尾气排放是雾霾的重要成因，我国每年散烧煤约 8 亿吨，主要用于采暖小锅炉、工业小锅炉（窑炉）、农村生产生活等领域，约占煤炭消费的 20%，远高于发达国家 5%的水平，散煤治理的空间还很大。应当加快推进终端能源消费清洁替代，让人们享受清洁、便捷的用能服务。一是积极推进电能替代。电能在终端用能中的比重，是能源利用清洁化的重要标志，要重点推进居民生活、工业生产、交通运输等领域电能替代，推广电锅炉、电窑炉、电采暖等新型用能方式，大力发展港口岸电、机场桥电系统，加强对电动汽车充电基础设施的统筹规划，加快形成布局合理、科学高效、互联互通的充电基础设施体系。二是大力推进天然气替代，积极实施“煤改气”工程，扩大交通领域天然气利用，推广天然气公交车、出租车和液化天然气船舶等清洁交通工具。

四、加强创新引领，转变能源发展方式

创新是引领能源发展的第一动力。十八届五中全会指出要深入实施创

新驱动发展战略，发挥科技创新在全面创新中的引领作用。能源行业必须把发展的战略基点放在创新上，加快技术创新、体制机制创新和产业模式创新，转变能源发展方式，进一步增强能源行业的发展活力。

第一，大力推进能源科技创新。当前，新一轮能源革命正在兴起，世界主要国家都在调整能源战略和政策，竞相抢占能源科技创新制高点，争夺新一轮能源变革的主导权。经过多年的不懈努力，我国能源科技创新取得了长足进步，装备自主化率显著提高，但部分关键核心技术仍受制于人，创新活力、创新能力还不能适应新时期推动能源生产消费革命的要求。立足我国国情，顺应世界能源发展形势，要把推动能源创新发展摆在更加突出的重要位置，按照“应用一批、示范一批、攻关一批”的思路，加快推进关键领域的技术装备研发和示范。一是重点突破非常规油气和深海油气勘探开发技术、先进核电技术、大规模储能技术等关键技术，超前部署一批战略性前沿技术。二是做强重大装备，进一步提高水电、清洁煤电、特高压输电等传统优势装备质量和技术水平，加快形成先进核能、深海油气等重大装备自主成套能力。三是发挥我国能源市场空间大、工程实践机会多的优势，加大资金、技术、政策扶持力度，实施能源重大科技专项和重大科技示范工程。

第二，持续深化能源体制改革。十八届三中全会对全面深化改革做出了总体部署，核心是要坚持市场化的改革方向，处理好政府与市场的关系。当前，能源体制改革已经进入深水区，迫切需要加强顶层设计。一是完善现代能源市场。有序放开油气勘探开发、进出口等竞争性业务，更多引入民间资本，推动能源投资主体多元化，建立健全能源现货和期货交易市场，促进多方参与和公平高效交易，推动电网、油气管网等基础设施公平开放接入。二是进一步理顺能源价格体系。在市场体系尚未完全建立前，研究建立电力、天然气峰谷分时价格、调峰补偿等价格机制，进一步提高资源配置效率。三是推进重点领域改革。电力体制改革方面，继续抓好中央9号文件和6个配套政策的落实，扎实推进电力市场和交易机构建设，打好输配电价改革攻坚战。油气体制改革方面，推动出台油气体制改革方案，制定实施有关配套政策，逐步扩大改革试点范围。

第三，积极培育发展能源生产消费新模式新业态。科技在推动能源变革更替的同时，也在推动着用能模式的创新。当前，智能电网加快发展，分布式智能供能系统在工业园区、城镇社区、公用建筑和私人住宅开始应用。要推动“互联网+”智慧能源发展，扩大智能计量设备、智能信息系统、智能用能设施的应用，推广合同能源管理、综合能源服务等先进市场理念和模式，推动信息技术与能源产业深度融合，增强能源供给侧、需求侧交互响应能力。同时，我国终端供能体系规划滞后，电力、热力、燃气等不同供能系统统筹不够，能源梯级综合利用程度较低，要加强终端供能系统统筹规划和一体化建设，在新建大型用能区域，因地制宜实施传统能源与风能、太阳能、地热能、生物质能等可再生能源的多能互补、协同开发利用，因地制宜推广天然气热电冷三联供、地热能供暖制冷等新型供用能模式。“十三五”期间要重点推进多能互补集成优化示范工程和“互联网+”智慧能源示范工程建设，通过示范探索行之有效的模式，积累经验，为大规模优化能源系统、提高能源综合效率打下坚实基础。

五、统筹国内国际两个市场，切实保障能源安全

能源安全关系国家安全，保障能源安全是一项长期、复杂、艰巨的任务。近年来，在和平与发展的时代背景下，国际、国内能源供应相对宽裕，能源价格低位徘徊，长期以来的能源保供压力得以缓解。我们要始终把能源安全放在非常重要的位置，充分利用能源供需宽松的有利时机，统筹国内国际两个大局，着力提升能源安全保障能力。

一方面，坚持立足国内，加强国内资源勘探开发。近年来，我国油气对外依存度持续攀升，能源安全风险不容忽视。美国页岩油气勘探开发技术突破后，从2009年起超过俄罗斯成为全球第一大天然气生产国，石油

探明储量增加了50%，极大地提升了能源自给率。我国非常规油气资源也很丰富，全国埋深4500米以浅页岩气可采资源量22万亿立方米，埋深2000米以浅煤层气可采资源量12.5万亿立方米，如果取得重大突破，油气过多依靠进口的格局将会得到改变。近几年，受国际能源价格低迷影响，我国国内能源资源勘探开发的投入有所降低，石油产量维持微增，天然气产量的增幅也在缩小。我们要从战略全局出发，夯实国内油气供应基础，着力提高两个保障能力。一是尽快突破深海勘探开发等一批关键技术装备，有序放开油气勘探开发准入限制，鼓励各类投资主体有序进入，加大新疆、鄂尔多斯盆地等地区勘探开发力度，加强非常规和海洋油气资源开发，提高国内资源的接续和保障能力。二是促进能源供应多元化，有序推进煤制油、煤制气示范工程建设，推广生物质液体燃料，提升战略替代保障能力，把能源安全的主动权牢牢掌握在自己手里。

另一方面，要加强国际合作，积极利用国际资源。目前，我国人均能源消费量、人均用电量水平仅为德国、法国、日本的60%左右，只有美国的30%，与发达国家差距还很大。随着新型工业化、信息化、城镇化和农业现代化的不断推进，经济规模不断扩大，人民生活水平不断提高，我国能源消费仍将持续增长。要抓住“一带一路”建设的重大机遇，更大范围、更高水平、更深层次的全方位加强能源国际合作，实现开放条件下的能源安全。一是巩固和发挥现有国际能源治理平台作用，加强能源战略对接，以信息共享增进彼此了解，以经验交流分享最佳实践，以沟通协调促进一致行动。二是推进能源基础设施互联互通，推动跨境能源通道建设，开展区域电网建设合作，共同维护国际能源通道安全。三是创新能源项目合作方式，加强能源技术、装备与工程服务国际合作，实现优势互补、共同发展。四是积极参与全球能源治理，坚持共商、共建、共享，不断扩大合作面，共同推动国际能源治理体系变革，不断提升在国际能源事务中的话语权和影响力。

推动能源革命，建设清洁低碳、安全高效的现代能源体系，是一条全新的发展道路，不仅关系到“两个百年”目标的顺利实现，也关系到我国在国际竞争格局中的地位，任务艰巨，责任重大，使命光荣。我们要在以习近平同志为核心的党中央坚强领导下，锐意进取，攻坚克难，不断开创能源发展新局面。

第3讲　“十二五”时期能源发展主要成就

“十二五”是我国能源发展改革工作取得重大突破性进展的五年，能源供应保障能力显著增强，人均用能条件不断改善；能源结构调整成效显著，可再生能源发展迅速；节能减排力度加大，单位生产总值能耗逐年下降；科技创新能力显著提升，能源装备制造水平取得长足进步；积极应对国际金融危机等一系列重大风险挑战，能源“走出去”取得历史性突破；管理体制改革深入推进，简政放权力度史无前例。能源发展全面完成了“十二五”规划确定的各项目标和任务，以年均3.6%能源消费增速支撑了国民经济年均7.9%的增长。

第一节　能源供应保障能力进一步提升

“十二五”时期，我国能源生产供应体系不断完善，为经济平稳健康发展、人民生活水平提高提供了坚强保障。

一、资源探明储量增加

截止到2015年底，我国煤炭查明资源储量15 663.1亿吨，石油剩余技术可采储量35.0亿吨，天然气剩余技术可采储量5.2万亿立方米，分别比2010年增加2254.8亿吨、3.2亿吨和1.4万亿立方米。全国埋深4500米以浅页岩气可采资源量22万亿立方米，埋深2000米以浅煤层气可采资源量12.5万亿立方米。陆地风能技术可开发量25.7亿千瓦，太阳能可利用量约22亿千瓦，水力资源技术可开发装机容量约6.6亿千瓦，生物质能可利用资源量约4.6亿吨标准煤，地热能资源量约9458亿吨标准煤，海洋能近海蕴藏量约15.0亿千瓦。

二、能源供应能力持续增强

"十二五"时期，我国能源生产总量、发电装机规模稳居世界第一，能源供应保持稳定增长，"十五"以来的保供压力得到有效缓解。

2015 年我国一次能源生产总量 36.2 亿吨标准煤，较 2010 年增加 5 亿吨标准煤，"十二五"年均增长 3.0%。其中，煤炭产量 37.5 亿吨，较 2010 年增加 3.2 亿吨。原油产量 2.1 亿吨，年均增长 1.1%。天然气 1346 亿立方米，年均增长 7.2%。非化石能源 5.2 亿吨标准煤，较 2010 年增加 1.8 亿吨标准煤。2015 年全国发电装机规模达到 15.1 亿千瓦，较 2010 年增加 5.4 亿千瓦，年均增加约 1.1 亿千瓦。除天然气低于"十二五"预期目标外，煤炭、原油、非化石能源生产能力均超过预期目标。

"十二五"期间，能源进口多元化迈出实质性步伐。2015 年我国能源净进口 6.9 亿吨标准煤，较 2010 年增加 2 亿吨标准煤。其中，2013 年煤炭净进口达 3.2 亿吨，2015 年降至 1.99 亿吨，"十二五"净进口年均增长 6.7%。原油进口 3.4 亿吨，较 2010 年增加 9782 万吨，年均增长 7.1%。天然气进口 612 亿立方米，较 2010 年增加 447 亿立方米，年均增速达到 30.0%。

三、能源储运设施建设加快

"十二五"时期，我国能源储备应急体系初步建立，共建成 8 个国家石油储备基地，总储备容量为 2860 万立方米，石油储备规模由 19 天净进口量提高到 35 天。建成投运天然气地下储气库 18 座，累计形成有效工作气量 54.5 亿立方米，比 2010 年增加 36.5 亿立方米。

资源跨区优化配置能力大幅提升，2015 年全国 220 千伏以上输电线路达到 61.1 万公里，变电容量 31.3 亿千伏安，比 2010 年分别增长 37.1%、51.4%。西电东送规模超过 1.36 亿千瓦，比 2010 年增加约 5800 万千瓦。石油主干管线 4.8 万公里，天然气主干管线 6.4 万公里，比 2010 年分别增加 1.8 万公里和 2.1 万公里。

第二节 能源结构调整步伐加快

“十二五”时期，清洁能源加快发展，能源多元化、清洁化和低碳化发展趋势增强，能源结构进一步优化。

一、非化石能源快速发展

“十二五”是我国非化石能源快速发展时期，水电、核电、风电、太阳能发电装机规模分别增长约1.5倍、2.4倍、4.4倍和168倍，超额完成非化石能源发电装机比重达到30%的规划目标。

截止到2015年底，我国非化石能源发电装机累计达5.2亿千瓦，比2010年增加2.6亿千瓦，非化石能源发电装机比例达到35%，新增非化石能源发电装机规模占世界的40%左右。其中，水电装机规模3.2亿千瓦，

水电站

占全国发电总装机的21.2%，约占世界水电装机规模的31.9%，排名世界第一。风电并网装机规模1.29亿千瓦，占全国发电总装机的8.6%，约占世界风电并网装机规模的29.9%，排名世界第一。光伏发电装机规模4318万千瓦，占全国发电总装机的2.9%，约占世界光伏发电装机规模的18.8%，排名世界第一。在运核电机组装机规模约2608万千瓦，占全国发电总装机的1.7%；在建机组24台，装机容量约2700万千瓦，居世界第一。

“十二五”非化石能源发电装机规模

指　标	单位	2010年	2015年	年均增长
电力装机规模	亿千瓦	9.7	15.1	9.3%
其中：水电	亿千瓦	2.2	3.2	8.1%
核电	万千瓦	1082	2608	19.2%
风电	万千瓦	2958	12 934	34.3%
太阳能发电	万千瓦	26	4318	178.0%

分布式光伏发电

二、能源消费结构持续优化

“十二五”时期，我国能源消费得到有效控制。2015 年全国一次能源消费总量达到 43 亿吨标准煤，年均增长 3.6%，比“十一五”年均增速低 3.1 个百分点。

从消费结构看，煤炭消费比重降低，清洁能源比重快速提升。2015 年煤炭消费占 64%，比 2010 年下降 5.2 个百分点；石油消费占 18.1%，比 2010 年提高 0.7 个百分点；天然气消费占 5.9%，比 2010 年提高 1.9 个百分点；一次电力及其他能源消费占 12%，比 2010 年提高 2.6 个百分点；清洁能源消费共占 17.9%，比 2010 年提高 4.5 个百分点。

“十二五”能源消费总量及结构变化

指标		单位	2010 年	2015 年	结构变化
能源消费总量		亿吨标准煤	36.1	43.0	—
能源消费结构	煤炭	%	69.2	64.0	-5.2
	石油	%	17.4	18.1	0.7
	天然气	%	4.0	5.9	1.9
	非化石能源	%	9.4	12.0	2.6

三、能源产业结构不断优化升级

煤炭生产集约化、规模化水平大幅提升。14 个大型煤炭基地产量 35.6 亿吨，占全国总产量的 92% 以上。在大型煤炭基地内建成一批大型、特大型现代化煤矿，安全高效煤矿 440 处，千万吨级煤矿 53 处。加快淘汰落后和升级改造，“十二五”共淘汰落后煤矿 7100 处、产能 5.5 亿吨/年。

发电装机结构持续优化。30 万千瓦及以上机组比重达到 78.6%，60 万千瓦及以上机组比重达到 41.0%，超超临界机组装机规模居世界第一位。炼油行业实现规模化、基地化、集约化发展，全国千万吨级炼厂达到 24 个，炼油能力合计 3.2 亿吨/年，占总炼油能力的 42.9%。

第三节　能源清洁高效利用成效显著

“十二五”时期，能源行业以落实大气污染防治任务为契机，加快重点输电通道建设，深入实施成品油质量升级行动计划，稳步提升煤炭清洁高效利用水平等，有效推动能源利用效率大幅提升，节能降耗成效显著。

一、单位 GDP 能耗大幅下降

“十二五”时期，我国单位 GDP 能耗呈逐年下降趋势，由 2010 年 0.88 吨标准煤/万元下降至 2015 年 0.72 吨标准煤/万元，累计降低 18.2%，超额完成“十二五”预期 16% 目标。2015 年单位 GDP 电耗比 2014 年降低 6.0%，全国规模以上工业单位增加值能耗比上年降低 8.4%。

单位产品能耗大幅下降。2015 年工业企业吨粗铜综合能耗较上年下降 0.79%，吨钢综合能耗下降 0.56%，单位烧碱综合能耗下降 1.41%，吨水泥综合能耗下降 0.49%，每千瓦时火力发电标准煤耗下降 0.95%。

二、能源加工转换效率进一步提高

“十二五”时期，我国加快推进燃煤发电、炼油化工技术进步和产业升级，积极探索煤炭分质转化、梯级利用的有效途径，能源加工转换效率得到较大提高。与 2012 年相比，2015 年规模以上工业能源加工转换总效率提高 2.0 个百分点，其中火力发电提高 1.0 个百分点，热电联产提高 1.5 个百分点，原煤洗选提高 1.8 个百分点，炼焦提高 0.5 个百分点，天然气液化提高 2.6 个百分点，煤制品加工提高 2.1 个百分点。

三、节能减排成效显著

煤电机组超低排放和节能改造工程全面启动，累计关停小火电机组 2800 万千瓦，实施节能改造约 4 亿千瓦，实施超低排放改造约 1.6 亿千瓦，供电煤耗累计降低 18 克标准煤/千瓦时。实施严格的燃煤机组大气污染排放标准，煤电脱硫、脱硝机组比例分别达到99%和92%，单位电量二氧化硫、氮氧化物、烟尘排放分别下降33%、35%和39%。推进煤炭清洁化开发利用，加大散煤治理力度。全面开工大气污染防治12条重点输电通道建设，完成核准陕北榆横—山东潍坊等9条特高压工程。全面推进油品升级改造，深入实施加快成品油质量升级国家专项行动。

第四节　能源科技创新取得积极进展

“十二五”时期，能源行业紧跟国际能源科技革命新趋势，引领绿色低碳发展方向，结合技术创新、产业创新、商业模式创新，推动能源科技创新迈上新台阶，为能源革命注入强大动力。

一、关键技术自主创新取得突破

煤炭深井快速建井及成套装备研发、低透气性煤层瓦斯抽取、深水油气钻探、页岩气开采等技术取得突破。智能无人采煤工作面、三次采油和复杂区块油气开发、单机80万千瓦水轮机组、百万千瓦超超临界燃煤机组、特高压输电等技术保持世界领先水平。三代核电“华龙一号”、CAP1400型压水堆核电机组和具有四代核电特征的高温气冷堆示范工程开

“华龙一号” 核电机组

工建设。海上风电、低风速风电进入商业化运营，大规模储能、石墨烯材料等关键技术正在孕育突破。

二、能源装备国产化取得进展

3000 米深水油气钻井平台投产应用，年产千万吨级煤炭综采成套设备、智能化综采设备、年产 2000 万吨级大型露天矿成套设备基本实现国产化。具有自主知识产权的百万吨煤直接液化、60 万吨煤制烯烃、百万吨级煤间接液化、10 亿立方米级煤制天然气生产线建成投运。百万千瓦超超临界火电机组、3 兆瓦风电机组等电力装备得到广泛应用。新建核电机组综合国产化率接近 80%。千万吨级炼油工程成套设备实现国产化。

深水油气钻井平台

三、能源装备制造能力大幅提升

大型现代化煤矿装备年制造能力超过 1 亿吨，高效清洁火电设备年生产能力接近 1 亿千瓦，百万千瓦级核电机组年制造能力 8～10 套，大型水电装备年制造能力超过 1000 万千瓦，风电装备年制造能力超过 3000 万千瓦，占世界的一半，多晶硅年产能 19 万吨，光伏电池年产量近 4000 万千瓦，居世界第一。

第五节 能源体制改革取得实质性进展

"十二五"时期，我国能源重点领域和关键环节改革取得突破，能源体制机制进一步完善，市场化步伐加快，统一开放、竞争有序的现代能源市场体系基本形成。

一、行政审批制度改革成效显著

持续加大简政放权力度。截止到2015年底，取消下放行政审批项目21项，34子项，其中，取消17项，18子项；下放4项，16子项。行政审批取消下放比例64%，超过国务院审改办要求的50%。推进行政审批网上办理和进驻政务服务大厅，实行办理时限承诺制度和审批岗位责任制，实现审批工作程序和办事流程制度化。发布派出机构权力和责任清单。在落实国务院取消下放行政审批事项的同时，同步加强监管工作部署，制定《国家能源局关于对取消和下放能源审批事项加强后续监管的指导意见》。

二、电力体制改革不断深化

组建中国电建、中国能建两家特大型能源建设集团，主辅分离取得阶段性进展。2015年3月《关于进一步深化电力体制改革的若干意见》印发后，电力交易机构组建、电力市场建设、配售电业务放开等改革步伐加快。电力体制改革和配售电改革试点有序推进，云南、贵州等开展电力体制改革综合试点，广东、重庆等开展售电侧改革试点。北京、广州先后组建电力交易中心，云南、贵州按照股份公司形式组建电力交易中心等。蒙西新能源消纳和电力体制创新综合示范区电力体制改革试点加快推进。

三、油气体制改革稳步推进

新疆开展油气勘查开采改革试点，中国石油化工集团公司开展新疆煤制气外输管道第三方准入试点，油气投资主体多元化改革加快推进。上海石油天然气交易中心成立。出台《天然气基础设施建设与运营管理办法》和《油气管网设施公平开放监督办法（试行）》，督促油气企业向第三方开放油气管网等基础设施。进一步完善成品油价格形成机制。广东、广西开展天然气价格形成机制改革试点，在全国放开直供用户用气门站价格，并执行新门站价格。

四、煤炭行业改革取得进展

电煤市场化改革有序推进，取消电煤价格双轨制，由供需双方自主协商确定价格。煤炭税费改革取得积极进展，实施了煤炭资源税从价计征改革，对衰竭期煤矿和充填开采的煤炭分别减征 30% 和 50% 。扩大煤炭增值税抵扣范围，将巷道附属设备及相关的应税货物、劳务和服务等项目纳入进项税抵扣范围，实行税率优惠。取消煤炭进口零关税政策及煤炭生产许可证、煤炭经营许可证、煤炭企业发展建设规划、煤层气商品量分配计划等一批行政审批事项。下放国家规划矿区内年新增生产能力 120 万吨/年以下煤矿项目的核准权限。

第六节　能源国际合作不断深化

“十二五”时期，我国充分利用国际国内两种资源、两个市场，全方位加强能源对外开放与合作，深度参与国际能源治理，围绕“一带一路”战略，全面拓展核电、水电、火电、新能源等国际合作领域，形成五大境外油气合作区和四大油气进口战略通道，国际能源合作不断取得新的突破。

一、多双边合作机制建设与对话交流日益增强

我国参与的多双边能源合作机制达到 60 多个。多边合作方面，中国是亚太经济合作组织能源工作组、二十国集团、上海合作组织、东盟与中日韩（10+3）能源合作、国际能源论坛等组织的正式成员，是能源宪章的观察员，与国际能源署、石油输出国组织等国际组织保持着密切联系。双

边合作方面，中国与美国、欧盟、俄罗斯、日本等许多国家和经济体都建立了能源对话与合作机制。通过对话交流，落实了一批能源务实合作项目，宣传了中国能源政策，促进了互信与理解，为能源企业国际合作创造了有利的外部条件。

二、能源国际合作领域不断拓展

我国与“一带一路”沿线国家在核电、火电、水电、新能源发电、输变电领域不断加强合作，有效带动装备和服务“走出去”。组建成立核电技术装备“走出去”产业联盟，核电“走出去”投产及在建机组累计6台，规模达350万千瓦，与阿根廷、巴基斯坦、罗马尼亚、英国、南非、土耳其等国家达成合作意向，规模达到12台机组；以中巴经济走廊电力项目、大湄公河次区域电力项目为代表的电力合作不断取得实质性进展。能源装备企业开拓海外市场取得显著成效，2015年我国火电装备出口368.55万千瓦，水电装备出口191.85万千瓦，风电装备出口27.45万千瓦，光伏装备出口约2800万千瓦，石油钻采装备出口贸易额达到93.9亿美元。煤炭企业在海外煤矿建设运营、地质勘探和煤机装备出口等方面取得积极进展。

三、能源国际大通道建设取得突破

初步建成俄罗斯—中亚、非洲、中东、美洲和亚太五大区域油气供应基地。不断完善我国西北、东北、西南和海上四大油气进口战略通道，建成了中国—中亚天然气管道A/B/C线、中哈原油管道、中俄原油管道、中缅油气管道等项目，共3条石油管道、2条天然气管道，总计输油能力约4000万吨/年，输气能力约650亿立方米/年。已与俄罗斯、蒙古、越南、老挝、缅甸等国家实现电力贸易，并正在同步推进大湄公河次区域电力联网。

第4讲 “十三五”时期能源发展趋势和主要挑战

第一节 “十三五”时期国际能源发展趋势

从国际看，“十三五”时期世界经济将在深度调整中曲折复苏，国际能源格局也将发生重大调整，应对全球气候变化倒逼高碳能源清洁化利用，非常规油气发展推动国际石油供需格局呈现历史性转变，新能源发展异军突起，围绕能源市场和创新变革的国际竞争仍然激烈，这些因素相互交织，使得未来国际能源发展将主要呈现以下五个趋势。

一、能源供需形势总体宽松

未来五年，随着非常规油气和非化石能源快速发展，以及世界主要发达经济体和新兴经济体能源需求增速的放缓，全球能源供应能力充足。需求方面，世界主要发达国家已经完成了工业化和城镇化，产业结构以服务业为主，经济发展进入了相对缓慢的阶段。经济合作与发展组织（OECD）国家基本实现了经济社会发展与能源消费增长的脱钩，能源需求达到饱和并逐步下降。美国的能源消费总量基本稳定，且近几年呈现出了较显著的下降趋势。欧盟能源消费在积极应对气候变化和大力发展低碳经济的形势下，也将呈现逐步下降的态势。中国和印度等新兴经济体能源强度不断下降，世界能源消费增速逐步放缓。供应方面，美国页岩油气革命推动了全球油气储量、产量大幅增加。液化天然气技术进一步成熟，全球天然气贸易规模持续增长，并从区域化走向全球化。核电逐步走出福岛核事故阴霾，发展趋势有所恢复。非化石能源将在曲折的经济复苏中逆势上扬，随着技术突破和成本下降，风电和太阳能发电将以年均8%的速度增长。生物燃料也将在美国、巴西和欧盟等国家和地区政策的扶持下，迅速增长。总体看，“十三五”期间，世界能源供需总体较为宽松。

二、能源格局多极化加快形成

全球经济发展的不均衡、能源技术的非对称、发达国家与新兴国家国际影响力的此消彼长，使得国际能源格局产生重大调整，世界能源消费、供给、国际秩序将逐渐形成多极趋势。消费方面，世界能源消费重心加速东移，发达国家能源消费基本趋于稳定，发展中国家能源消费继续保持较快增长，亚太地区成为推动世界能源消费增长的主要力量。中东能源密集型产业快速发展，非洲工业化、城镇化持续推进，带动能源需求快速增长，形成亚太、北美、欧洲、中东、非洲多极发展的新格局。供应方面，世界能源供给逐步多元，欧盟和新兴市场国家可再生能源迅猛增长，中亚—俄罗斯传统油气开发稳步增长，美洲油气产能持续增长，成为国际油气新增产量的主要供应地区，中东地区油气供应一极独大的优势弱化，逐步形成中东、中亚—俄罗斯、非洲、美洲多极发展新格局。国际秩序方面，能源霸权和强权政治的时代即将过去，更多的发展中国家将积极参与国际能源博弈，国际力量对比趋向再平衡，全球能源治理体系由西方发达国家主导逐步向多元共治转型。

三、能源结构向清洁低碳转变

在人类共同应对全球气候变化大背景下，清洁、低碳、高效成为能源发展大势，世界低碳能源加快发展。据美国能源信息署（EIA）发布的《国际能源展望 2016》，到 2040 年，可再生能源是世界上增长最快的能源，年增长率达 2.6%；核能年增长率为 2.3%，在全球一次能源消费中的比例将从 2012 年的 4% 增加到 6%；化石燃料中，天然气消费比重增长最快，到 2030 年将超过石油成为全球第二大能源供应燃料；而煤炭消费量则受中国高能耗产业转型、服务业发展和世界范围内的限煤政策影响，在中后期停止增长。同时，世界许多国家制定了能源转型战略，提出了更高的能效目标和更积极的低碳政策，欧盟许多国家甚至提出了去碳化的能源发展战略，以期推动可再生能源加速发展，在加大温室气体减排力度的同时，逐步摆脱经济发展对化石能源消费增长的依赖。OECD 国家天然气消费比重已经超过 30%，并呈现扩大趋势，2030 年有望成为第一大能源。欧盟可再生能源发电技术不断突破，成本逐渐降低，消费比重已经达到 15%，预计 2030 年将超过 27%。全球有 10 多个国家正在建设新的核电站，有近 40 个国家计划建设新的核电站或考虑发展核电。

四、能源系统智能化渐成趋势

随着移动互联网、大数据、云计算等先进信息技术与能源产业深度融合，能源科技革命浪潮迭起，智能电网、大规模储能、电动汽车、能源新材料等技术发展，引领能源领域发生翻天覆地的变化。美国提出建立“21 世纪的能源网络”，启动智能能源建筑计划。欧盟宣布实施“欧洲智慧能源”计划，旨在建立自我调控的高效能源系统。日本发布“新一代能源和社会体系示范计划”，实施“智慧城市共同体”和“智慧能源网”两大示范项目。未来，全面融合信息网络技术建立的智能能源体系将逐步形成，新产业、新业态、新模式不断涌现，以分布式能源、智能终端为重要特征的工业园区、城镇小区、智能楼宇将不断涌现。能源生产消费的智能化体

电动汽车

系、多能协同综合能源网络、与能源系统协同的信息通信基础设施不断完善。“人人消费能源、人人生产能源”的新形态将逐步形成。

光伏发电屋顶

五、能源大国博弈复杂剧烈

随着世界经济的持续低迷和全球气候变化共识的达成，能源生产消费国利益分化调整加快，传统与新兴能源生产国之间角力加剧，全球能源治理体系重构不断加速。能源消费国努力增强本国能源供给，更加注重与多个能源供给国建立战略合作，分散能源进口风险，同时加强与其他能源消费国的结盟与合作，减少战略掣肘。能源供给国加强对本国能源资源的控制，积极与能源消费国、投资国甚至供应国博弈，以获取最大的战略利益。能源通道过境国也凭借通道资源为优势，谋求战略利益最大化。在合作中制衡，在制衡中合作，将成为未来能源博弈的主旋律。能源博弈范围也逐步由资源扩展到经济、科技、金融、环境等领域，博弈方式更加隐性多元化，从传统的资源掌控权、战略通道控制权向定价权、货币结算权、转型变革主导权扩展，以便获取更多战略利益。

第二节 “十三五”时期我国能源发展趋势

从国内看，“十三五”时期是我国经济发展步入新常态后的第一个五年，经济增长将从过去多年的高速增长转向中高速增长，经济结构加快转型升级迈向中高端水平，发展方式从规模速度型转向质量效益型，发展动力从传统要素投入驱动转向创新驱动。我国能源发展将呈现以下五个趋势。

一、能源消费增速趋缓

21 世纪头 10 年，我国能源消费年均增长 9.4%，2011～2015 年年均增长 3.6%。2015 年消费增速 0.9%，是 1998 年以来最低增速，能源消费减速换挡趋势明显。未来五年，我国经济预期年均增长 6.5% 以上，第三产业比重每年提高 1 个百分点。在经济增速趋缓、结构转型升级加快等因素共同作用下，能源消费增速预计将从“十五”以来的年均 9% 下降到 2.5% 左右。从长远来看，减少能源消耗是大势所趋。目前，我们单位 GDP 能耗、电耗分别是世界平均水平的 1.9 倍和 2.1 倍，能源效率远远落后于发达国家。这种粗放发展模式，带来了沉重的资源和环境压力。中国是世界上最大的发展中国家，人口多、基数大、负担重，这一基本国情决定了我们绝不能走发达国家已经走过的靠无节制攫取自然资源来换取自身发展的老路。从现实来看，能源需求减速存在必然性。目前，我国钢铁、有色、建材等主要耗能产业的产能进入峰值平台期，这些传统消费正在趋弱，而潜力较大的新型消费尚未形成强大拉动力。因此，能源消费趋缓是发展的必经阶段。

二、能源结构的双重更替亟待加快

近年来，我国能源结构调整步伐不断加快，2015 年煤炭消费占一次能源消费量的比重降为 64%，比 2010 年下降了 5.2 个百分点；非化石能源消费占比约为 12%，比 2010 年提高了 2.6 个百分点。“十三五”期间，我国经济将保持中高速增长，长期积累的结构性矛盾逐步显现，资源环境约束趋紧，不平衡、不协调、不可持续问题仍然突出，亟待结构调整激发经济活力。从能源领域来看，推动能源生产和消费革命，核心是要实现双重更替，因此，“十三五”及今后一段时期，主体能源由油气替代煤炭、非化石能源替代化石能源的双重更替步伐将进一步加快，煤炭消费将进入峰值期，天然气和非化石能源将继续较快增长。但是，我们也要清醒地看到，结构性矛盾和问题仍然非常严重。突出表现在三个方面：一是部分化石能源产能过剩。煤炭过剩最为突出，煤电和炼油能力过热也已经出现。二是非化石能源发展受限。水电开工规模持续下降，“十二五”开工规模仅完成规划的一半，弃风、弃光、弃水问题突出。三是能源系统效率不高。供应与消费布局有待优化，电源与电网建设不匹配，跨省区能源输送通道利用效率不高，清洁能源送出比例较低。

三、能源发展逐步转向创新驱动

能源行业是科技、人力、资本多重密集型行业，体量大、惯性强、推动能源革命遇到的阻力也很大，需要加快转换动力，核心是由主要依靠资源投入向创新驱动转变，形成促进创新的体制架构，塑造更多依靠创新驱动、更多发挥先发优势的引领型发展。“十三五”期间，能源发展的着眼点和着力点将转到创新发展上，逐渐摆脱“旧常态”思维方式和路径依赖。一方面，将加大科技创新力度，把科技创新放在全面创新的核心位置。当前，分布式能源等新技术应用取得可喜成就，新兴力量已经登上发展的舞台。重点加强原始创新、集成创新和颠覆性创新，着力突破大规模储能、能源互联网、石墨烯材料等关键技术，着力培育分布式能源、智能电网、电动汽车等新产业和新业态。另一方面，将全面深化体制改革，发挥体制创新在全面创新中的促进作用，着力破除体制机制障碍，提供有效制度供给，着力还原能源商品属性，构建现代能源市场体系，着力培育鼓励成功、包容失败的创业土壤，形成大众创业、万众创新的生机勃勃新气象。未来，科技、体制和发展模式创新将进一步推动能源清洁化、智能化发展，培育形成新产业和新业态。能源消费增长的主要来源逐步由传统高耗能产业转向第三产业和居民生活用能，现代制造业、大数据中心、新能源汽车等将成为新的用能增长点。

四、国内能源供需态势深刻变化

自2012年起，我国能源消费增速屡创新低，能源供需形势的深刻变化，以及不断升级的环保压力，使得能源结构调整成为全社会的共识。未来五年，将是煤炭减量，天然气、核能和可再生能源快速发展的五年。水电方面，强调开发保护并重，坚持生态优先；非水可再生能源方面，继续大力支持风电、光电发展，加快发展生物质能、地热能，积极开发沿海潮汐能资源。核电方面，更加重视安全，强调自主发展；煤炭方面，加大清洁利用力度，严格执行淘汰落后产能；石油方面，突出炼化转型升级，强调提供清洁油品；天然气方面，突出常规气开发，加快页岩气、煤层气等非常规油气开发。同时，随着智能电网、分布式能源、低风速风电、太阳能新材料等技术的突破和商业化应用，能源供需方式和系统形态正在发生深刻变化。“因地制宜、就地取材”的分布式供能系统将越来越多地满足新增用能需求，风能、太阳能、生物质能和地热能在新城镇、新农村能源供应体系中的作用将更加凸显，新能源汽车等新业态、新产业加快发展，将推动能源生产利用方式发生前所未有的深刻变革。

五、能源国际合作新格局稳步建立

我国将全方位加强国际合作，推动区域能源资源、市场、产业、金融一体化进程，推动能源领域更大范围、更高水平和更深层次的开放交融，形成开放条件下的能源安全新格局。积极推动与新兴经济体和发展中国家开展产能务实合作，积极与发达经济体开展第三方合作，共同开发第三方市场，有效发挥自身承上启下、左右联动、优势互补的重要作用，不断推动国际合作上台阶、上水平。随着“一带一路”战略和国际合作的深入实施，我国能源国际合作的战略着力点正从能源资源开发和贸易拓展到基础设施互联互通及能源全产业链合作，煤炭、电力、新能源等领域国际合作取得新进展，相关技术装备和服务“走出去”迈开新步伐，核电等能源装备已成为中国制造新品牌。未来的能源国际合作将不仅仅局限于资源、技术的合作，还包括人才、机制、标准制定等多方面的合作。这些方面的合作，不仅有利于提升能源技术水平，增强自主创新能力，推动能源科技创新体系的建设与完善，实现能源合作的多元化，也有利于我国与世界各国共同探讨建立清洁、安全、经济、可靠的全球能源供应体系。

第三节　我国能源发展面临的主要挑战

“十三五”时期，随着经济发展步入新常态，我国能源消费增长减速换挡，保供压力明显缓解，供需相对宽松，能源发展进入完全不同于以往时期的全新阶段。在供求关系缓和的同时，结构性、体制机制性等深层次矛盾进一步凸显，成为制约能源可持续发展的重要因素。面向未来，我国能源发展既面临厚植发展优势、结构调整优化、加快转型升级的战略机遇期，也面临诸多矛盾交织、风险隐患增多的严峻挑战。

部分能源产能过剩问题突出，供给侧结构性改革有待持续推进。我国煤炭产能严重过剩，大幅超过消费需求，供求关系严重失衡。截止到2015年，全国煤炭产能已超过50亿吨，超出煤炭消费量10亿余吨。煤电过热苗头已经出现，煤电机组平均利用小时数明显偏低，并呈现进一步下降趋势，2015年，煤电发电机组利用小时数4329小时，部分地区不足3000小时，创1978年以来最低水平。煤电过剩风险加剧，导致设备利用效率低下、能耗和污染物排放水平大幅增加。全国原油一次加工能力过剩，开工率从2012年起已经连续下降，汽煤柴油净出口量连年递增。2015年炼厂加工负荷约为70%，产能利用率不足70%，汽煤柴油全面过剩。随着进口原油权放开，许多企业希望继续提高原油加工量，国内成品油过剩局面还将进一步加剧。

可再生能源发展面临多重瓶颈，弃风、弃光、弃水等问题严重。当前，可再生能源发展存在着技术创新能力不足、产能有待整合、补贴负担过重、并网消纳问题严重、国际合作有待加强等多重问题，其中，补贴和并网消纳问题已成为影响可再生能源产业持续健康发展的两个关键因素。首先，可再生能源自身的经济性相对较差，存在刚性的市场补贴需求。除了水电、太阳能热利用等较为成熟技术外，我国风电、太阳能发电等新兴可再生能源技术，还处于成长阶段，开发利用成本仍然较高。总的来看，风电、生物质发电、光伏发电上网价格分别是煤电平均上网价格的 1.5 倍、2 倍和 2.5 倍左右。虽然风电在考虑环境等社会效益的情况下已有一定的经济性，但在当前的财税价格机制下，市场竞争力还明显弱于常规能源；太阳能发电价格更是远远高于常规能源；各种生物质能、地热能在与煤炭消费相比时也存在成本相对较高的问题。在当前条件下，可再生能源仍需要持续补贴才能继续发展，到 2016 年底已出现了约 600 亿元的补贴缺口，随着应用规模不断扩大，补贴缺口将进一步扩大。其次，可再生能源面临较为严重的并网消纳挑战。可再生能源具有波动性、随机性特点，与可控的燃煤发电、水电等常规电源之间存在很大不同，难以像传统电源一样调度管理。电力系统调峰能力不足，调度运行和调峰成本补偿机制不健全，难以适应可再生能源大规模并网消纳的要求，部分地区弃风、弃光、弃水问题严重。如 2015 年甘肃、新疆等地弃风、弃光率超过了 30%，部分月份甚至超过了一半以上，全年弃风率达到了 15%。2016 年上半年的弃风、弃光问题更加突出，一些省份已接近 50%。

天然气清洁优势尚未有效利用，消费市场亟需开拓。“十三五”期间，中国能源转型面临很大挑战，天然气是中国能源转型最为重要和现实的抓手，但相比于其他能源，天然气发展也面临严峻挑战，提高天然气在一次能源消费结构中的比例存在较大不确定性。当前，我国天然气消费水平明显偏低与供应能力阶段性富余问题并存，需要尽快研究制定大力鼓励天然气利用的支持政策，拓展新的消费市场。首先，现行价格机制制约了天然气扩大利用。一方面，国内定价机制不能及时反映供需状况，天然气与可替代能源相比没有竞争力，造成“逆替代”；另一方面，天然气行业行政垄断和区域分割比较严重，从气田到终端用户要经历多个环节，输配费用过高，造成即使上游降价也无法传导到下游，最终用户没有获得实惠。其次，我国天然气基础设施不完善，管网密度低，储气调峰设施严重不足，

“十三五”期间，随着城镇化率逐年提高，城镇范围不断扩大，基础设施建设任务繁重，协调难度加大，管道保护工作难度也不断增大。再次，天然气体制机制不健全，竞争性环节竞争不够充分。勘探开发和管道输送环节主体少，竞争不足，管道运营不透明，难以实现第三方市场主体公平接入。法律法规体系不健全不完善，行业监管越位和缺位现象同时并存。这些因素严重制约我国天然气消费市场扩大。

能源清洁替代任务艰巨，尚需加大改革力度。我国部分地区能源生产消费的环境承载能力接近上限，大气污染形势严峻，严重影响居民身心健康。我国每年散烧煤 8 亿吨左右，煤炭占终端能源消费比重高达 20% 以上，高出世界平均水平 10 个百分点。“以气代煤”和“以电代煤”是实现节能减排和结构优化的重要途径，但天然气替代受价格、输气管网等体制机制因素制约，电力替代也面临成本、基础设施、关键技术等因素制约，使得“气代煤”和“电代煤”经济性较差，替代进展较差。洁净型煤推广困难，大量煤炭在小锅炉、小窑炉及家庭生活等领域散烧使用，污染物排放严重。高品质清洁油品利用率较低，交通用油等亟需改造升级。可再生能源发展主要集中在西北部，依赖大规模外送，经济性差，还需大量配套煤电调峰，导致煤电比例提高的“负效应”风险增加。

能源开发利用效率不高，与国际先进水平存在差距。我国能源系统调节性能较差，设备利用率低，平均能耗水平与国际差距较大。电力、热力、燃气等不同供能系统集成互补、梯级利用程度不高。电力、天然气峰谷差逐渐增大，系统调峰能力严重不足，需求侧响应机制尚未充分建立，供应能力大都按照满足最大负荷需要设计，造成系统设备利用率持续下降。风电和太阳能发电主要集中在西北部地区，长距离大规模外送需配套大量煤电用以调峰，输送清洁能源比例偏低，系统利用效率不高。随着风电和光伏等波动性电源并网规模的增加，以传统能源为主的电力系统运行调度机制不能适应可再生能源资源特点的需要。电力市场机制不完善，电力价格机制不够完善，使电力系统的灵活性未得到充分发挥，可再生能源与化石能源在运行上的矛盾日益突出，可再生能源电力的全额保障性收购政策未能得到有效落实，弃风、弃光、弃水现象严重。

能源供给与消费区域错位，跨省区能源资源配置矛盾凸显。我国能源资源分布广泛但不均衡，总体上是西多东少、北多南少。煤炭资源主要集中在华北和西北地区，石油、天然气资源集中在东北、华北和西北地区，水能资源集中在西南地区，风能资源集中在东北、华北和西北地区。而能源消费较为集中的地区多数是能源资源稀缺的中东部地区。新常态下，能源资源富集地区大都仍延续大开发、多外送的发展惯性，而主要能源消费地区需求增长减弱，市场空间萎缩，更加注重能源获取的经济性与可控性，对接受区外能源的积极性普遍降低。同时，国内能源配置“错位”现象环生，如四川低价水电主要外送他省，本地不能充分利用，还要调入高价火电；高效发电机组不一定具备高发电小时数，使得 60 万千瓦的燃煤机组发电小时数与 30 万千瓦的燃煤机组发电小时数相差无几。这些问题使得能源送受地区之间利益矛盾日益加剧，清洁能源在全国范围内优化配置受阻，部分跨省区能源输送通道面临低效运行甚至闲置的风险。

能源体制机制不能适应转型变革要求，有待完善。我国能源体制存在诸多问题和障碍，不能适应能源转型变革的新要求。一是政府管理体系繁冗，监管力度不足。能源管理主要采取行政手段，管理职能分散，政府越位、错位和缺位现象并存，导致部分能源管理领域出现过紧、过松、无人监管等多种现象；市场管理过于微观具体，且偏重于项目审批，过程繁琐，核准前置文件多、涉及部门多、审批周期长；监管体系不完善，专业性监管力度不足。二是能源价格机制不顺畅，财税灵活度欠佳。天然气和电力等价格主要由政府制定，存在煤炭与煤电价格双轨制运行、成品油价格调节机制滞后、天然气定价机制难以发挥调节作用等问题；价格构成不合理，管网等基础设施成本核定方式并未统一，生态环境等外部性成本尚未实现内部化；价格扭曲问题突出，居民用电、用气等价格交叉补贴现象普遍。能源税制尚待完善，资源税构成和水平不合理，新能源支持政策形式缺乏灵活性，化石能源与非化石能源间的综合性财政政策不协调，不能真实反映能源产品市场供求关系、稀缺程度、节能环保及对资源可持续发展的影响程度。三是能源法律体系结构不完整，体系建设滞后。基本法长期缺位，部分立法滞后且修订缓慢；一些具体规定分散在效力等级不同的法律、行政法规、地方性法规和部门规章之中，缺乏必要的衔接，可操作性差。四是部分领域垄断现象明显，市场化步伐有待加速。煤炭矿业权的取得主要由政府行政主导，缺乏统一的市场准入标准和公平的竞争准则；电网输配售环节垄断经营突出，一定程度上阻碍了新能源上网消纳；油气领域自然垄断现象突出，基本实施勘探、开发、炼油、输送、进口、销售一体化运营，未形成多元化主体充分竞争的格局。

第 5 讲　“十三五”时期能源发展的主要目标

根据对“十三五”经济社会发展形势的总体判断，《规划》对未来五年能源需求变化趋势进行了预测，综合考虑安全、资源、环境、技术、经济等因素，从控制总量、保障供应、调整结构、提高能效、保护环境、改善民生等方面，提出了“十三五”能源发展主要目标。

第一节　能源需求增速明显回落

“十三五”期间，我国经济增长将从过去多年的高速增长转向中高速增长，预计经济年均增长 6.5% 以上，经济结构加快转型升级迈向中高端水平，第二产业比重持续下降，第三产业比重呈稳步上升趋势，比重每年提高 1 个百分点。钢铁、有色、建材等主要耗能产品需求达到峰值或进入平台期，能源消费将稳中有降。在经济增速趋缓、结构转型升级加快等因素共同作用下，能源发展将呈现消费增长换挡减速、结构双重更替加快、供需相对宽松等突出特点，能源消费增速预计将从“十五”以来的年均 9% 下降到 2.5% 左右。

一、煤炭消费进入峰值平台期

煤炭是我国重要的基础能源，在能源生产、消费中占主体地位。“十二五”时期我国煤炭消费年均增长 2.6%，较“十一五”期间年均增速低 4.9 个百分点。“十二五”前三年，全国煤炭消费年均增长 6.7%，后两年同比分别下降 3% 和 3.7%。从主要用煤行业看，2015 年，电力、钢铁、建材和化工行业煤炭消费量合计约占全国煤炭消费总量的 83.2%，比 2010 年提高 1.2 个百分点，比 2005 年提高 5 个百分点。“十三五”时期，全国

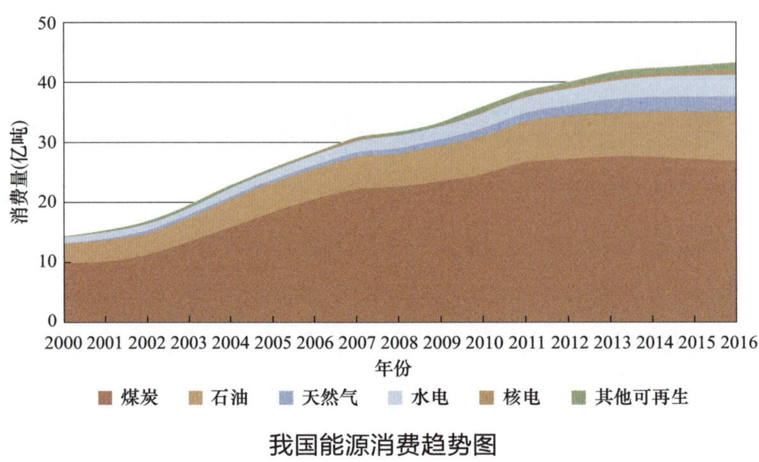

我国能源消费趋势图

煤炭消费增速显著放缓，消费总量进入峰值平台期，预计 2020 年消费量在 41 亿吨以下。其中，四大耗煤行业煤炭消费占比“两升两降”，总体保持上升态势，2020 年合计消费量占煤炭消费总量的 86% 左右，比 2015 年提升约 3 个百分点。

（1）电煤比重上升。2015 年，我国煤电装机约 9 亿千瓦，占总装机容量的 59%、发电量的 67. 1%。“十三五”期间，电煤是煤炭消费增长的主要拉动力量。预计 2020 年煤电装机 11 亿千瓦，发电量约 4. 6 万亿千瓦时，电煤需求超过 22 亿吨左右，占煤炭消费量的 55% 以上，比 2015 年上升 6 个百分点。

（2）钢铁行业用煤下降。2015 年，全国钢材生产和消费量进入峰值平台期，当年全国粗钢产量 8 亿吨，耗煤 6. 3 亿吨，约占全国煤炭消费总量的 16%。“十三五”期间，随着经济发展方式转变和产业结构优化调整，我国钢材消费强度总体呈下降趋势。预计 2020 年全国粗钢产量 7 亿吨，废钢利用比例有所提高，铁钢比和吨钢能耗将继续下降。预计 2020 年钢铁工业煤炭消费量 5. 5 亿吨左右。

（3）建材行业用煤下降。建材行业耗煤主要用于水泥、墙体材料、平板玻璃、建筑卫生陶瓷等生产。随着房地产投资增速放缓，以及传统建材行业总量控制和化解过剩产能的推进，“十三五”时期，我国主要建材产品需求趋于下降，预计2020年煤炭消费量5亿吨左右。

（4）化工行业用煤小幅增长。2015年，化工行业煤炭消费量2.4亿吨，其中，新型煤化工耗煤约3600万吨。“十三五”时期，合成氨、甲醇等传统煤化工需求基本饱和，煤炭消费量稳中趋降。煤制油、煤制烯烃等新型煤化工升级示范项目稳妥推进，将带动化工行业煤炭消费增长，预计2020年煤炭消费量3.5亿吨左右。

我国煤炭消费趋势图

二、石油需求增速回落

“十三五”期间石油消费增速将有所回落，年均增长1.4%，比“十二五”期间回落4个百分点，预计2020年消费量5.9亿吨。

（1）石油替代加快推进。一是天然气汽车。2000年以来，我国天然气汽车爆发式增长，保有量由0.6万辆增至2015年的近500万辆。“十三五”期间，受天然气汽车与传统能源汽车竞争优势减弱、电动汽车加快发展等因素影响，CNG汽车发展将有所放缓，用气增量将主要由LNG重型货车驱动。2020年，预计交通运输领域天然气替代成品油约5000万吨以上。二是电动汽车。在购车补贴、减免购置税、免摇号或免牌照费、不限行等政策推动下，电动汽车将继续保持较快发展，预计2020年我国电动汽车累计产销量将达到500万辆，用电量约100亿千瓦时，替代成品油500万吨。三是现代煤化工。预计2020年，全国煤制油产能约1300万吨，煤制烯烃产量将超过600万吨。

（2）汽油需求继续保持较快增长。“十二五”时期，我国处于机动车发展的快速普及阶段，2015年，机动车保有量接近2.8亿辆，其中乘用车1.36亿辆，千人保有量不到100辆。“十三五”期间，机动车仍将保持较快增长，预计2020年乘用车保有量2.3亿辆，千人保有量约170辆，带动汽油消费增长。预计2020年全国汽油消费量约1.6亿吨，“十三五”期间年均增长7%。

（3）柴油需求进入峰值平台期。2011～2015年，全国柴油消费量年均增长2%左右，特别是2012年以来基本稳定在1.7亿吨左右。“十三五”期间，随着二产比重的下降，工业、建筑业用油增长乏力；商用车保有量将进入峰值平台期，公路运输、水运、电力等行业柴油需求受替代影响出现萎缩，预计“十三五”期间柴油消费量保持在1.7亿吨左右。

（4）航空煤油需求旺盛。与发达国家相比，当前我国人均年乘机次数、航空运输里程仍有较大差距。“十三五”期间，航空运输继续保持较快增长，预计2020年国内民航旅客运输量将达到5.9亿人次，货物周转量达到240亿吨公里，年均增长分别为7%和4.1%。预计“十三五”期间，煤油消费量年均增长9%，2020年达到4000万吨左右。

三、天然气需求保持较快增长

预计2020年全国天然气消费量在3600亿立方米左右，“十三五”期间年均增速为13%。

（1）消费区域继续向东部地区扩展。随着国内长输干支线管道的建成，以及各省区城市管网的快速推进，我国天然气消费中心将继续由产气区周边向东部地区转移，由大城市向中小城市延伸。环渤海地区积极落实《大气污染防治行动计划》，大力推进“煤改气”“油改气”项目实施。长

我国石油消费趋势图

三角及东南沿海经济发达地区，气价承受能力相对较强。西南地区是天然气主产区，需求继续保持稳步增长。预计 2020 年，环渤海、长三角、东南沿海地区天然气合计消费量为 1900 亿立方米，约占全国消费量的 53.3%，比 2015 年提升 3.1 个百分点。

（2）消费量继续保持较快增长。“十三五”期间，城市燃气需求保持刚性增长，交通用气发展空间较大；发电和工业燃料用气需求较快增长，是拉动天然气需求增长的主要动力；化工用气需求增速继续放缓，需求占比有所下降。一是发电用气。天然气发电具有占地面积小、调峰能力强、清洁高效等优点，是优质的调峰机组。“十三五”期间，预计全国新增天然气发电装机 4000 多万千瓦，2020 年总装机达到 1.1 亿千瓦左右，发电用气超过 900 亿立方米，占天然气消费量的 25.6%，比 2015 年提高 9.5 个百分点。二是工业燃料。天然气在工业领域的应用潜力较大，主要用于玻璃、陶瓷、有色金属、钢铁、食品加工等行业锅炉和窑炉的燃料替代。预计年均增长约 15%，2020 年超过 1400 亿立方米，约占天然气消费量的 39.5%。三是城市燃气。随着我国天然气供应能力的大幅提升和区域管网设施的不断完善，城市天然气替代成品油、液化石油气的步伐加快，城镇公共服务、商业、居民炊事、采暖等天然气消费量将继续较快增长。“十三五”末，预计天然气汽车将达到 1000 万辆，天然气船达到 6 万艘，配套加气站分别超过 1. 2 万座和 200 座。预计 2020 年城市燃气用电量为 920 亿立方米，约占天然气消费量的 25. 5%，其中交通领域用气量超过 500 亿立方米。四是化工用气。在经济性和天然气利用政策的引导下，天然气制氢和不宜外输的天然气制氮肥将是化工用气的主要增长点，预计 2020 年化工用气 340 亿立方米，占天然气消费量的 9. 3%，比 2015 年下降 3. 5 个百分点。

我国天然气消费趋势图

四、用电增速较“十二五”回落

“十三五”时期，随着我国转变经济发展方式的推进，以及国家对单位 GDP 能耗的硬约束，单位产值电耗将持续下降，年均用电量增速将有所回落。预计 2020 年用电量约 6. 8 万亿～7. 2 万亿千瓦时，“十三五”期间年均增长 3. 6%～4. 8%，比“十二五”期间年均增速下降 1. 5 个百分点以上。

（1）高耗能行业用电量增速回落。房地产与基础设施建设带动的建材、钢铁、有色等相关高耗能行业，是 2000 年以来拉动用电量增长的主要动力。经济发展进入新常态以来，高耗能行业对用电量增长的拉动作用明显减弱。预计 2020 年四大高耗能行业合计用电量 1. 9 万亿千瓦时，年均增长 1. 9%，比“十二五”期间回落 4 个百分点。

（2）第三产业与居民生活用电量保持较快增长。“十二五”期间，全国第三产业和居民生活用电量年均分别增长 9.8% 和 7.4%，对全社会用电量增长的贡献率分别为 18% 和 14.7%。总体看，我国第三产业和居民生活用电水平仍相对较低，尤其是中西部地区家用电器保有量和生活舒适度等与东部地区仍有一定差距，“十三五”期间，第三产业和居民生活用电将仍是全社会用电增长的主要拉动力量，预计 2020 年用电量均超过 1 万亿千瓦，对全社会用电量增长的合计贡献率接近 50%。

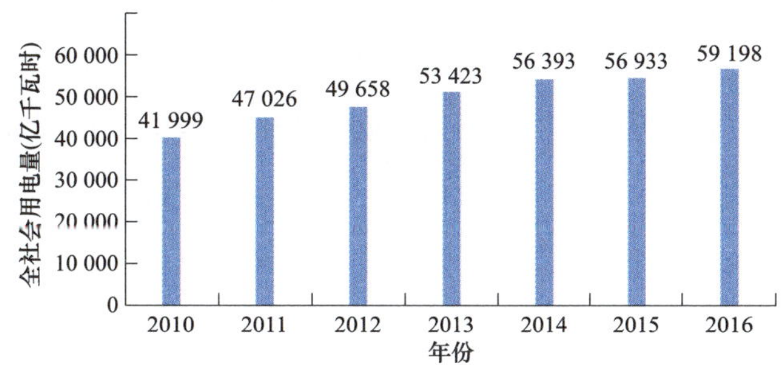

我国全社会用电量消费趋势图

第二节　能源供应质量提升

一、煤炭产业结构转型升级

（1）过剩产能有效化解。“十三五”期间，关闭退出煤矿生产能力 8 亿吨，前三年将原则上停止审批新建煤矿项目、新增产能的技术改造项目和产能核增项目，通过减量置换的新建规模约 3 亿吨。资源条件差、开采成本高、不具备竞争力的煤矿继续退出。预计 2020 年全国煤矿生产能力 39 亿吨。

（2）产业集中度进一步提高。2020 年，煤矿数量将控制在 6000 处左右，大型煤矿产量占总产量的 80%，年产 30 万吨及以上中小型煤矿占 13%，年产 30 万吨以下煤矿占 7%。煤炭生产开发进一步向大型煤炭基地集中，基地以外煤矿加快关闭退出。预计 14 个大型煤炭基地合计产量

37.4 亿吨，占全国总产量的 95% 以上。煤炭企业数量降至 3000 家以内，5000 万吨级以上大型企业产量占总产量的 60% 以上。

（3）生产开发布局继续优化。继续收缩东部地区开发规模，限制中部和东北地区资源开发，西部地区结合煤电和煤炭深加工项目用煤需要，合理安排安排煤炭开发与转化强度，形成对中东部地区的有效接替。2020 年，预计东部地区煤炭产量 1.6 亿吨，东北地区 1.2 亿吨，中部地区 12.9 亿吨，西部地区 23.3 亿吨，分别占全国煤炭生产总量的 4.1%、3.1%、33.1% 和 59.7%。分省看，内蒙古、陕西、新疆煤炭产量增幅较大，贵州、云南、甘肃、宁夏、青海产量适度增加，山西、黑龙江产量基本稳定，北京退出煤炭生产，其余省份产量下降。从煤炭流向看，东部地区煤炭净调入 10.8 亿吨，东北地区净调入 2.4 亿吨，中部地区净调出 2.5 亿吨，西部地区净调出 8.7 亿吨。

（4）安全绿色开发水平显著提升。采煤机械化程度达到 85%，全员人均年产量达到 1000 吨。煤矿重特大事故得到有效遏制，煤矿事故起数和死亡人数下降 15% 以上，百万吨死亡率为 0.13 以下。生态文明矿区建设取得积极进展，煤矸石综合利用率达到 75% 左右，矿井水利用率达到 80% 左右，土地复垦率达到 60% 左右。原煤入选率达到 75% 以上，煤炭产品质量提高，清洁利用水平迈上新台阶。

二、石油安全供应体系逐步完善

（1）原油产量保持平稳。“十三五”期间，我国石油勘探开发将坚持陆上和海上并重，大力支持低品位资源开发。预计年均新增探明石油地质储量约 10 亿吨，国内原油产量稳定在 2 亿吨。其中，东部地区稳定松辽盆地、渤海湾盆地等生产基地，努力减缓大庆、胜利、辽河等老油田产量递减趋势，2020 年实现石油产量 8000 万～8500 万吨。西部地区巩固发展鄂尔多斯盆地和新疆等石油生产基地，加大新区地质调查和开发，2020 年实现石油产量 6500 万～7000 万吨。加强海上油气勘探开发，加强深水石油勘探开发，2020 年实现海域石油产量 4800 万～5200 万吨。

油田抽油机

（2）炼油产业布局进一步优化。“十三五”期间，我国炼油产能年均增速将明显放缓，预计2020年总能力超过8亿吨，比“十二五”末略有增长。炼油工业布局将继续向进口原油运输便利、市场需求集中和主要资源地区转移。预计华南、西南地区炼油能力明显增长，东北、华北地区炼油能力所占比例有所下降，山东等地炼集中地区的炼油能力增长较快。从油品流向看，东北、西北地区仍是重要的成品油外输地，华东、华北地区供需基本平衡，华中、西南是成品油调入地区。

（3）储运能力稳步提升。“十三五”期间，中俄、中哈、中缅等陆上原油进口通道将进一步完善，沿海地区原油管输流向得到优化，管输能力和效率得到提升，海上进口原油向内陆沿江炼厂的供应能力得到加强。预计2020年，原油、成品油管道总里程分别达到3.2万公里和3.3万公里，年输油能力分别达到6.5亿吨和3亿吨。“十三五”末，国家石油储备二期工程项目将全部建成，安全保障能力大幅提升。

三、天然气供应能力显著增强

（1）资源储量提升为天然气增产提供保障。我国天然气资源探明程度仅19%，仍处于勘探早期，“十二五”末剩余经济可采储量为3.8万亿立方米，储采比为29。“十三五”期间，预计全国常规天然气新增探明地质储量为3万亿立方米，页岩气新增探明地质储量超过1万亿立方米，煤层气新增探明地质储量超过4000亿立方米。

（2）国内天然气产量保持增长。目前我国已相继发现并建成了四川、鄂尔多斯、塔里木、柴达木和近海海域等大型气区。四川磨溪气田等一批大中型气田处于前期评价或产能建设期，这批气田将成为今后天然气上产的主要力量。预计2020年国内常规天然气产量1720亿立方米，“十三五”期间年均增长5%。非常规气开采力度进一步加大，预计2020年页岩气产量300亿立方米，约是2015年的6.4倍；煤层气（煤矿瓦斯）产量240亿立方米、利用量160亿立方米，年均分别增长5.9%和13.2%。

（3）天然气管网等基础设施进一步完善。中俄东线天然气管道将于2018年建成，我国将形成西北、西南、东北三大管道气进口通道。一批LNG接收站加快建设，2020年全国LNG接收能力将达到1亿吨左右，比2015年翻一番。“十三五”末，全国将形成“四横三纵”主干管道系统和八大储气基地，保障主要消费区域平稳安全用气。

四、电源电网结构持续优化

“十三五”期间，在电力需求增速放缓、煤电潜在过剩风险增加的背景下，电力发展将更加注重促进电力结构优化和电源电网协调发展。

（1）发电结构和电源布局加快调整。一是加快水电开发。金沙江下游、大渡河、雅砻江等大型水电基地建设科学有序推进，预计全国常规水电开工6000万千瓦，新增投产4000万千瓦，2020年装机达到3.4亿千瓦。二是优化新能源开发布局。按照集中开发与分散开发并举、就近消纳为主的原则优化布局风电、光伏发电。2020年，风电总装机达到2.1亿千瓦以上，其中海上风电500万千瓦左右。太阳能发电装机达到1.1亿千瓦以上，其中分布式光伏达到6000万千瓦，光热发电装机达到500万千瓦。三是安全发展核电。在采用我国和国际最新安全标准、确保万无一失的前提下，在沿海地区开工建设一批先进三代压水堆核电项目。2020年在运核电装机达到5800万千瓦，在建装机3000万千瓦以上。四是积极发展气电。

在有条件的地区建设一批天然气调峰电站，推广应用分布式气电，2020年气电装机达到1亿千瓦以上，其中热电冷多联供气电达到1500万千瓦。五是清洁有序发展煤电。主动适应能源结构调整和电力市场发展，优化规划建设时序，加快煤电结构优化和转型升级，加快淘汰落后产能，2020年全国煤电装机控制在11亿千瓦以内。

（2）电力系统调峰能力得到加强。一是优质调峰机组建设进度加快。“十三五”期间，全国开工建设抽水蓄能电站6000万千瓦，投产约1700万千瓦，2020年总装机达到4000万千瓦；新增天然气发电装机约5000万千瓦；雅砻江两河口、大渡河双江口等龙头水电站加快建设，金沙江龙盘、岗托等龙头水电站建设加快开展前期工作。二是北方煤电机组灵活性改造全面推进。实施1.3亿千瓦热电联产机组和9000万千瓦常规煤电机组的调峰能力改造，预计可增加系统调节能力约4610万千瓦，其中“三北”地区增加4520万千瓦。

（3）安全合理智能经济的输配电网稳步建设。一是根据目标市场落实情况，稳步推进跨省区电力输送通道建设，促进弃风、弃光、弃水及东北窝电等问题的解决。“十三五”期间，全国新增跨省区输电能力1.3亿千瓦，2020年达到2.7亿千瓦。二是调整完善区域电网主网架，提升各电压等级电网的协调性，加强区域内省间电网互济能力，提高电网运行质量和效率。全国新增500千伏及以上交流线路9.2万公里，变电容量9.2亿千伏安。三是升级改造配电网，推进智能电网建设，构建“互联网+”电力运营模式。

第三节　能源结构进一步优化

一、清洁能源比重提高

2020年，预计非化石能源消费量7.5亿吨标准煤左右，约占能源消费总量的15%，比2015年提高3个百分点。天然气消费占能源消费总量的

10%左右，比2015年提高4.1个百分点。煤炭消费占比下降到58%以下，比2015年回落6个百分点。

二、非化石能源发电比重持续增加

“十三五”期间，非化石能源新增装机约2.4亿千瓦，占电力新增装机的51%，2020年总装机7.7亿千瓦，约占电力总装机的38.3%，比2015年提升3.4个百分点。2020年，非化石能源发电量2.2万亿千瓦时左右，约占总发电量的30.8%以上，比2015年提高3.8个百分点以上。

第四节　节能减排取得积极进展

一、能源效率显著提高

“十三五”期间，全国能源消费总量年均增长2.5%左右，全社会用电量年均增长3.6%～4.8%，比“十二五”期间分别回落1.1个和0.9～2.1个百分点，比“十一五”期间分别回落4.2个和6.2～7.4个百分点。2020年，单位GDP能耗比2015年下降15%以上。

二、火电节能减排和超低排放改造成效显著

“十三五”期间，预计淘汰火电落后产能2000万千瓦以上。实施煤电节能改造3.4亿千瓦，新建燃煤发电机组供电煤耗将低于300克标准煤/千瓦时，现役燃煤发电机组经改造平均供电煤耗低于310克标准煤/千瓦时。实施煤电超低排放改造4.2亿千瓦，30万千瓦以上具备改造条件的燃煤机组全部实现超低排放，煤电机组二氧化碳排放强度下降到760克/千瓦时左右。火电厂废水排放达标率实现100%，电网综合线损率控制在6.5%以内。

三、油品质量加快升级

“十三五”期间，我国炼油工业继续加快成品油质量升级速度，2016年1月起，河北、山东等东部11省市全面供应国五标准车用汽柴油。2017

年 1 月起，国五标准车用汽柴油在全国范围推广使用，全国全面供应国四标准普通柴油。2018 年 1 月起，全国供应国五标准普通柴油。

第五节　能源惠民工程建设全面推进

一、居民用电水平明显提高

完成全国小城镇和中心村农网改造升级、贫困村通动力电，实现平原地区机井用电全覆盖。全国城镇供电可靠率达到 99.88%，综合电压合格率达到 98.79%；乡村供电可靠率达到 99.72%，综合电压合格率达到 97%，户均配电变压器容量不低于 2 千伏安。直辖市、省会等重点城市中心区用电年均停电时间控制在 5 分钟以内，市区停电时间控制在 30 分钟以内。分地区看，东部地区基本实现城乡供电服务均等化，中西部地区城乡供电服务差距大幅缩小，贫困及偏远少数民族地区农村电网基本满足生产生活需要。预计 2020 年人均生活用电量达到 700 千瓦时以上。

二、北方集中供热水平大幅提升

鼓励发展能效高、污染少的背压式热电联产机组，提高热电联产供热范围内小锅炉排放标准，倒逼小锅炉关停。到 2020 年，新增煤电热电联产规模约 7000 万千瓦，改造和新建 2000 万千瓦左右民生采暖型背压热电联产机组，替代小锅炉燃煤及散烧煤约 6000 万吨。北方大中型以上城市热电联产集中供热率将达到 60% 以上，实现 20 万人口以上县城热电联产全覆盖，形成规划科学、布局合理、利用高效、供热安全的热电联产产业健康发展格局。

三、电能替代加快推进

在居民采暖、生产制造、交通运输、电力供应与消费等四个领域，推广或试点电采暖、地能热泵、工业电锅炉（窑炉）、农业电排灌、船舶岸电、机场桥载设备、电蓄能调峰等。到 2020 年，新增集中式充换电站超过1.2万座，分散式充电桩超过480万个，基本建成适度超前、车桩相随、智能高效的充电基础设施体系，满足全国超过500万辆电动汽车的充电需求。2020年，预计终端消费环节电能替代散烧煤、燃油消费总量约1.3亿吨标准煤，新增用电量约4500亿千瓦时以上，电能占终端能源消费的比重达到27%。

四、全社会用气条件明显改善

一是用气人口数量大幅增加。“十三五”期间全国新建天然气主干及配套管道4万公里，2020年总里程达到10.4万公里，干线输气能力超过4000亿立方米。国家主干管道向京津冀地区、长江中游城市群供气能力进一步增强，主要消费区域管道网络化程度进一步提高。预计“十三五”期间城镇新增用气人口1.4亿人，用气总人口达到4.7亿，占城镇人口总数的57%，比2015年提高14.2个百分点。二是储气调峰能力明显提高。在已初步形成的京津冀、西北、西南、东北、长三角、中西部、中南、珠三角等八大储气基地基础上，地下储气库扩容改造建设和LNG储气设施建设提速，预计2020年形成地下储气库工作气量148亿立方米，约是2015年的2.7倍。三是大气污染防治气化工程加快实施。京津冀、长三角、珠三角、辽宁中部、山西中北部、陕西关中、乌鲁木齐城市群等大气污染防治重点区域，扩大高污染燃料禁燃范围，工业燃料和采暖锅炉“煤改气”步伐加快。

第 6 讲 “十三五”时期能源发展政策导向

近年来，国内外经济能源形势发生了较大变化。世界经济在深度调整中曲折复苏，国际能源格局发生重大调整，全球能源供需总体宽松，美国页岩气革命带来能源生产重心西移，亚太地区消费规模不断扩大促使全球能源消费重心加速东移。全球能源发展进入新的阶段，以高效、清洁、多元化、智能化为主要特征的能源转型进程加快。

中国经济进入“新常态”后，经济增速逐步放缓，由“十五”时期的年均增长 9. 8% 和“十一五”时期的年均增长 11. 3%，降至“十二五”时期的 7. 9%；经济结构加速调整，工业比重逐步下降，服务业比重由 2000 年的不到 40% 升至 2015 年的 50% 以上，成为拉动经济增长的主要力量。受经济增速放缓和经济结构调整影响，我国能源消费增速大幅放缓，由“十一五”时期的年均 12. 2% 降至“十二五”时期的 6. 7%，2014 年和 2015 年我国能源消费增速分别只有 2. 1% 和 0. 9%。与此同时，我国能源结构加速改善，煤炭占一次能源的消费比重由 2010 年的 69. 2% 大幅降至 2015 年的 64%，水电、核电、风电等非化石能源占一次能源比重由 2010 年的 9. 4% 升至 2015 年的 12%。

适应新的形势，“十三五”期间我国能源管理和政策取向将由保供为主转向更加注重供需平衡优化，更加注重供应质量，更加注重结构调整，更加注重系统优化，更加注重市场规律，更加注重经济效益，更加注重机制创新。

第一节　更加注重发展质量

当前，我国能源发展还没有从根本上改变粗放式发展的道路，能源效率不高，我国单位 GDP 能耗是世界平均水平的 1.9 倍、美国的 2.7 倍、日本的 4.6 倍，也高于巴西等发展中国家。能源消费仍以煤炭为主，包括天然气在内的清洁能源利用比重较世界平均水平低近 20 个百分点，由此带来严重的空气污染和较高的温室气体排放。

“十三五”期间预计能源总体供应保障能力充足，为更加注重发展质量提供了有利条件。以供给侧改革为主旋律的“十三五”时期，能源发展需要从调整存量、做优增量入手，以清洁、低碳的高质量能源供应，促进环境的改善和经济的可持续发展。

一、调整存量、积极化解过剩产能

目前，一方面，我国传统能源产能结构性过剩问题突出，煤炭产能过剩 10 亿吨以上，煤电机组平均利用小时数降至 4000 小时左右，炼油产能利用率不足 70%，正处于快速发展期的天然气也出现阶段性低水平过剩现象；另一方面，我国可再生能源发展面临多重瓶颈，由于电力系统调峰能力不足、调峰成本补偿机制不健全、补贴不及时等原因，我国部分地区弃风、弃光、弃水问题突出，2015 年，全国平均弃风率 15%、弃光率 10%、弃水 255 亿千瓦时。必须通过供给侧改革，淘汰落后产能，化解产能过剩。

对存在产能过剩和潜在过剩的传统能源行业，“十三五”前期原则上不安排新增项目。煤炭行业“十三五”前三年原则上暂停审批新建项目、新增产能技术改造项目和生产能力核增项目，确需新建煤矿的，一律实行减量置换；同时加快淘汰落后产能和不符合产业政策的产能。煤电“十三五”前两年暂缓核准电力盈余省份中除民生热电和扶贫项目之外的新建自用项目，采取有力措施提高存量机组利用率，使全国煤电机组平均利用小时数达到合理水平。加强炼油能力总量控制，淘汰能耗高、污染重的落后产能，适度推进先进产能建设；严格项目准入标准，防止以重油深加工等名义变相增加炼油能力。

可再生能源方面，发挥现有水电调节能力和水电外送通道、周边联网通道输电潜力，优化调度运行，促进季节性水电合理消纳。加强四川、云南等弃水问题突出地区水电外送通道建设，扩大水电消纳范围；调整“三北”风电消纳困难及弃水严重地区的风电建设节奏，提高风电就近消纳能力，解决弃风限电问题；扩大“光伏+”多元化就地利用。

二、优化发展增量

煤炭行业“十三五”后两年结合产能过剩化解效果和市场情况，合理安排新建项目，鼓励煤、电、化等上下游产业一体化经营。煤电行业加强利用小时数监测和考核，与新上项目规模挂钩，合理调控建设节奏。炼油行业适度推进先进产能建设，加快产业改造升级，延长炼油加工产业链，增加供应适销对路、附加值高的下游产品，提高产业智能制造和清洁高效水平。

合理把握新能源发展节奏，新建大型基地或项目应提前落实市场空间。优化外送通道，增加本地消纳。统筹水电开发与生态保护，优先建设龙头水电站，控制中小水电开发。尽快建立和完善风电、光伏发电设备利用率监测预警和调控约束机制，促进相关产业健康有序发展。

第二节　更加注重结构调整

2015 年，我国能源消费结构中化石能源占比高达 88%，高于世界平均水平 2 个百分点，而化石能源中，煤炭消费占比为 64%，远超 29.2% 的世界平均水平，天然气占比仅为 5.9%，低于世界平均水平近 18 个百分点。能源结构调整是我国提升能源发展质量的关键，应抓住能源供需宽松的有利时机，加快主体能源由油气替代煤炭、非化石能源替代化石能源双重更替步伐，通过双重替代，推进我国能源向绿色低碳方向发展，促进环境的大幅改善和我国相关碳排放目标的顺利完成。

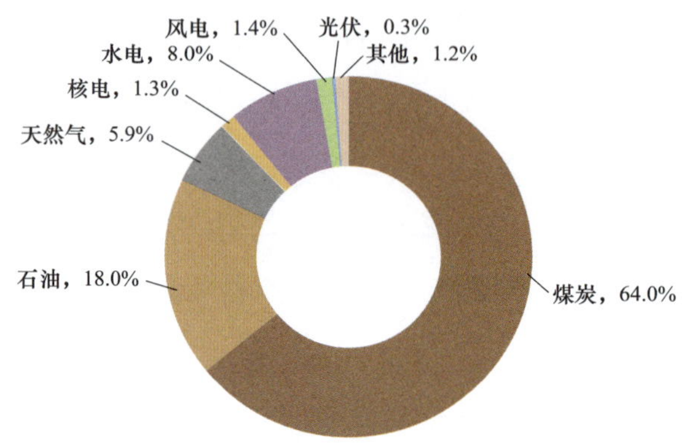

2015 年我国能源消费结构

一、降低煤炭消费比重

通过严控总量、减煤量替代和等煤量替代等措施，着力降低煤炭消费比重，2020 年将我国煤炭占一次能源消费比重降至 58% 以下。加快散煤综合治理，设立并扩大禁煤区范围，禁煤区内除依据国家环保政策规定达到超低排放要求的煤电机组外，禁止其他煤炭用途，加快燃煤锅炉、窑炉及城市、乡镇生活燃料以气代煤，通过补贴提高“煤改气”的经济性。

二、积极发展天然气

大力夯实天然气资源基础，鼓励天然气勘探开发投资多元化，努力提高国内天然气产量。加快天然气价格改革，按照市场化方向完善天然气价格形成机制，加快放开非居民用气价格，逐步理顺居民用气价格。推进省内输气、配气管道改革，调整压缩省内天然气管道、城镇燃气配气管网等中间环节，减少供气层级，有效降低输配费用。实现储运接收设施公平接入，加强管网互联互通，积极建立以地下储气库、气田、LNG、可中断用户多种方式相结合的综合储气调峰体系，努力扩大天然气消费。

三、推进非化石能源替代化石能源

主要体现在以非化石能源发电替代煤电和以电代油。一是超前谋划水电、核电发展，适度加大开工规模。以西南地区主要河流为重点，积极有序推进大型水电基地建设，合理优化控制中小流域开发，确保水电有序建设、有效消纳；坚持安全发展核电的原则，加大自主核电示范工程建设力度，加快推进沿海核电项目建设。二是稳步推进风电、太阳能等可再生能源发展。着力推进风电的就地开发和高效利用，积极支持中东部分散风能资源的开发，有序推进大型风电基地建设，积极稳妥开展海上风电开发建设；促进光伏发电规模化应用及成本降低，推动太阳能热发电产业化发展，继续推进太阳能热利用在城乡应用。三是加快充电设施建设，促进以电代油发展。到 2020 年，基本建成适度超前、车桩相随、智能高效的充电基础设施体系，满足全国超过 500 万辆电动汽车的充电需求。通过发展水电、核电、风电和太阳能发电，将非化石能源发电装机比重在 2015 年基础上提高 4 个百分点，达到 39%，为实现 2030 年非化石能源发展目标奠定基础。

第三节　更加注重系统优化

近年来，随着能源需求增速逐步放缓，我国能源发展中存在的不平衡、不协调及不可持续问题愈发凸显，较为典型的如可再生能源发展规模与系统消纳能力发展不匹配，电力系统灵活调节电源比例偏低，调峰能力严重不足等。在目前供应保障能力充足甚至有所富裕的情况下，如果不注重总体能源的系统化发展，很容易带来单个品种产能的进一步过剩和总体能源效率的下降。“十三五”期间应更加注重各能源品种间的协同、互补发展，构建高效智能能源系统，提高能源整体利用效率。

一、提升系统调峰能力

把提升系统调峰能力作为补齐电力发展短板的重大举措。一是加快优质调峰电源建设。加快抽水蓄能电站建设，在有条件的地区，抓紧建设一批抽水蓄能电站，加强抽水蓄能电站调度运行管理；全面推动煤电机组灵活性改造，实施煤电机组调峰能力提升工程；充分发挥现有天然气电站调峰能力，推进天然气调峰电站建设，在有条件的华北、华东、南方、西北等地区建设一批天然气调峰电站。二是积极发展储能。开展大容量机电储能、熔盐蓄热储能、高效化学电池储能等多种储能示范应用，大幅降低单位建设成本，力争接近抽水蓄能电站水平，推动储能系统与新能源、电力系统协调优化运行。三是变革调度运行模式，显著提高电力系统调峰和消纳可再生能源能力。优化电力调度运行，推行节能低碳电力调度，在确保电力系统安全稳定的前提下，确定各类机组的发电优先序位，根据中长期、日前交易电量及负荷预测确定合理开机组合，加强对新能源发电的功率预测和考核，充分发挥电网联络线调剂作用，努力消纳可再生能源。

二、加强需求侧管理

强化电力和天然气需求侧管理，显著提升用户响应能力。建立健全基于价格激励的负荷侧响应措施，进一步优化推广用户侧峰谷电价机制，探索实行可中断负荷电价。推行非居民用户用气季节性差价、峰谷气价、可中断气价等价格机制。完善推广气、电需求侧管理，整合系统运行、市场交易和用户用电数据，提高负荷侧大数据分析能力，增强负荷侧响应能力。引导用户错峰用电、用气，减小系统峰谷差。

三、加快智慧能源建设

大力推广热、电、冷、气一体化集成供能，加快推进“互联网+”智慧能源建设。开展风光储输多元化技术综合应用示范，结合风电、光伏等新能源开发，融合储能、微网应用，推动可再生能源电力与储能、智能输电、多元化应用新技术示范，推动多能互补、协同优化能源综合开发。应用大数据、云计算、物联网、移动互联网技术，全面推广智能调度控制系统。

风光储输示范工程

第四节 更加注重市场规律

“十三五”期间应更加注重市场规律，强化市场自主调节，积极变革能源供需模式。

一、推动跨区输送市场化发展

适应新常态下跨省区能源配置需求减弱的新趋势，正确处理好能源就地平衡与跨区供应的关系，慎重研究论证新增跨区输送通道。探索建立灵活可调节的跨区输电价格形成机制，优化电力资源配置。电力外送统筹送受端需求、受端电源结构及调峰能力，合理确定受电比重和受电结构。跨区送电应参与受端电力市场竞争。

二、完善市场机制

用市场机制协调电力送、受双方利益，发挥比较优势，实现互利共赢。建立健全电力市场体系，建立标准统一的电力市场交易技术支持系统，积极培育合格市场主体，完善交易机制，丰富交易品种。组建相对独立和规范运行的电力交易机构，建立完善的治理结构、完备的市场规则和健全的制度体系，充分发挥电力市场在资源配置中的作用。

三、积极变革能源供需模式

坚持集中开发与分散利用并举，高度重视分布式能源发展，大力推广智能化供能和用能方式，培育新的增长动能。放开用户侧分布式电源建设，鼓励企业、机构、社区和家庭根据自身条件，投资建设屋顶式太阳能、风能等各类分布式电源。鼓励在有条件的产业聚集区、工业园区、商业中心、机场、交通枢纽及数据存储中心和医院等推广建设分布式能源项目。推广应用分布式气电，重点发展热电冷多联供。积极推进分布式储能技术的示范应用与推广。

第五节　更加注重经济效益

能源是经济和社会发展的重要物质基础，攸关国计民生和国家战略竞争力。能源价格过高将直接影响相关产业的竞争能力乃至整个国家经济的竞争能力。“十三五”期间，应遵循产业发展规律，合理降低能源供应成本，逐步降低风电、光伏发电价格水平和补贴标准，增强能源及相关产业竞争力，降低经济和社会能源利用成本。

一、降低能源综合利用成本

以全社会综合用能成本较低作为能源发展的重要目标和衡量标准，更加突出经济性，着力打造低价能源优势，增强国民经济国际竞争力。改善电力系统运行效率，减少冗余装机和运行成本，完善输配电成本监审和核算制度，积极推进电力市场改革，降低用户综合用电成本。积极推进天然气价格改革，推动天然气市场建设，降低天然气管道运输费用，引进更多低价天然气资源，降低天然气综合使用成本。

二、完善新能源发电电价补贴机制

遵循产业发展趋势和规律，逐步降低风电、光伏发电价格水平和补贴标准，合理引导市场预期，通过竞争促进技术进步和产业升级，实现产业健康可持续发展。根据非化石能源消费比重目标和可再生能源开发利用目标的要求，建立全国统一的可再生能源配额及绿色证书交易机制，通过市场化交易补偿新能源发电的环境效益和社会效益，逐步将现行差价补贴模式转变为定额补贴与绿色证书收入相结合的新型机制，同时与碳交易市场相对接，降低可再生能源电力的财政资金补贴强度，为最终取消财政资金补贴创造条件。

第六节　更加注重机制创新

我国能源发展中的部分问题，如市场开放竞争不足、价格调节作用不强、管制过多等，从根本上看是管理机制的问题，很难再用“头痛医头、脚痛医脚”的临时性方法来解决，需要破除体制机制障碍，通过系统性地体制机制创新来解决，而充分发挥市场和价格的调节作用，是机制创新的关键。

一、推进能源价格改革

按照“管住中间、放开两头”的总体思路，推进能源价格改革，建立合理反映能源资源稀缺程度、市场供求关系、生态环境价值和代际补偿成本的能源价格机制，充分发挥价格杠杆调节作用。放开电力、油气等领域竞争性环节价格，规范电力、油气输配环节政府定价，完善峰谷分时价格、阶梯价格及可中断负荷价格制度。建立灵活的财税补贴和电价机制，逐步实现风电、光伏发电上网电价市场化。

二、深化重点领域体制改革

有序放开发用电计划和配电增量业务，积极推进输配电价改革和售电侧改革。有序放开油气勘探开发、进出口限制和下游环节竞争性业务，研究推动网运分离。实现油气管网、接收站等基础设施公平开放接入。

三、完善现代能源市场

加快形成统一开放、竞争有序的现代能源市场体系。实行统一市场准入制度，鼓励和引导各类市场主体进入“负面清单”以外的领域，推动能源投资多元化。健全市场退出机制。加快电力市场建设，培育电力辅助服务市场，推动实施有利于提升清洁低碳能源竞争力的市场交易制度和绿色财税机制。推进天然气交易中心建设。培育能源期货市场。推进全国统一的碳交易市场建设。

第7讲　加强能源系统优化

当前我国能源系统存在效率偏低、发展不协调等问题，为推进能源产业健康持续发展，《规划》提出了优化能源开发布局、加强调峰能力建设、实施能源需求侧响应、建设多能互补集成优化工程、推动“互联网+”智慧能源发展等任务，全面提升能源系统效率。

第一节　优化能源开发布局

一、能源优化布局的意义

我国能源资源地域分布不均衡。煤炭资源分布面广，全国煤炭保有查明资源储量为1.421万亿吨，主要分布在华北、西北地区，集中在昆仑山—秦岭—大别山以北的北方地区。从省（自治区、直辖市）分布看，煤炭资源主要集中分布在西部、北部的新疆、陕西、内蒙古，占全国总储量比例为60%；中部地区绝大部分资源分布在山西，占全国总储量比例为19%。原油与凝析油资源量合计约21亿吨（未包含海上资源），其中东北三省占全国总量的28.9%，西北地区的陕西、甘肃和新疆占全国总量的40.3%，华北地区的河北、山东一带占全国总量的21.8%。气层气、溶解气、煤层气的总储量为3.3万亿立方米（未包含海上资源），西北地区的陕西、新疆占全国总量的36.6%，华中地区的重庆、四川占全国总量的31.6%，华北地区的山西、内蒙古占全国总量的21.1%。水电资源主要分布在西部和中南部，全国技术可开发资源量为6.6亿千瓦，其中西南地区四川、云南、西藏等约占68%。总体来看，我国能源资源大部分分布在西部地区。

我国经济发展与能源禀赋呈现逆向分布，能源消费重心位于能源资源相对贫乏的东部沿海地区，尽管这些地区资源勘探和开发强度不断加大，但随着经济的不断快速发展，能源自给率呈逐年下降趋势，部分地区能源资源已近枯竭。“十一五”以来，我国确立了“加快西部、稳定中部、优化东部”的能源发展思路，对东、中、西部能源发展进行了科学定位，重点建设了山西、鄂尔多斯盆地、蒙东（东北）、西南、新疆五个重点综合能源基地和东部沿海核电开发带，通过布局优化促进了区域间能源供需平衡，形成了西电东送、西气东输、北煤南运的能源流向，以及东中西部区域优势互补、协调互动的能源发展格局，推动了能源资源优化配置，有效保障了我国能源供给安全，支撑了经济社会发展。“十三五”期间，我国经济社会发展进入新常态，能源需求增速明显放缓，能源供给环境较为宽松，主要能源消费地区更加注重能源获取的经济性与可控性，对接受区外能源的积极性普遍降低，能源送受地区之间利益矛盾日益加剧，清洁能源在全国范围内优化配置受阻，部分跨省区能源输送通道面临低效运行甚至闲置的风险。在此背景下，需要转变传统的能源资源富集地区大开发、多外送的发展方式，在统筹能源资源禀赋、生态环境承受能力和区域经济社会发展水平等因素的基础上，考虑大气污染防治、新能源消纳、化解煤炭和煤电过剩产能等任务，有效衔接能源生产和消费，统筹安排重大能源项目、能源输送通道建设，进一步调整优化能源发展布局。

二、优化能源开发布局思路

“十三五”期间我国能源发展布局思路是：能源调出地区由大基地集中开发外送发展模式，调整为合理控制大型能源基地开发规模和建设时序，创新开发利用模式，提高能源就地消纳比例，根据目标市场落实情况推进外送通道建设；能源调入地区因地制宜发展分布式能源，降低对远距离能源输送的依赖。

（一）区域开发布局优化

西部西北地区（内蒙古、陕西、宁夏、甘肃、青海、新疆）依托丰富资源优势，继续加强油气资源开发，有序发展风能、太阳能等可再生能源，科学发展煤炭产业，在资源集中地区建设国家重要的能源供应基地和下游产业聚集区，促进能源就地消纳利用。

西部西南地区（四川、重庆、云南、贵州、广西、西藏）水电、天然气资源丰富，“十三五”期间，重点开发金沙江下游、雅砻江、大渡河等大型水电基地，规划新增水电装机 2200 万千瓦，合理增加电力外送规模；加大川渝天然气勘探开发力度，推进重庆涪陵、四川长宁—威远、云南昭通等国家级页岩气示范区建设，在保证自用的基础上，适当向东部输出。

中部地区（山西、河南、安徽、江西、湖南、湖北）煤炭资源相对丰富，“十三五”期间，合理控制煤炭开发强度，因地制宜发展可再生能源，提高非化石能源消费比重。

东部和东北地区（北京、天津、山东、河北、上海、江苏、浙江、福建、广东、海南、辽宁、吉林、黑龙江）能源资源相对匮乏，而且生态环境对能源发展要求高，“十三五”期间，安全高效发展核电，大力发展分布式能源，积极降低煤炭消费强度，有序建设抽水蓄能、燃气电站等调节性电源，提高能源自给率和清洁化开发利用水平。

（二）能源流向优化

“十三五”期间，能源流向优化的重点是电力流向。一方面，东部发达地区是当前接受西部煤电的主要受端，受经济增速乏力影响，用电量增长缓慢，部分传统受端地区存在电力盈余。“十三五”期要对新增输电通道的配套电源进度与规模进行调整，进而优化煤电电力流，提高部分受端地区的煤电机组利用小时数。另一方面，能源输送通道建设必须能够适应能源流中远期发展变化，需要分析 10～15 年以后能源流的发展趋势。东部沿海地区是 2030 年以前发展核电的主要地区，随着沿海核电的开发，接受外来煤电的空间渐趋饱和，新增大规模外来电的需求减弱。因此，“十三五”期间能源输送流向的优化调整，要适应跨省区能源配置需求减弱等新趋势，处理好能源就地平衡与跨区供应的关系，充分发挥市场配置资源的决定性作用和更好发挥政府作用，以供需双方自主衔接为基础，合理优化配置能源资源，处理好清洁能源消纳与区域间利益平衡的关系，有效化解弃风、弃光、弃水等资源浪费问题，慎重研究论证新增跨区电力输送通道，全面提升能源系统效率。

第二节 加强电力系统调峰能力建设

一、面临问题

“十二五”以来，我国电力工业取得了瞩目的成绩和长足的进步，电力装机规模显著提升，电源结构不断优化，有力支撑了我国经济社会的发展。与此同时，电力系统也面临新的挑战和问题：一方面，全社会用电增速明显放缓的同时，用电结构发生变化，电力负荷峰谷差逐渐加大，负荷特性更加复杂，北方地区冬季“以热定电”运行进一步加大了系统调峰压力；另一方面，风电和光伏装机规模迅猛增长，装机容量均已位居世界第一，但其发电出力的随机性和不稳定性给电力系统安全运行和电力供应保障带来了巨大挑战。

从目前情况看，我国电力系统存在调峰能力不足、需求侧调节灵活性欠缺、电网调度运行方式僵化、调峰辅助服务价格和市场机制不健全等问题，部分地区出现了较为严重的弃风、弃光和弃水问题。目前我国调峰电源建设相对滞后，抽水蓄能、气电等优质调峰机组比重仅在5%左右，火电仍是电力系统调峰的主力，但现役燃煤火电机组在实际运行中的调峰深度普遍不足，纯凝机组调峰能力一般为额定容量的50%左右，典型的抽凝机组在供热期的调峰能力仅为额定容量的20%左右。同时，大型火电机组深度参与调峰导致难以发挥节能高效的优势，造成资源浪费和污染物排放增加。

二、主要任务和政策措施

为保障电力安全供应和民生用热需求，提高电力系统的调节能力及运行效率。“十三五”期间，将着重从负荷侧、电源侧、电网侧多措并举，充分挖掘现有系统调峰能力，加大优质调峰电源规划建设力度，着力增强系统灵活性、适应性，提高新能源消纳能力。

一是加快抽水蓄能电站建设。统筹规划、合理布局，在有条件的地区，抓紧建设一批抽水蓄能电站。“十三五”期间，抽水蓄能电站开工6000万千瓦左右，新增投产1700万千瓦左右，2020年装机达到4000万千瓦左右。

二是全面推动煤电机组灵活性改造。煤电机组灵活性改造是增加电力调峰能力的重要举措。丹麦等国家提供了很好的实际经验，近20年来，丹麦通过开展热电机组热电解耦改造、火电机组快速增减负荷和快速启停改造、灵活运行衍生问题处理以及燃料灵活性改造等工作，持续不断优化火电灵活运行能力。同时结合北欧地区电力交易现货市场，使得电厂真正从深度调峰和快速启停中获得收益，实现了电力系统高效智能、安全稳定运行。目前，丹麦和德国等地区的纯凝和抽凝机组的调峰能力可以达到60%～80%的额定容量。“十三五”期间，我国将充分借鉴国际火电灵活性改造经验，加快推动北方地区热电机组储热改造和纯凝机组灵活性改造试点示范及推广应用。“十三五”期间，全国范围内将改造2.2亿千瓦火电机组，其中热电机组约1.33亿千瓦，纯凝机组约8700万千瓦。改造完成后，可增加调峰能力约4600万千瓦。

三是优化电力调度运行。在确保电力系统安全稳定的前提下，推行节能低碳电力调度，制定科学可行的电力系统调度机制和具体措施。加强对新能源发电的功率预测和考核，充分发挥电网联络线调剂作用，促进可再生能源消纳。

四是推进电力市场建设。加快电力现货市场建设，通过弹性电价机制释放电力系统运行灵活性，充分反映调峰电源的容量价值。在电力现货市场建立之前，通过峰谷电价、分时电价等过渡性价格机制，支持电力系统调节能力平衡。鼓励售电公司制定灵活的分时售电电价，促进电力消费者与生产者互动。完善调峰辅助服务补偿和分摊机制，按照谁受益、谁承担的原则，探索建立发电企业和用户参与的调峰辅助服务分担共享机制，逐步建立调峰辅助服务由市场定价的机制。

第三节　实施能源需求响应能力提升工程

一、实施能源需求响应工程的意义

需求侧响应的概念首先出现在美国，是针对电力需求侧如何在竞争市场中充分发挥作用，以维护系统可靠性和提高系统运行效率而提出的。从广义上来讲，需求侧响应是指能源需求侧或终端消费者针对市场价格信号或激励机制（措施）做出响应，改变其短期能源消费方式（消费时间或消费水平），以及长期能源消费模式的行为。从不同的角度来看，需求侧响应可以有不同的定义，如从资源的角度看，需求侧响应可以作为一种资源，是指减少的高峰用能需求，形成“能效电厂”、“能效储气库”；从能力的角度看，需求侧响应能够提高系统运行可靠性，增强系统应急能力；从行为的角度看，需求侧响应是指用户参与负荷管理，调整用能方式。

针对我国实际情况，需求侧响应是指通过技术、经济、行政、法律等手段鼓励和引导用户主动改变用能方式，进行科学合理用能安排，促进终端用户参与构建安全、可靠、经济的能源系统的协作行为。实施能源需求侧管理，有利于削减或转移高峰用能需求，节约大量能源基础设施投资；有利于提升能源应急保障能力，应对重大自然灾害和突发事件，保障能源供需平衡和生产生活秩序；有利于实施节能减排工作，推广应用能源互联网，提升用能管理、企业管理乃至社会管理水平。

以电力系统为例，在合理有效用电的基础上，通过需求侧管理科学引导用户用电，可以减少电能消耗和改善负荷特性，促进电源结构优化。经测算，如果各地通过加强需求侧管理降低 3% 尖峰负荷，到 2020 年全国可减少煤电机组需求约 3900 万千瓦；如果将“三北”地区负荷峰谷差减小 1%，将增加风电消纳能力约 1000 万千瓦。因此，合理实施需求侧响应可极大优化现有的能源资源配置。

二、能源需求响应工程的现况及发展思路

目前，能源需求侧响应在我国电力行业已积累了一定的运行经验，管理方式从政府主导，通过带有行政性质的终端节能、有序用电管理等引导用户优化用能方式，逐步发展到带有市场化性质的需求响应。2010 年以来，国家陆续出台了《电力需求侧管理办法》《有序用电管理办法》《电网企业实施电力需求侧管理目标责任考核方案（试行）》等政策，推动实施需求侧管理。2012 年 10 月，财政部、国家发展改革委联合发布《关于开展电力需求侧管理城市综合试点工作的通知》，确定北京、唐山、苏州、佛山 4 个首批需求侧管理试点城市，2014 年又补充上海作为需求响应试点城市。2015 年，国家发展改革委、财政部发布《关于完善电力应急机制做好电力需求侧管理城市综合试点工作的通知》，要求各城市在前期试点工作基础上，进一步突出特色，建立长效机制，更好发挥试点的引领示范作用。

2014 年 6 月，国家发展改革委组织开发的国家电力需求侧管理平台正式上线，该平台是一个综合性的网络应用平台，具有信息发布、在线监测、电力供需形势分析、有序用电管理、需求响应等功能，提供最全面、权威的电力需求侧管理信息。

“十三五”期间，我国能源需求侧响应能力提升工程的发展思路为：

第一，完善价格政策，推行分时价格、尖峰价格以及可中断负荷价格等政策，丰富价格体系，引导用户主动参与系统调峰等活动，建立合理的灵活性资源补偿定价机制，满足需求侧响应项目实施的价格机制保障要求。

第二，构建智慧能源管理平台，依托远程通信、用能信息采集服务器和智能家居等技术，建设面向智能工厂、智能小区、智能家居的能源综合

服务中心，实现能源服务商与用户的双向互动。以智能电网、能源微网、电动汽车和储能等技术为支撑，大力发展分布式能源网络，增强用户参与能源供应和平衡调节的灵活性和适应能力。

第三，发展需求侧响应新商业模式，培育合同能源管理市场，积极发展节能服务产业，提高节能服务产业的技术水平和规模效益，充分调动用能单位节能改造的积极性，达到节能减排、优化用能的效果。

三、提升能源需求响应能力的主要任务

（一）完善需求侧响应价格体系，提高用户参与积极性

目前我国仅在部分省份针对电力需求侧推行了分时电价、尖峰电价等价格型需求侧响应项目，以及可中断负荷等激励型需求侧响应项目，不仅从地域性上尚处于试点阶段，相比于发达国家，价格体系的丰富程度也有较大差距，还不能满足需求侧响应项目实施的价格机制保障要求。

在理想化的市场环境下，用户参与需求侧响应的经济行为分为两类：基于价格的需求响应和基于激励的需求响应。基于价格的需求响应是指用户为响应电价变化而做出的避峰就谷等用电行为，这一般是用户为了节约费用或者换取经济补偿而实施的用能变化行为；基于激励的需求响应是指用户愿意以中断能源使用换取经济激励的行为，这一般是系统运行者为了维持系统可靠性而实施的中断行为。

（1）完善价格型的需求响应机制。在同一电价政策下，第二产业对削峰填谷贡献率最大，且随着峰谷电价比逐渐加大，削峰填谷量愈加明显。因此，“十三五”期间需研究且适时推出针对第二产业的峰谷电价机制，并合理设置电峰谷价比。

在夏季时针对第二、三产业实施尖峰电价，在峰谷电价的基础上叠加一个费率较高的尖峰时段电价，有效缓解夏季高峰时段电力供应紧缺、“卡脖子”等问题。

居民用户对削峰填谷贡献率较低，且从目前居民电价政策来看，用电量低的用户选择峰谷电价的可能性较小。因此从为民服务、保障民生角度

出发，建议在用电负荷较高的地区，试点推行峰谷分时电价，但峰时电价不宜过高，谷时电价则可适当下探，鼓励谷时应用电动汽车、储能、冰蓄冷等技术。

（2）完善激励型的需求响应机制。鼓励发展介于用户和供电企业之间的综合负荷集成商，引入市场竞争机制，最大程度集成和管理大量闲置未开发的需求侧响应资源。

优先在电力负荷密集、电网容易出现“卡脖子”的区域推广自动需求响应，鼓励企业自愿参与或者由负荷集成服务商发动企业参与，利用“互联网+智能技术+市场化手段”最大程度发挥负荷集成服务商在需求响应中的作用。

进一步加强国家电力需求侧管理平台、电网企业负荷管理系统、用户电能管理系统和负荷集成商负荷控制服务平台之间的对接，完善各平台实现自动需求响应的各项基础功能；鼓励负荷集成服务商自主投资建设各自的负荷控制平台，面向社会开放，符合技术标准的都可以接入国家电力需求侧管理平台。

进一步探索电力削减负荷指标市场化调剂交易，允许部分大用户对削减的负荷指标进行自由交易，推进电力需求响应的电力负荷交易市场建设，或将其纳入新电改提出的电力交易中心范畴，实现电力需求侧管理工作的市场化运作。

（二）建设智慧用能管理平台，培育用户侧智慧用能新模式

完善基于互联网的智慧用能管理平台建设，实现能源供给商对用户用能信息的采集与监控，并为用户提供用能策略、用能辅助决策等多样化服务，培育用户侧智慧用能新模式。

对于企业用户，在企业内部积极推进智能能源监测、智能调度系统建设，实时采集企业主要用电设备、配电设备、电源关口等运行数据，扩大智能电表等智能计量设备、智能信息系统、智能用能设施应用范围。当参与需求侧响应时，可通过企业用能信息采集系统接收电价信号、错峰移峰

信号等内容，并作出响应策略，调整企业设备的用能行为，实现“能效电厂”“能效储气库”。“十三五”期间，电网企业智能化负荷控制能力达到本地区最大用电负荷的10%以上。

对于居民用户，智慧用能管理平台可与家庭侧智能化系统有机结合，通过综合管理，实现智能家居服务，为家庭生活提供舒适安全、高效节能、具有高度人性化的生活空间，通过执行优化的用户用能策略，提高用电效率，降低用电成本，减少能源浪费。结合2020年分布式电动汽车充电桩超过480万个的建设目标，将居民分布式电动汽车充电设施纳入管理平台，协调平衡电动汽车的有序充放电，发挥储能装置改善电能质量的功效，通过灵活的柔性放电和充电时间改善电力调峰能力。

（三）推行合同能源管理市场化机制，发展新型节能商业模式

合同能源管理是一种新型的市场化节能机制，其实质就是以减少的能源费用来支付节能项目全部成本的节能业务方式。这种节能投资方式允许客户用未来的节能收益为工厂和设备升级，以降低目前的运行成本；或者节能服务公司以承诺节能项目的节能效益，或承包整体能源费用的方式为客户提供节能服务。能源管理合同在实施节能项目的企业（用户）与节能服务公司之间签订，它有助于推动节能项目的开展。在传统节能投资方式下，节能项目的所有风险和所有盈利都由实施节能投资的企业承担；在合同能源管理方式中，一般不要求企业自身对节能项目进行大笔投资。

目前，合同能源管理及节能服务在我国发展面临着一系列问题，主要集中于现行节能法律法规约束力较弱，缺乏强制性的规定以及经济激励手段促使企业实施节能改造，对能源利用效率低的企业或行为没有明显的惩罚措施；除部分高耗能企业外，大多数企业因为能源占产品成本比重较低，没有节能的积极性；节能服务产业的市场不规范，缺乏评价标准。

“十三五”期间，需加大合同能源管理扶植力度，鼓励公共机构建筑节能或用能大户采用“合同能源管理”模式进行节能改造，并对取得资质的节能服务企业实行公开招标，形成市场机制，让过去节能服务企业找项

目，逐渐演变成业主找节能服务企业的积极状况。

加大节能奖励力度，明确项目业主单位与节能服务企业可共同分享奖励，在奖励计算方法上不仅只参照节能量，也可以参照投资额度和节能率，按一定比例进行奖励，使节能服务企业能比较容易地获得合理收益。

加强对节能服务企业的规范管理，明确行业准入条件，经过政府主管部门或授权的行业组织成立专家评审委员会评审后才可成为节能服务企业；完善节能效果评判标准体系，成立“合同能源管理”第三方监督保障机构，进行节能效果的检测，确保节能数据公正、客观、准确，对于双方的矛盾进行协调和仲裁等方面的工作，保障市场健康有序运行。

第四节　实施多能互补集成优化工程

一、发展多能互补集成优化工程的意义

多能互补集成优化示范工程主要有两种模式。一是终端一体化集成供能系统，是指面向城镇、产业园区、大型公用设施、海岛地区等电、热、冷、气等多种用能需求，因地制宜、统筹开发、互补利用传统能源和新能源，优化布局建设一体化集成供能基础设施，通过天然气热电冷三联供、分布式可再生能源和能源智能微网等耦合方式，实现多能协同供应和能源综合梯级利用，该模式能源综合利用效率可达 70% 以上。二是风光水火储多能互补系统，是指利用大型综合能源基地风能、太阳能、水能、煤炭、天然气等资源组合优势，推进风光水火储多能互补系统建设运行。建设多能互补集成优化示范工程是构建“互联网+”智慧能源系统的重要任务之一，有利于提高能源供需协调能力，推动能源清洁生产和就近消纳，减少弃风、弃光、弃水，促进可再生能源消纳，是提高能源系统综合效率、推进能源体制改革的重要抓手，对于建设清洁低碳、安全高效现代能源体系具有重要的现实意义和深远的战略意义。

二、多能互补集成优化工程的发展潜力和前景

我国可用于多能互补集成优化的资源量丰富。据统计，我国陆上70米高度风能资源技术开发量约为25.7亿千瓦；太阳能资源开发潜力巨大，按20%的屋顶面积和2%的戈壁荒漠地区面积安装太阳能发电设备估算，太阳能可利用量约为22亿千瓦；生物质能每年可利用资源量约4.6亿吨标准煤；地热能资源量约为9485亿吨标准煤；2020年天然气供应能力在3600亿立方米以上。上述资源可满足终端一体化供能系统、风光水火储多能互补系统的建设需要。

从发展前景上看，《中共中央国务院关于进一步深化电力体制改革的若干意见》（中发〔2015〕9号）等有关能源改革方案的实施，为进一步破解多能互补集成优化工程的体制机制障碍，提供了更加良好的制度保障。一是多能互补集成优化工程建设可以与管理体制、市场建设、价格机制等改革试点工作相结合，在试点示范的基础上进一步在全国推广应用。二是电力现货市场和辅助服务市场的建立，可以为协调风光水火储多能互补系统涉及的各方利益提供市场化手段。三是中发〔2015〕9号文件明确了以“准许成本加合理收益”原则，核定电网企业准许总收入和分电压等级输配电价的改革方向，电网企业“吃价差”的收入模式被打破，电网企业开始向真正的公用事业转型，终端一体化供能系统无歧视接入和并网运行的环境将更加完善。四是中发〔2015〕9号文件的配套文件《关于推进售电侧改革的实施意见》明确了同一供电营业区内可以存在多个售电公司，打破了以往“一个供电营业内只设立一个供电营业机构”的规定，明确了拥有分布式电源的用户，供水、供气、供热等公共服务行业，节能公司等均可从事市场化售电业务，社会资本可以拥有其投资的增量配电网的运营权。

三、多能互补集成优化工程的发展目标和重点

（一）发展目标

“十三五”期间，建成国家级终端一体化集成供能示范工程20项以

上，国家级风光水火储多能互补示范工程3项以上，余热、余压综合利用规模达到1000万千瓦以上，单项工程年平均化石能源转换效率应高于70%。到2020年，各省（自治区、直辖市）新建产业园区采用终端一体化集成供能系统的比例达到50%左右，既有产业园区实施能源综合梯级利用改造的比例达到30%左右。

（二）发展重点

（1）终端一体化集成供能系统。在城镇、工业园区等能源需求密集区，以公共设施、商业建筑物、居民住宅为重点，优化布局电力、燃气、热力、供冷、供水管廊等基础设施，大力发展天然气热电冷多联供系统、分布式发电、垃圾能源转化利用以及余热余压发电等资源综合利用，最大限度发挥终端集成供能工程的节能减排、降低全社会能耗水平和用能成本、提高能源系统效率的作用；在农村地区，根据风能、太阳能以及农林生物质剩余物、畜禽养殖废弃物、有机废水和生活垃圾等资源条件和人口分布情况，建设农光互补、渔光互补、生物质能电站等，既可解决农村生活用能问题，又能缓解化石能源供应压力；在海岛、牧区、林区等偏远地区，利用风能、太阳能、生物质能等资源建设分布式发电和微电网系统，解决无电人口用电问题，改善当地生产生活用能条件。

（2）风光水火储多能互补系统。在青海、甘肃、宁夏、内蒙古、四川、云南、贵州等省区，利用大型综合能源基地风能、太阳能、水能、煤炭、天然气等资源组合优势，充分发挥流域梯级水电站、具有灵活调节性能火电机组的调峰能力，建立配套电力调度、市场交易和价格机制，开展风光水火储多能互补系统一体化运行，提高电力输出功率的稳定性，提升电力系统消纳风电、光伏发电等间歇性可再生能源的能力和综合效益。

第五节　积极推动“互联网+”智慧能源发展

“互联网+”智慧能源是一种互联网与能源生产、传输、存储、消费以及能源市场深度融合的能源产业发展新形态，具有设备智能、多能协同、信息对称、供需分散、系统扁平、交易开放等主要特征。我国能源和信息行业也将这种能源产业发展新形态称为“能源互联网”。

一、实施“互联网+”智慧能源行动的背景及意义

国务院高度重视以能源互联网为代表的能源产业创新发展，李克强总理多次强调，能源供应和安全关系我国经济社会发展全局，要推进“互联网+”，推动互联网与能源行业深度融合，促进智慧能源发展，提高能源绿色、低碳、智能发展水平，走出一条清洁、高效、安全、可持续的能源发展之路，为经济社会持续健康发展提供支撑。《国务院关于积极推进“互联网+”行动的指导意见》（国发〔2015〕40号）提出，大力开展“互联网+”智慧能源行动，通过互联网促进能源系统管理扁平化，推进能源生产与消费模式革命，促进能源利用结构优化。

能源互联网将为能源产业发展带来重要机遇，主要表现为：一是将极大地促进清洁、低碳能源发展，特别是分布式可再生能源发展。二是对推进能源技术装备智能化意义重大，是能源领域落实中国制造2025的重要抓手，是中国技术标准“走出去”的有利方向。三是能源互联网相关试点示范项目将为能源体制改革提供重要突破点和试验田。

二、我国发展能源互联网的总体思路

我国发展能源互联网的总体思路主要为：一是基础开放，大众参与。发挥互联网在能源产业变革中的基础作用，推动能源基础设施合理开放，促进能源生产与消费融合，提升大众参与程度，加快形成以开放、共享为主要特征的能源产业发展新形态。二是探索创新，示范先行。遵循“互联网+”应用发展规律，营造开放包容的创新环境，鼓励多元化的技术、机制及模式创新，因地制宜地推进能源互联网新技术与新模式先行先试，形成万众创新良好氛围。三是市场驱动，科学监管。发挥市场在资源配置中的决定性作用，驱动形成能源互联网发展新业态。适应新业态及大数据应用发展要求，完善能源与信息深度融合下的安全监管和市场监管机制，保障信息安全和市场参与者的合法权益。四是深化改革，推动革命。适应能

源互联网“三分技术、七分改革”的发展要求，深化能源体制机制改革，还原能源商品属性，构建有效竞争的市场结构和市场体系，推动能源消费、供给和技术革命。

三、我国能源互联网发展的阶段性目标

能源互联网是一种能源产业发展新形态，相关技术、模式及业态均处于探索发展阶段。为促进能源互联网健康有序发展，计划近中期分为两个阶段推进，先期开展试点示范，后续进行推广应用，确保取得实效。

2016～2018 年，重点推进能源互联网试点示范工作：建成一批不同类型、不同规模的试点示范项目。攻克一批重大关键技术与核心装备，能源互联网技术达到国际先进水平。初步建立能源互联网市场机制和市场体系。初步建成能源互联网技术标准体系，形成一批重点技术规范和标准。催生一批能源金融、第三方综合能源服务等新兴业态。培育一批有竞争力的新兴市场主体。探索一批可持续、可推广的发展模式。积累一批重要的改革试点经验。

2019～2025 年，着力推进能源互联网多元化、规模化发展：初步建成能源互联网产业体系，成为经济增长重要驱动力。建成较为完善的能源互联网市场机制和市场体系。形成较为完备的技术及标准体系并推动实现国际化，引领世界能源互联网发展。形成开放共享的能源互联网生态环境，能源综合效率明显改善，可再生能源比重显著提高，化石能源清洁高效利用取得积极进展，大众参与程度大幅提升，有力支撑能源生产和消费革命。

四、我国能源互联网发展的重点任务

（1）能源基础设施智能化改造。包括发展智慧煤矿、智能风电场、智能光伏电站等智能化能源生产消费设施，以及基于互联网的智慧运行云平台，实现远程控制优化，提升运行效率和效益。

（2）建设多能协同综合能源网络。在大型建筑、园区、岛屿、城镇等不同规模范围内，特别是新建区，建设以智能电网为基础，与热力管网、

天然气管网、交通网络等多种类型网络互联互通，多种能源协同转化的综合能源网络，提升能源系统整体效率与效益。

（3）推动能源与信息基础设施深度融合。对电网、气网、热网等能源网络及其信息架构、存储单元等基础设施进行协同建设，推进信息系统与能源系统在量测、计算、控制等环节上的高效集成，规范组网结构和信息接口，促进水、气、热、电的远程自动集采集抄，实现多表合一。

（4）培育开放共享的市场体系。支持个人、家庭、分布式能源等小微用户基于互联网平台实现灵活对等的能源共享和交易。培育售电商、综合能源运营商等新型市场主体。基于互联网发展 B2B、B2C、C2B、C2C、O2O 等各类商业模式。

（5）发展用户侧智慧用能业务。通过建设智能小区，发展智能家居等终端设施，建立用户能效监测平台，提供个性化能效管理与节能服务，实现能源智能定制和灵活交易。

（6）发展分布式可再生能源电子商务业务，支持风电、光伏等分布式可再生能源生产商与用户之间进行点对点直接交易、实时补贴结算。

（7）发展储能和电动汽车互联网运营业务。建设分布式储能设备云平台和电动汽车运营云平台，发展基于储能的紧急备用、调峰调频等增值服务，发展电动汽车智能充放电业务，参与能源交易和需求响应。

（8）发展能源大数据应用服务。拓展能源大数据的采集范围，逐步覆盖电、煤、油、气等能源领域及气象、经济、交通等其他领域。促进基于能源大数据的创新创业，开展面向能源生产、流通、消费等环节的新业务应用与增值服务。

（9）突破关键核心技术装备。加快能源互联网系统规划、需求侧响应互动、储能应用管理等核心技术攻关，尽快突破多能源协同控制、信息物理融合、能源路由器等技术装备瓶颈。

（10）建立技术标准体系。建立统一、规范、开放的技术标准体系，优先制定通用标准、跨行业公用标准，积极推介关键标准成为国际标准。

五、我国现阶段推动能源互联网建设的主要政策措施

（1）建立协调机制。在“互联网+”行动实施部际联席会议机制下，国家能源局会同有关部门设立“互联网+”智慧能源专项协调机制，统筹协调解决重大问题，切实推动行动的贯彻落实。

（2）加大有效投资。将能源互联网纳入重大工程包，加大中央、地方预算内资金投入力度，引导更多社会资本进入，分步骤组织实施能源互联网重大示范工程。

（3）推动市场改革。建立健全能源市场的准入制度，鼓励第三方资本、小微型企业等新兴市场主体参与市场，促进各类所有制企业的平等、协同发展。加快电力、油气行业市场体系建设，建立市场化交易机制和价格形成机制。

（4）开展试点示范。鼓励具备条件的地区、部门和企业，因地、因业制宜地开展各类能源互联网应用试点示范。搭建跟踪监测和协调服务平台，建立专家咨询服务指导机制，及时评价和总结发展效果。

（5）推进数据共享。实施能源领域的国家大数据战略，实现多领域能源大数据的集成融合、共享共用和交易服务，鼓励互联网企业与能源企业合作，促进能源互联网的应用创新，依法依规加强能源大数据的安全监管。

（6）支持技术创新。设立能源互联网产业创新联盟，支持建设能源互联网技术创新平台，推动产学研用无缝对接，将能源互联网关键技术作为国家科技计划专项的重点支持领域。

第 8 讲　构建绿色低碳能源消费模式

第一节　实施能源消费总量和强度双控制

习近平总书记提出“四个革命、一个合作”能源发展战略思想，其中重要一项就是推动能源消费革命，抑制不合理能源消费。这一战略举措是结合我国生态环境现状、世界能源发展趋势、我国能源资源禀赋做出的重要战略选择。我们要牢固树立和贯彻落实创新、协调、绿色、开放、共享的发展理念，顺应世界能源发展大势，加快推进能源消费革命，实现能源与经济、社会、环境的融合协调发展，为实现中华民族的伟大复兴奠定坚实基础。

众所周知，人类活动已经严重影响全球生态系统，特别是全球平均气温升高对地球环境影响已经到了必须治理的程度。这是我们改变以往能源消费模式的一个硬约束，没有讨价还价的余地。2009 年 12 月在丹麦首都哥本哈根举行的世界气候大会上，气候科学家们提出将全球平均温升限制在全球工业化前水平以上 2℃的目标，2016 年 11 月 4 日生效的《巴黎协定》再次明确了这一目标，并提出努力将温升限制在工业化前水平以上 1.5℃的目标。

2℃的温升目标意味着全球累计碳排放总量不能超过 1 万亿吨，按照目前世界各国的排放水平，30 年内人类活动产生的温室气体就会达到这一数量。为了实现 2℃的温升目标，根据相关机构测算，较 2010 年，我国温室气体 2030 年的排放量需下降四成，到 2050 年需下降七成，到 21 世纪末需接近零排放。这对我国而言是非常严苛的目标，但却是我国作为一个负责任的大国必须践行并实现的目标。

煤矿开采导致地面塌陷

煤矸石山

能源利用引发空气污染

石油泄漏造成海洋污染

中国经济经历三十年的高速发展，在取得巨大经济成就的同时，也造成了严重的生态环境破坏与资源消耗。当前我国生态赤字很大，以煤炭利用为例，煤炭在燃烧过程中产生大量的二氧化碳、二氧化硫、氮氧化物和粉尘，污染空气，引发雾霾，形成酸雨，破坏森林植被，造成农业减产，影响人居环境和身体健康。煤炭开采引发矿区地面坍塌，地表沉陷，地质灾害频发，洗煤引发水污染，煤矸石堆积，煤矿大量抽排地下水，引发地下水位下降。这只是能源消耗对环境破坏的一个缩影，很大程度上与能源消耗总量大大超过生态承载力，能源结构不合理，化石能源使用过多，能源利用技术落后，清洁低碳技术未大规模使用有关。

我国推进能源消费革命是新形势下适应世界潮流的大势所趋，也是转变自身发展模式、促进可持续发展的内在需要。构建绿色低碳能源消费模式，已成为我国促进经济发展方式转变、建设生态文明的根本途径和关键着力点，也是我国应对气候变化的战略选择。

构建绿色低碳能源消费模式要抑制不合理能源需求，从严控制能源消费总量，从而形成促进经济发展方式根本性转变的“倒逼”机制。同时需要建立健全能源消费总量与强度双控机制，并将其作为经济社会发展重要约束性目标，抑制不合理消费，推动经济增长方式、速度、结构与日益严格的资源环境约束条件相适应，不断提高经济增长质量与效益。

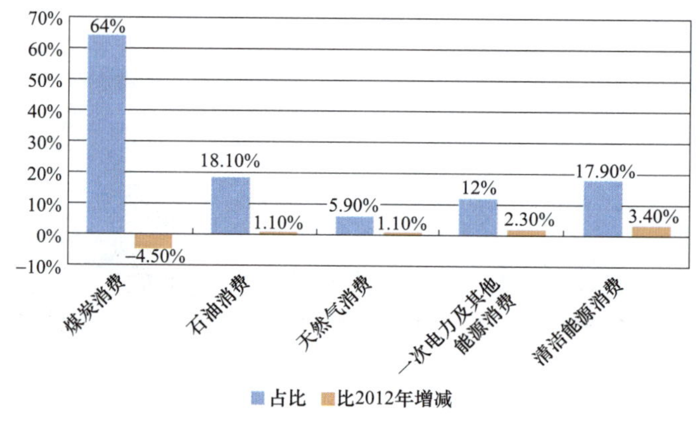

2015 年我国能源消费结构占比

进一步健全能源消费总量与强度“双控”目标需要建立分解落实机制，明确各地主要高耗能行业和产能过剩行业“双控”目标及落实措施。加强“双控”目标责任管理，健全监督机制，加大考核和奖惩力度。建立能源消费总量预测预警机制，对能源消费总量增长过快的地区及时预警调控。通过能源消费总量与强度控制的实施，在工业、建筑、交通运输、公共机构以及城乡建设和消费领域全面加强用能管理，切实改变过去能源消费中敞开口子供应、无节制使用的现象。到 2020 年，能源消费总量控制在 50 亿吨标准煤以内，能源消费强度比 2015 年下降 15% 以上，能源消费粗放增长方式得到根本扭转。到 2030 年，能源消费总量控制在 60 亿吨标准煤以内，能源消费强度比 2020 年下降 28% 以上。

第二节　开展煤炭消费减量行动

一、煤炭消费减量行动主要目标和实现途径

煤炭消费减量行动旨在综合考虑大气污染防治、温室气体减排、国家经济及能源安全、替代能源发展等影响因素，科学合理制定煤炭消费总量控制目标，推动煤炭消费由粗放型、粗放型向集约型、高效型升级转变，抑制不合理煤炭消费，实现煤炭清洁高效利用。

具体目标是：到2020年，煤炭消费总量控制在41亿吨以内，煤炭消费基本达到峰值，占一次能源消费的比重降至58%以下。

首先，开展重点行业、重点企业能效升级，加强钢铁、水泥、平板玻璃等产能富余产业煤炭消费总量控制。推动大气污染联防联控重点区域、经济发达地区和大中城市实现煤炭消费负增长。

其次，加大煤炭消费减量替代范围和实施力度，对污染物排放和能效不达标的落后用煤方式坚决予以关停和淘汰。

最后，因地制宜，积极发展天然气、核电、可再生能源等清洁能源，降低对煤炭消费增长的依赖，推动能源结构持续优化。

二、目前主要开展工作

为贯彻中央财经领导小组第六次会议和新一届国家能源委员会首次会议精神，落实《国务院办公厅关于印发能源发展战略行动计划（2014～2020年）的通知》（国办发〔2014〕31号），加快推动能源消费革命，进一步落实煤炭消费减量的要求，有效缓解资源环境压力，国家能源局于2015年4月印发《煤炭清洁高效利用行动计划（2015～2020年）》（国能煤炭〔2015〕141号）。

行动计划旨在按照源头治理、突出重点、高效转化、清洁利用的发展方针，坚持政府引导、企业为主、市场驱动、科技支撑、法律规范、社会

参与的原则，加快发展高效燃煤发电和升级改造，实施燃煤锅炉提升工程，着力推动煤炭分级分质梯级利用，推进废弃物资源化综合利用，实现煤炭清洁高效利用。

煤炭消费减量具体目标主要包括：到 2020 年，全国新建燃煤发电机组平均供电煤耗低于 300 克标准煤/千瓦时；原煤入选率达到 75% 以上；现役燃煤发电机组平均供电煤耗低于 310 克标准煤/千瓦时，电煤占煤炭消费比重提高到 55% 以上；现代煤化工产业化示范取得阶段性成果，形成更加完整的自主技术和装备体系；稳步推进煤炭优质化加工、分质分级梯级利用、煤矿废弃物资源化利用等的示范，建设一批煤炭清洁高效利用示范工程项目。

三、后续主要工作

牢固树立绿色发展理念，加大政策支持力度，突破煤炭清洁高效利用关键技术，最大限度减轻煤炭利用对生态环境的影响，实现与生态环境和谐发展。推进煤炭消费减量后续工作主要有：

一是健全商品煤质量管理体系，研究制定商品煤质量管理配套政策措施。

二是实施散煤综合治理行动计划，加强对重点地区劣质散煤的监管，淘汰落后燃煤锅炉，推广高效煤粉工业锅炉，建设型煤配送中心。

三是发展清洁高效煤电，对燃煤机组全面实施超低排放和节能改造。

四是严格执行钢铁、建材等耗煤行业能耗、环保标准，强化污染物排放监控。

五是加快煤炭由单一燃料向原料和燃料并重转变，推进煤炭焦化、气化、液化、煤制烯烃等关键技术攻关和示范，提高煤炭加工转化水平。

六是充分利用现有煤炭产能，稳妥推进煤炭深加工升级示范工程建设，提高转化效率、经济效益和环保水平。

第三节　拓展天然气消费市场

一、拓展天然气消费的意义

天然气是一种优质、高效、清洁的低碳能源，可与核能及可再生能源等其他低排放能源形成良性互补。加快天然气产业发展，提高天然气在一次能源消费中的比重，是我国加快建设清洁低碳、安全高效的现代能源体系的必由之路、必然选择和战略要求，也是化解环境约束、改善大气质量、实现绿色低碳发展的有效途径，2016 年召开的杭州 G20 峰会和刚刚生效的《巴黎协定》都在这方面作出了明确要求。同时，我国新型城镇化进程不断提速，油气体制改革有力推进，天然气产业迎来新的发展机遇。借助这一有利形势，加快发展天然气对推动节能减排、稳增长惠民生促发展具有重要意义。

二、我国天然气消费总体现状和消费结构

“十二五”期间年均增长 12.4%，累计消费量约 8300 亿立方米，是“十一五”消费量的 2 倍。2015 年全国天然气表观消费量 1931 亿立方米，天然气在一次能源消费中的比重为 5.8%，比 2010 年提高 1.4 个百分点。

目前天然气消费结构中，工业燃料、城市燃气、发电、化工分别占 38.2%、32.5%、14.7%、14.6%，与 2010 年相比，城市燃气、工业燃料用气占比增加，化工和发电用气占比有所下降。

三、“十三五”期间重点工程

加大天然气利用、推动天然气消费工程对产业健康发展具有重要作用，“十三五”期间要抓好大气污染治理重点地区气化工程、天然气发电及分布式能源工程、交通领域气化工程、节约替代工程等四大利用工程，天然气占一次能源消费比重力争提高到 10% 左右。

（一）大气污染治理重点地区气化工程

以京津冀、长三角、珠三角、东北地区为重点，推进重点城市“煤改

气”工程，扩大城市高污染燃料禁燃区范围，大力推进天然气替代步伐，替代管网覆盖范围内的燃煤锅炉、工业窑炉、燃煤设施用煤和散煤。在城中村、城乡结合部等农村地区燃气管网覆盖的地区推动天然气替代民用散煤，其他农村地区推动建设小型LNG储罐，替代民用散煤。加快城市燃气管网建设，提高天然气城镇居民气化率。实施军营气化工程，为驻城市及周边部队供应天然气，重点考虑大型军事基地用气需求，支持部队开展“煤改气”。

（二）天然气发电及分布式能源工程

借鉴国际天然气发展经验，提高天然气发电比重，扩大天然气利用规模，鼓励发展天然气分布式能源等高效利用项目，有序发展天然气调峰电站，因地制宜发展热电联产。在可再生能源分布比较集中和电网灵活性较低区域积极发展天然气调峰机组，推动天然气发电与风力、太阳能发电、生物质发电等新能源发电协同发展。2020年天然气发电装机规模达到1.1亿千瓦以上，占发电总装机比例超过5%。

（三）交通领域气化工程

交通领域用气是天然气利用的重要组成部分，要完善交通领域天然气技术标准，推动划定船舶大气污染物排放控制区并严格执行减排要求，研究制订天然气车船支持政策。积极支持天然气汽车发展，包括城市公交车、出租车、物流配送车、载客汽车、环卫车和载货汽车等以天然气为燃料的运输车辆，鼓励在内河、湖泊和沿海发展以天然气（LNG）为燃料的运输船舶。2020年气化各类车辆约1000万辆，配套建设加气站超过1.2万座，船用加注站超过200座。

（四）节约替代工程

鼓励应用先进工艺、技术和设备高效利用天然气。鼓励低浓度瓦斯、通风瓦斯发电或热电联供，高浓度瓦斯力争全部利用。天然气生产企业要采取措施加强油田伴生气回收利用，努力提高天然气商品率；天然气运输企业要研究采用移动压缩机回收管道计划性维检修时放空气，减小放空量，避免浪费；优化大口径长输管道燃气轮机运行方式，降低燃气消耗。出台环保政策，鼓励天然气利用。

四、保障措施

（一）实行更加严格的环保政策

设定并逐步扩大“禁煤区”范围，以京津冀及周边等地区为重点，设立区域“禁煤区”；加快工业燃料升级，以大气污染防治重点地区为重点，制定实施更为严格的排放标准，加大工业燃料天然气替代煤炭力度；推进交通领域以气代油。强化陆上交通移动源污染防治、船舶排放控制，制定更为严格的温室气体和污染物排放标准。

（二）完善天然气价格机制

加快建立天然气市场化价格机制，加快放开非居民用气价格，大力推进非居民用气市场化交易，逐步理顺居民用气价格；完善天然气发电价格机制，理顺天然气、电力、热力价格关系。

（三）推动天然气市场建设

协同推进省内管道、城镇配气管网与国家基干管道的市场化改革，推动省内管道天然气管输与销售业务分离，完善城镇燃气特许经营权政策，放开大用户“直供直销”。

第四节　实施电能替代工程

电能替代是在终端能源消费环节，使用电能替代散烧煤、燃油等的能源消费方式，如电采暖、地源热泵、工业电锅炉（窑炉）、农业电排灌、电动汽车、靠港船舶使用岸电、机场桥载设备、电蓄能调峰等。当前，我国大气污染形势严峻，而绝大多数大气污染物排放与化石能源消费有关，其中大量散烧煤消费是造成严重雾霾的重要原因。煤炭占我国一次能源消费比重为64%，远高于30%的世界平均水平。煤炭消费中，约有7亿～8亿吨左右为散烧煤，占煤炭消费总量约20%，远高于欧盟、美国（散烧煤约3000万～4000万吨，占煤炭消费总量不到5%）。大量散烧煤未经洁净处理直接燃烧，致使大量污染物直接排放到大气中。电能具有安全、智能、便捷等优点，使用电能替代散烧煤、燃油等，既可减少大气污染物排放，还对化解我国电力潜在过剩风险、解决东北等电力富余地区“窝电”和系统调峰问题、拉动新增投资与消费、提升我国电气化水平等具有重要作用。

工业电锅炉

2016年5月，国家发展改革委、国家能源局、环境保护部等八部委联合印发了《关于推进电能替代的指导意见》（发改能源〔2016〕1054号），明确大力推进居民采暖、生产制造、交通运输、电力供应与消费等领域电能替代工程，并给予配电网建设改造、设备投资补贴、峰谷电价、电力直接交易等方面的支持政策。“十三五”期间，将全面推进电能替代，实现电能替代散烧煤、燃油约1.3亿吨标准煤，促进电能占终端消费比重达到

港口岸电

约27%。预计可新增电量消费约4500亿千瓦时，减排烟尘、二氧化硫、氮氧化物分别约30万、210万、70万吨。

一、居民采暖领域

在存在采暖刚性需求的北方地区和其他有采暖需求的地区，燃气（热力）管网覆盖范围以外的个别城区、郊区，以及农村等还大量使用散烧煤进行采暖的区域，使用蓄热式电锅炉、蓄热式电暖器、电热膜、空气源热泵等多种电采暖设施替代分散燃煤设施。加快京津冀地区电能替代，在北方地区选择沈阳、大连、鞍山等若干城市进行电能替代供暖试点，实施一批蓄热式采暖电锅炉项目，并逐步推广。在具备条件的农村地区，实施一批蓄热式电暖器、电热膜、空气源热泵等分散电采暖设施替代燃煤采暖项目。到2017年底，北京实现“电代煤”38.7万户，河北完成“电代煤”50万户。到2020年，居民采暖领域电能替代新增用电量约1600亿千瓦时。

二、生产制造领域

逐步推进工业电锅炉、电窑炉及各类电加热设施的应用，加快推进机井通电。重点在上海、江苏、浙江、福建等地区的服装纺织、木材加工、水产养殖与加工等行业，实施一批蓄热式工业电锅炉替代集中供热管网覆盖范围以外燃煤锅炉的项目。在金属加工、铸造、陶瓷、岩棉、微晶玻璃等行业，实施一批电窑炉替代燃煤窑炉的项目。总结浙江铸造行业“以电代煤”和江西家具行业“电代柴薪”等成功经验，推进更多地区、行业实施电能替代。在黑龙江、吉林、山东、河南等农业大省，推进农业电排灌。工农业生产制造领域电能替代新增用电量约1900亿千瓦时。

三、交通运输领域

围绕电气化铁路改造和建设，同步规划布局牵引变电站。推动电动汽车普及应用。推广靠港船舶使用岸电和电驱动货物装卸，到2020年，累计完成不少于50%港口的岸电工程建设。推进更多机场应用桥载设备，实施一批机场运行车辆和装备“油改电”工程。交通运输领域电能替代新增用电量约300亿千瓦时。

四、电力供应与消费领域

根据电力系统调峰调频需要，在可再生能源装机比重较大的电网中，结合化学储能、机械储能等技术试点示范，实施一批储能安装项目。在城市大型商场、办公楼、酒店、机场航站楼等建筑推广应用热泵、电蓄冷空调、蓄热电锅炉等。电力供应与消费领域电能替代新增用电量约700亿千瓦时。

第五节　开展成品油质量升级专项行动

一、油品质量升级专项行动背景

为贯彻落实《大气污染防治行动计划》和《京津冀及周边地区落实大

气污染防治行动计划实施细则》，2014 年 2 月 12 日，国务院第 39 次常务会议要求在抓紧完善现有政策的基础上，落实成品油质量升级有关措施。2014 年 4 月，国家发展改革委印发了《大气污染防治成品油质量升级行动计划》，正式启动大气污染防治成品油质量升级行动。2015 年 5 月，经国务院第 90 次常务会议审议通过，《加快成品油质量升级工作方案》由国家发展改革委等七部委联合印发。

二、油品质量升级专项行动具体要求

《加快成品油质量升级工作方案》对油品升级提出了明确时限。具体要求为：2016 年 1 月 1 日起，东部地区全面供应符合国五标准的车用汽油（含 E10 乙醇汽油）、车用柴油（含 B5 生物柴油）；2017 年 1 月 1 日起，全国全面供应符合国五标准的车用汽油（含 E10 乙醇汽油）、车用柴油（含 B5 生物柴油），同时停止国内销售低于国五标准车用汽、柴油；2016 年 1 月 1 日起，开始在东部地区重点城市供应与国四标准车用柴油相同硫含量的普通柴油（简称国四标准普通柴油）；2017 年 7 月 1 日，全国全面供应国四标准普通柴油，同时停止国内销售低于国四标准的普通柴油；2018 年 1 月 1 日起，全国供应与国五标准车用柴油相同硫含量的普通柴油（简称国五标准普通柴油），停止国内销售低于国五标准普通柴油。

同时，《加快成品油质量升级工作方案》要求加快提升油品标准水平，具体要求为：2015 年 6 月底前发布新的普通柴油强制性国家标准；尽快发布第五阶段车用乙醇汽油标准（E10）、车用乙醇汽油调和组分油及生物柴油调和燃料（B5）标准；抓紧启动第六阶段汽、柴油国家（国六）标准制订工作，力争 2016 年底颁布并于 2019 年实施；尽快修订出台船用燃料油强制性国家标准，力争 2015 年底前发布。

三、油品质量升级专项行动已经开展的工作

遵照国务院第 90 次常务会议关于实施加快成品油质量升级国家专项行动的要求，国家能源局切实贯彻会议各项工作部署，开展了八个方面的主要工作。

（1）会同多部门开展了大气污染防治成品油质量升级专项监管行动，部署东部 11 省（自治区、直辖市）油品供应保障工作，确保自 2016 年 1 月 1 日起提前全面供应国五标准清洁油品。

（2）针对低品油退市难等问题，会同国家发展改革委、环境保护部等十部委联合印发了《关于进一步推进成品油质量升级及加强市场管理的通知》，就规范成品油市场、加强生产和流通监管提出具体要求。

（3）完善成品油质量升级台账系统（目前包括项目前期审批、建设进度、已建成产能、生产国五油品等信息），持续跟踪、督促国五标准清洁油品保供项目建设，新增 36 家主要地方炼油企业纳入监测范围。

（4）会同财政部印发了《关于做好成品油质量升级项目贷款贴息资金申报工作的通知》，并完成第一批成品油质量升级改造项目贷款贴息补助的符合性评估工作。

（5）组织完成第六阶段车用汽、柴油国家强制性标准（报批稿），并已报国家标准委履行审批程序。

（6）会同国家发展改革委、环境保护部等五部委印发了《关于开展成品油质量升级监督检查工作的通知》（发改办能源〔2016〕2077 号），委托第三方机构对全国成品油质量升级改造项目和成品油市场开展调研评估和监督检查，以确保自 2017 年 1 月 1 日起全国全面供应国五标准清洁油品。

四、油品质量升级专项行动下一阶段工作安排

下一阶段，国家能源局将会同相关部门对全国全面供应国五标准清洁油品实施监管，加快推进普通柴油质量升级，组织编制成品油质量升级“十三五”规划或指导意见，做好国六车用汽、柴油标准的宣贯和普通柴油标准修订，继续组织开展成品油质量升级项目贷款贴息补助符合性评估一系列工作。

（1）推动油品质量升级。进一步做好全国各省市国五油品保供，组织地方政府及骨干炼油企业按照既定保供方案和应急预案开展工作。做好对

加快油品升级改造工作进行全过程监管。组织做好全国各省市国六标准油品质量升级工作，实现2019年全国供应国六标准车用汽、柴油目标。

（2）推动普通柴油升级。加快推进京津冀等全国各地炼油企业普通柴油升级改造，确保2017年7月1日起全国全面供应国四普通柴油，并做好自2018年1月1日起全国供应与国五标准车用柴油相同硫含量的普通柴油的准备工作。

（3）完善质量升级台账系统。建设完善成品油质量升级台账系统，监测全国油品生产情况，并作为成品油生产形势分析的重要信息来源。

（4）完善清洁油品标准。宣贯国六车用汽、柴油标准，并于2019年实施。研究第五阶段车用乙醇汽油标准（E10）、车用乙醇汽油调和组分油及生物柴油调和燃料（B5）标准。

（5）加强成品油市场监管。按照《关于进一步推进成品油质量升级及加强市场管理的通知》要求，加强对成品油市场的监管，规范油品销售市场，营造良好市场环境。

第六节　创新生产生活用能模式

创新生产生活用能方式是未来我国能源结构调整的重要任务之一。2014年，我国终端能源消费31.4亿吨标准煤，其中煤炭直接利用占25%，石油产品占23%，电力占21%。生物质、太阳能和地热能等非电力应用比例还很低。在工业、交通、建筑、居民生活用能中，为了实现低碳绿色的能源消费模式，必须改变传统终端用能的方式和用能结构。通过技术创新和技术进步，推进终端能源消费的绿色化和智能化，以终端能源消费的清洁低碳化引导能源体系全面转型，创新绿色能源消费模式和激励机制。

推动工业生产用能清洁化，大力开发、推广工业节能高效技术和产品，降低化石能源依赖。根据《中国能源统计年鉴》，2014年，我国工业部门终端能源消费21.3亿吨标准煤（作为原料消费的能源占比约10%），占总体终端能源消费的68%，其中煤炭占30%，焦炭占21%，石油产品占10%。钢铁、水泥、有色金属和石油化工等重化工业高耗能企业，应健全节能标准体系，实现设备节能标准全行业覆盖。在经济结构调整过程中，我国重化工业面临去产能的压力，应坚持能效"领跑者"计划和对标达标考核制度，实现优胜劣汰。同时，鼓励可再生能源的非电力能源替代，在终端能源中扩大绿色能源比重，扩大可再生能源技术应用领域。可再生能源可以直接替代工业原料，也可以利用可再生能源实现区域供热、代替燃煤锅炉等技术创新，促进传统能源清洁化利用与可再生能源规模化开发融合发展。

推行多能互补绿色能源方案，积极创建清洁能源示范，推进清洁智能交通，普及绿色能源建筑。随着绿色建筑、绿色交通等理念的兴起，国外的一些国家已经把绿色能源的发展渗透到城市规划和建设的各个领域，在城市规划的过程中将节能、环保、绿色、清洁等因素综合考虑。我国的新能源与城市规划的发展也取得了一定的成果。从2012年国家能源局启动新能源示范城市建设工作以来，已经建立了新能源示范城市的分级管理制度、信息统计和监测制度，启动了新能源示范城市信息平台的建设，为推动新能源示范城市的下一步工作奠定了基础。区别以往城市规划设计，以新能源技术应用为主导的城市规划的项目将引领城市、乡村绿色低碳发展。在"十三五"时期，倡导分布式能源系统建设，通过清洁能源示范省（自治区、直辖市），绿色能源示范市（县）、智慧能源示范镇（产业园区、社区）和绿色工厂等形式，将清洁、绿色、低碳的理念深入到生产生活的各个角落，不断改变居民的生产生活用能方式，引导居民科学合理用能，最终形成绿色低碳的生产生活方式。

第 9 讲　优化电力系统结构和布局

第一节　电网建设（跨省通道、区域电网）

“十三五”主干电网建设主要从跨区输电通道、区域主网架两方面考虑。

跨区输电通道方面，合理布局能源富集地区外送通道，建设特高压输电和常规输电技术的“西电东送”输电通道。输电通道建设需统筹考虑送受端需求、受端电源结构及调峰能力，合理确定受电比重和受电结构。同时，保证跨区送电的可持续性，既满足送端地区长远需要，又能参与受端电力市场竞争。此外，还要避免电力流向交叉迂回，促进可再生能源消纳。“十三五”期间，新增“西电东送”输电能力 1.3 亿千瓦。

区域主网架方面，优化电网主网架，加强省间联络，形成规模合理的同步电网。坚持分层分区、结构清晰、安全可控、经济高效原则，按照《电力系统安全稳定导则》的要求，充分论证全国同步电网格局，进一步

特高压交流输电

调整完善区域电网主网架，提升各电压等级电网的协调性，加强区域内省间电网互济能力，提高电网运行效率，确保电力系统安全稳定运行和电力可靠供应。严格控制电网建设成本。全国新增500千伏及以上交流线路9.2万公里，变电容量9.2亿千伏安。

第二节　推进城市配电网改造

配电网直接面向终端用户，与广大人民群众的生产生活息息相关，是服务民生的重要公共基础设施，对实现全面建成小康社会宏伟目标，促进“新常态”下经济社会发展具有重要的支撑保障作用。

近年来，我国配电网建设投入不断加大，取得一定成效，但由于历史欠账较多，配电网发展整体仍显滞后，存在薄弱环节，供电质量与国际先进水平仍有差距、装备水平还较落后、春节农忙等季节性负荷问题突出。为加快推进配电网建设改造，稳增长、促改革、调结构、惠民生，国家发展改革委、国家能源局先后印发了《关于加快配电网建设改造的指导意见》（发改能源〔2015〕1899号）、《配电网建设改造行动计划（2015～2020年）》（国能电力〔2015〕290号）等文件，组织动员和部署实施配电网建设改造行动。

“十三五”期间，我国将基本建成城乡统筹、安全可靠、经济高效、技术先进、环境友好、与小康社会相适应的现代配电网。中心城市（区）智能化建设和应用水平大幅提高，供电可靠率达到99.99%，综合电压合格率达到99.97%；城镇地区供电能力及供电安全水平显著提升，供电可靠率达到99.9%，综合电压合格率达到98.79%。为电采暖、港口岸电、充电基础设施等电能替代提供有力支撑。

加强城镇配电网建设，强化配电网统一规划，健全标准体系。全面推行模块化设计、规范化选型、标准化建设。中心城市（区）围绕发展定位和高可靠用电需求，高起点、高标准建设配电网，供电质量达到国际先进水平，北京、上海、广州、深圳等超大型城市建成世界一流配电网；城镇地区结合国家新型城镇化进程及发展需要，适度超前建设配电网，满足快速增长的用电需求，全面支撑“京津冀”“长江中游”“中原”“成渝”等城市群以及“丝绸之路经济带”等重点区域发展需要。积极服务新能源、分布式电源、电动汽车充电基础设施等多元化负荷接入需求。做好与城乡发展、土地利用的有效衔接，将管廊专项规划确定入廊的电力管线建设规模、时序纳入配电网规划。

推进“互联网+”智能电网建设，全面提升电力系统的智能化水平，提高电网接纳和优化配置多种能源的能力，满足多元用户供需互动。实现能源生产和消费的综合调配，充分发挥智能电网在现代能源体系中的作用。

提升电源侧智能化水平，加强传统能源和新能源发电的厂站级智能化建设，促进多种能源优化互补。全面建设智能变电站，推广应用在线监测、状态诊断、智能巡检系统，建立电网对山火、冰灾、台风等各类自然灾害的安全预警体系。推进配电自动化建设，根据供电区域类型差异化配置，实现配电网可观可控。提升输配电网络的柔性控制能力，示范应用配电侧储能系统及柔性直流输电工程。

构建“互联网+”电力运营模式，推广双向互动智能计量技术应用。加快电能服务管理平台建设，实现用电信息采集系统全覆盖。全面推广智能调度控制系统，应用大数据、云计算、物联网、移动互联网技术，提升信息平台承载能力和业务应用水平。调动电力企业、装备制造企业、用户等市场主体的积极性，开展智能电网支撑智慧城市创新示范区，合力推动智能电网发展。

第三节　新一轮农网改造升级

农村电网是县级行政区域内，为农村生产生活提供电力服务的 110kV

及以下电网设施，是基本公共服务的重要内容。自1998年实施农村电网改造、农村电力管理体制改革、城乡用电同网同价，特别是“十二五”实施农网改造升级工程以来，农村供电能力和供电可靠性明显提高，网架结构大幅改善，基本实现城乡同网同价，农村电力管理体制基本理顺，促进了农村农业可持续发展。但是，农村电网服务水平与全面实现小康社会的要求还有较大距离，城乡电力服务差距还较明显，中西部地区农网不能满足农村经济社会加快发展的要求，贫困地区农网仍滞后，西藏等偏远少数民族地区农网建设进入最后攻坚战，农网建设与改造的任务还很重。“十三五”必须抓紧实施新一轮农村电网改造升级工程，提高电力普遍服务水平，加快城乡电力均等化进程，促进农村全面建成小康社会。

一、农网改造升级工程实施情况

农村电网是国家长期以来投资的重点领域。1998年以来陆续实施的一二期农网改造、县城农网改造、中西部地区农网完善、无电地区电力建设，以及农网改造升级工程，历经17年，国家累计安排投资计划达到9756亿元，其中中央资金（含国债和专项建设基金）1554亿元，带动银行贷款和企业自有资金投入8202亿元，扩大了投资规模，改善了农村电力基础设施，促进了农村消费升级，特别是在应对1998年亚洲金融危机、2008年国际金融危机以及当前促进经济平稳增长中，发挥了重要作用。

“十二五”时期，国家发展改革委共下达中西部25个省（自治区、直辖市）及新疆生产建设兵团农网改造升级工程投资计划4151亿元，其中中央预算内投资827亿元、企业自有资金623亿元、银行贷款2701亿元；安排东部地区农网改造升级工程中央专项建设基金投资计划250亿元，其中专项建设基金50亿元、银行贷款200亿元。此外，电网企业采用自有资金安排农网改造升级工程投资3072亿元。“十二五”时期农网改造升级工程总投资达到7473亿元，其中中西部地区投资5341亿元，东部地区2132亿元。

通过实施农网改造升级，农村供电能力和供电可靠性明显提高，农网网架结构大幅改善，农村生产供电设施得到加强，农村用电量快速增长，农村电力管理体制基本理顺，电力普遍服务水平进一步提升，基本实现城乡同网同价，城乡电力基本实现管理一体化，城乡电力差距进一步缩小，促进了农村经济社会发展。

农网改造

二、当前农村电力面临的问题和困难

虽然“十二五”农网改造升级取得了明显成效，但由于城乡发展、区域发展不平衡，以及历史、自然条件等客观因素，城乡电力差距还比较明显，电力普遍服务水平还有待大幅提高，一些地区农村电力还比较薄弱。总体上看，一是城乡电网仍存较大差距，城乡电力公共服务均等化任务较重；二是农网供电能力增速低于农村用电量增速，农网建设急需持续加强；三是农村电力地区间差异较大，贫困地区农网仍比较薄弱；四是农网部分已改造设备接近退役年限，亟需按新标准予以改造；五是农网结构不适应农村新生活新业态需求，需提高信息化自动化智能化水平。

三、新一轮农网改造升级工作的目标及重点

在全面建设小康社会的新形势下，实施新一轮农村电网改造升级，立足于“协调、共享、绿色、创新”，统筹城乡和区域电力协调发展，实现城乡电力基本公共服务的共享均等，为全国人民同步实现小康和贫困人口

如期脱贫提供稳定坚强绿色的电力保障。

新一轮农网改造升级的目标是：全国农村地区基本实现稳定可靠的供电服务全覆盖，供电能力和服务水平明显提升，农村电网供电可靠率达到99.8%，综合电压合格率达到97.9%，户均配电变压器容量不低于2千伏安，建成结构合理、技术先进、安全可靠、智能高效的现代农村电网，电能在农村家庭能源消费中的比重大幅提高。东部地区基本实现城乡供电服务均等化，中西部地区城乡供电服务差距大幅缩小，贫困及偏远少数民族地区农村电网基本满足生产生活需要。县级供电企业基本建立现代企业制度。

新一轮农网改造升级的重点是：

（1）加快新型小城镇、中心村电网和农业生产供电设施改造升级。结合推进新型城镇化、农业现代化和扶贫搬迁等，积极适应农产品加工、乡村旅游、农村电商等新型产业发展以及农民消费升级的用电需求，科学确定改造标准，推进新型小城镇和中心村电网改造升级。结合高标准农田建设和推广农业节水灌溉等工作，完善农业生产供电设施，加快推进机井通电，到2017年底，完成中心村电网改造升级，实现平原地区机井用电全覆盖。

（2）稳步推进农村电网投资多元化。在做好电力普遍服务的前提下，结合售电侧改革拓宽融资渠道，探索通过政府和社会资本合作（PPP）等模式，运用商业机制引入社会资本参与农村电网建设改造。在西部偏远地区，鼓励相关企业因地制宜建设水能、太阳能、风能、生物质能等可再生能源局域电网。

（3）开展西藏、新疆以及四川、云南、甘肃、青海四省藏区农村电网建设攻坚。继续落实各项优先支持政策，集中力量加快孤网县城的联网进程，符合条件的地区电网延伸到乡到村，到2020年实现孤网县城联网或建成可再生能源局域电网。农牧区基本实现用电全覆盖，电力在当地能源消费中的比重显著提升，促进改善农牧区生产生活条件。

（4）加快西部及贫困地区农村电网改造升级。重点推进国家扶贫开发工作重点县、集中连片特困地区以及革命老区的农村电网改造升级，解决电压不达标、架构不合理、不通动力电等问题，提升电力普遍服务水平。结合新能源扶贫工程和微电网建设，提高农村电网接纳分布式新能源发电的能力，到2020年贫困地区供电服务水平接近本省（自治区、直辖市）农村平均水平。继续实施农场、林场林区、小水电供区电网改造升级。

（5）推进东中部地区城乡供电服务均等化进程。东中部地区以及有条件的西部地区，在完善农村电网架构、缩短供电服务半径、提高户均配电变压器容量的基础上，逐步提高农村电网信息化、自动化、智能化水平，进一步优化电力供给结构，缩小城乡供电服务差距，不断提高农村电气化水平，为农村经济社会发展、农民生活质量改善提供更好的电力保障。

第四节　发展天然气发电

“十三五”期间，我国天然气发电将快速发展，预计全国气电新增投产5000万千瓦，2020年达到1.1亿千瓦以上。

与燃煤发电相比，燃气发电具有发电效率高、运行方式灵活、污染物排放低等优点，为促进燃气发电发展，在《政府核准的投资项目目录（2013年本）》中，国家将分布式燃气发电项目核准权限下发至省级政府。据中国电力企业联合会统计，到2015年，我国燃气发电装机容量约6600万千瓦。

结合上下游产业发展情况，“十三五”时期，将重点在华北、华东、南方、西北等地区建设一批天然气调峰电站，鼓励有条件的城市大型工商业建筑综合体等发展分布式冷热电多联供气电，在环保空间有限、电价承受能力强、热负荷需求大的工业园区及大型中心城市，适度建设高参数燃气蒸汽循环热电联产项目。

第五节　防范化解煤电产能过剩风险，促进煤电高效清洁利用和有序发展

近年来，受经济进入新常态和结构调整等因素影响，我国用电量需求增速逐步放缓，全国用电增速由 2011 年的 12% 下降到 2015 年的 0.96%，电力供需总体宽松。煤电行业面临利用小时数逐年下降、规划建设规模较电力需求偏大等问题。

为贯彻落实党中央、国务院决策部署，防范化解煤电产能过剩风险，《能源发展“十三五”规划》《电力发展“十三五”规划（2016～2020年）》均提出要严格控制煤电规划建设。按照市场引导与政府调控并举的原则，通过建立风险预警机制和实施“取消一批、缓核一批、缓建一批”等措施，多措并举减少新增煤电规模。“十三五”期间，全国将取消和推迟煤电建设项目约 1.5 亿千瓦以上。到 2020 年，全国煤电装机规模力争控制在 11 亿千瓦以内。

为落实上述目标，国家能源局先后印发了《关于建立煤电规划建设风险预警机制暨发布 2019 年煤电规划建设风险预警的通知》《关于促进我国煤电有序发展的通知》《关于进一步做好煤电行业淘汰落后产能工作的通知》《关于进一步促进山西煤电有序发展的通知》《关于进一步规范电力项目开工建设秩序的通知》《关于进一步调控煤电规划建设的通知》《关于进一步做好火电项目核准建设工作的通知》等文件，严控煤电规划建设，规范开工建设秩序，促进煤电有序发展。

（1）建立风险预警机制。为引导地方和企业合理推进煤电项目规划建设，国家建立了反映各地未来 3 年电力电量平衡情况、建设煤电机组投资回报情况以及地方政策与环保约束等的煤电规划建设风险预警机制，每年定期发布。2016 年 3 月，向社会发布了 2019 年分省煤电规划建设风险预警。近期，将向社会发布 2020 年分省煤电规划建设风险预警。

（2）严控煤电新增规模。一是对电力富余地区和东部大气污染防控区，严格控制新增煤电规模，严禁各地超规模核准建设煤电项目。二是进一步完善发布煤电规划建设风险预警机制，严控新核准、新开工建设煤电项目规模，规范开工建设秩序。在建项目也要适当调整建设工期，把握好投产节奏。三是按需推进煤电基地配套煤电项目的规划建设。新疆准东煤电基地准东至华东、宁夏宁东煤电基地宁东至浙江、内蒙古鄂尔多斯煤电基地上海庙至山东、陕西陕北煤电基地榆横至山东输电通道配套煤电项目的投产规模，2020 年底前控制在国家规划规模的一半以内；内蒙古锡盟煤电基地，锡盟至山东、锡盟至江苏输电通道配套煤电项目的总投产规模，2020 年底前控制在 730 万千瓦以内。

（3）规范煤电建设秩序。进一步落实清理规范电力项目（含火电、电网项目）报建审批事项，推进项目单位切实维护电力建设秩序，未取齐开工必要的支持性文件前，严禁违规开工建设。

火电站

（4）加快淘汰落后产能。进一步提高标准、加大力度，逐步淘汰服役年限长，不符合节能、环保、安全、质量等要求的煤电机组，优先淘汰 30 万千瓦以下运行满 20 年纯凝机组和运行满 25 年抽凝热电机组。力争“十三五”期间关停落后煤电机组2000万千瓦。

（5）超低排放和节能改造，促进煤电转型升级。到2020年，全国具备条件的煤电机组都要完成超低排放和节能改造，其中东部、中部和西部地区分别在2017、2018年和2020年前完成。

第六节　电力市场建设

“十三五”期间，组建相对独立和规范运行的电力交易机构，建立公平有序的电力市场规则，初步形成功能完善的电力市场，深入推进简政放权。

一、有序推进电力体制改革

（1）核定输配电价。2017年底前，完成分电压等级核定电网企业准许总收入和输配电价，逐步减少电价交叉补贴。加快建立规则明晰、水平合理、监管有力、科学透明的独立输配电价体系。

（2）建立健全电力市场体系。建立标准统一的电力市场交易技术支持系统，积极培育合格市场主体，完善交易机制，丰富交易品种。2016年启动东北地区辅助服务市场试点，成熟后全面推广。2018年底前，启动现货交易试点；2020年全面启动现货市场，研究风险对冲机制。

（3）组建相对独立和规范运行的电力交易机构。建立完善的治理结构、完备的市场规则和健全的制度体系；充分发挥各类市场主体和第三方机构在促进交易机构规范运行中的作用。积极推进交易机构股份制改造和相对独立规范运行，2016年底前完成电力交易机构组建工作。有序放开发用电计划。建立优先购电和优先发电制度，落实优先购电和优先发电的保障措施；切实保障电力电量平衡。逐年减少发电计划，2020年前基本取消优先发电权以外的非调节性发电计划。

（4）全面推进配售电侧改革。支持售电主体创新商业模式和服务内容，2018年底前完成售电侧市场竞争主体培育工作，基本形成充分竞争的售电侧市场主体；鼓励社会资本开展增量配电业务；明确增量配电网放开的具体办法；建立市场主体准入退出机制；完善市场主体信用体系；在试点基础上全面推开配售电改革。

二、深入推进简政放权

总结电力项目核准权限下放后的承接情况、存在问题和实施效果，结合电力体制改革精神，进一步探索创新市场化的电力项目开发和投资管理机制。加强简政放权后续监管，组织开展电力项目简政放权专项监管，重点对核准权限下放后的项目优选、项目核准、项目依法依规建设以及并网运行等工作进行监管，督促国家产业政策和技术标准落实，维护电力项目规划建设秩序。

第七节　充电基础设施

一、发展现状

随着我国经济社会发展水平不断提高，汽车保有量持续攀升。大力发展电动汽车，能够加快燃油替代，减少汽车尾气排放，对保障能源安全、促进节能减排、防治大气污染、推动我国从汽车大国迈向汽车强国具有重要意义。

“十二五”以来，我国充电基础设施发展取得了突破，为下一步发展奠定了基础。为落实国家新能源汽车示范推广应用工作有关要求，各级政府和相关企业积极开展充电基础设施建设。据不完全统计，截至2015年底，共建成公共类充电桩4.9万个，私人类充电桩0.8万个，为近50万辆电动汽车提供充电服务。

二、主要问题

充电基础设施在国内外均处于起步阶段，由于涉及城市规划、建设用地、建筑物及配电网改造、居住地安装条件、投资运营模式等方面，利益主体多，推进难度大。

一是电动汽车及其充电技术的不确定性大，动力电池及充电等关键技术发展日新月异，不同技术方案对应的充电需求存在较大差异，增加了建设与管理的难度。二是充电基础设施与电动汽车发展不协调。一方面，部分地区电动汽车增长较快，但充电基础设施建设规模不足；另一方面，部分充电基础设施建设布局不合理，造成充电基础设施利用率较低。三是充电基础设施建设难度较大。需要规划、用地、电力等多项前提条件，在实施过程中涉及多个主管部门和相关企业。四是充电服务的成熟商业模式尚未形成，目前仍处于起步阶段。五是充电基础设施标准规范体系有待完善。充电基础设施与充电服务平台的通信协议、结算体系等标准不统一，充电服务平台的服务能力和质量未能满足用户需求。

三、发展思路

按照“因地制宜、快慢互济、经济合理”的原则，以用户居住地停车位、单位停车场、公交及出租车场站等配建的专用充电设施为主体，以公共建筑物停车场、社会公共停车场、临时停车位等配建的公共充电设施为辅助，以独立占地的城市快充站、换电站和高速公路服务区配建的城际快充站为补充，推动电动汽车充电基础设施体系建设。

到 2020 年，新增集中式充换电站超过 1.2 万座，分散式充电桩超过 480 万个，满足全国超过 500 万辆电动汽车的充电需求。

四、主要任务和政策措施

一是推动充电基础设施体系建设。建设适度超前、车桩相随、智能高效的充电基础设施体系。二是加强配套电网保障能力。将充电基础设施配套电网建设与改造项目纳入当地配电网专项规划，并与其他相关规划相协调。三是加快相关标准完善。修订出台充电接口及通信协议等标准，积极推进充电接口互操作性检测及服务平台间数据交换等标准的制修订。四是探索可持续商业模式。积极引入社会资本建设运营公共服务领域充电基础设施、城市公共充电网络及智能服务平台。鼓励充电服务企业与整车企业在销售和售后服务方面创新商业合作模式。

第 10 讲　推动可再生能源协调发展

第一节　水　电　发　展

水电是技术成熟、运行灵活的清洁低碳可再生能源，具有防洪、供水、航运、灌溉等综合利用功能，经济、社会、生态效益显著。“十二五”时期，我国着力构建安全、稳定、经济、清洁现代能源产业体系，在做好生态保护和移民安置的前提下积极发展水电，高度重视开发建设与生态保护、移民安置、经济社会等的统筹协调工作。经过多年发展，我国水电装机容量和年发电量已达到 3.2 亿千瓦和 1.1 万亿千瓦时，分别占全国的 20.9% 和 19.4%，在非化石能源中的比重达 73.7%。为节能减排和能源结构调整，实现我国 2015 年非化石能源发展目标发挥了有力支撑作用。目前，我国水电工程技术居世界先进水平，形成了规划、设计、施工、装备制造、运行维护等全产业链整合能力，投产装机容量和年发电量均居世界

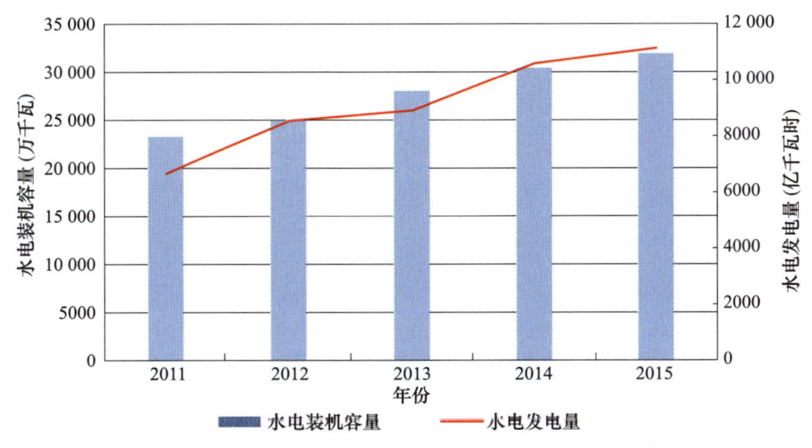

“十二五”以来我国水电装机容量与发电量增长情况

首位，与80多个国家建立了水电规划、建设和投资的长期合作关系，成为推动世界水电发展的主要力量。

“十三五”时期，我国水电开发面临着资源开发难度加大、生态保护有待进一步协调融合、运营与收益模式需要创新、弃水限电问题凸显等系列挑战，需要大力推进体制机制创新，破解移民、环保、消纳等难题，推动水电持续健康有序发展。“十三五”期间，将积极推进水电发展理念创新，坚持开发与保护、建设与管理并重，不断完善水能资源评价，加快推进水电规划研究论证，统筹水电开发进度与电力市场发展，以西南地区主要河流为重点，积极有序推进大型水电基地建设，合理优化控制中小流域开发，确保水电有序建设、有效消纳。统筹规划，合理布局，加快抽水蓄能电站建设。

一、全面推进大型水电基地建设

在做好环境保护、移民安置工作和统筹电力市场的基础上，继续做好金沙江中下游、雅砻江、大渡河等水电能源基地建设工作，优化开发黄河上游水电基地。到2020年，基本建成长江上游、黄河上游、乌江、南盘江红水河、雅砻江、大渡河六大水电基地，总规模超过1亿千瓦。积极推进金沙江上游等水电基地开发，着力打造藏东南“西电东送”接续能源基地。“十三五”期间，新增投产常规水电4000万千瓦，新开工常规水电6000万千瓦。

加快推进雅砻江两河口、大渡河双江口等调节性能好的控制性水库建设，加快金沙江中游龙头水库研究论证，积极推进龙盘水电站建设，提高流域水电质量和开发效益。统筹协调水电开发和电网建设，加快推动配套送出工程建设，完善水电市场消纳协调机制，促进水能资源跨区优化配置，着力解决水电弃水问题。

二、转变观念优化控制中小流域开发

落实生态文明建设要求，统筹全流域、干支流开发与保护工作，按照流域内干流开发优先、支流保护优先的原则，严格控制中小流域、中小水电开发，保留流域必要生境，维护流域生态健康。水能资源丰富、开发潜力大的西部地区重点开发资源集中、环境影响较小的大型河流、重点河段和重大水电基地，严格控制中小水电开发；开发程度较高的东、中部地区原则上不再开发中小水电。弃水严重的四川、云南两省，除水电扶贫工程外，“十三五”暂停小水电和无调节性能的中型水电开发。加强总结中小流域梯级水电站建设管理经验，开展水电开发后评价工作，推行中小流域生态修复。

支持边远缺电离网地区因地制宜、合理适度开发小水电，重点扶持西藏自治区，四川、云南、青海、甘肃四省藏区和少数民族贫困地区小水电扶贫开发工作。“十三五”期间，全国规划新开工小水电 500 万千瓦。

三、加快抽水蓄能发展

抓紧落实规划站点建设条件，加快开工建设一批距离负荷中心近、促进新能源消纳、受端电源支撑的抽水蓄能电站。“十三五”期间新开工抽水蓄能电站约 6000 万千瓦，抽水蓄能电站装机达到 4000 万千瓦。做好抽水蓄能规划滚动调整工作，统筹考虑区域电力系统调峰填谷需要、安全稳定运行要求和站址资源条件，开展部分地区抽水蓄能选点规划启动、调整工作，充分论证系统需求，优选确定规划站点。根据发展需要，适时启动新一轮全国抽水蓄能规划工作。

抽水蓄能电站

四、积极完善水电运行管理机制

研究流域梯级电站水库综合管理体制，建立电站运行协调机制。开展流域综合监测工作，建立流域综合监测平台，构建全流域全过程的实时监测、巡视检查、信息共享、监督管理体系。研究流域梯级联合调度体制机制，统筹考虑综合利用需求，优化水电站运行调度。制定梯级水电站联合优化调度运行规程和技术标准，推动主要流域全面实现梯级联合调度。探索各大流域按照现代企业制度组建统一规范的流域公司，逐步推动建立流域统一电价模式和运营管理机制，充分发挥流域梯级水电开发的整体效益。深化研究抽水蓄能电站作用、效益形成机制及与新能源电站联合优化运行方案和补偿机制，实行区域电网内统一优化调度，建立运行考核机制，确保抽水蓄能电站充分发挥功能效用。

五、推动水电开发扶贫工作

贯彻落实中央关于发展生产脱贫一批的精神，积极发挥当地资源优势，充分尊重地方和移民意愿，科学谋划，加快推进贫困地区水电重大项目建设，更好地将资源优势转变为经济优势和扶贫优势。进一步完善水电开发移民政策，理顺移民工作机制，加强移民社会管理，提升移民安置质量。探索贫困地区水电开发资产收益扶贫制度，建立完善水电开发群众共享利益机制和资源开发收益分配政策，将从发电中提取的资金优先用于本水库移民和库区后续发展，增加贫困地区年度发电指标，提高贫困地区水电工程留成电量比例。研究完善水电开发财政税收政策，让当地和群众从能源资源开发中更多地受益。

第二节　风　电　发　展

“十二五”期间，我国风电发展十分迅速，开发规模和范围不断扩大。特别是随着复杂地形和低风速风电技术的进步，我国陆上风电的开发逐步形成集中开发与分散式开发的模式，风电布局不断优化，从“三北”低负荷区逐步转移到“中东部”高负荷区。同时，海上风电开发也在稳步有序进行。到2016年底，累计并网装机容量已经达到1.5亿千瓦，发电量2410亿千瓦时，占全部发电量的4%。风电已经超越核电成为我国第三大电源，在电力结构调整中的作用开始显现。与此同时，我国已经形成了较为完善的风电产业链，整机和零部件的制造水平与生产能力已经具有一定的竞争力，形成了几家有代表性龙头企业，并进入到海外市场，参与到全球风电市场的开发。

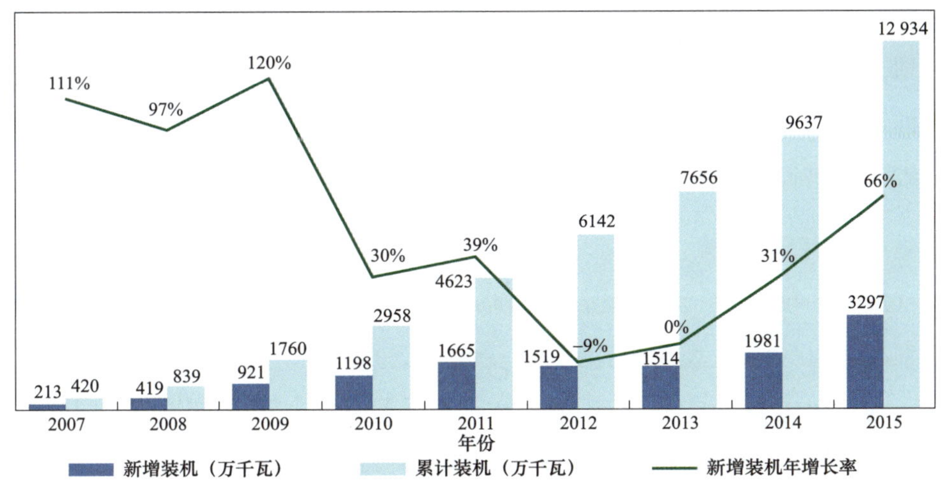

我国历年来风电累计并网装机容量

与此同时，风电发展面临着严峻的形势，并网消纳问题日益严重，2016年，我国弃风电量规模达到497亿千瓦时，平均弃风率16%。在经济新常态下，在电力市场改革探索阶段，“十三五”风电发展要按照“统筹规划、集散并举、陆海齐进、有效利用”的原则，着力推进风电的就近消纳和高效利用，重视风电项目开发的前期准备工作，积极支持中东部消纳条件较好的分散风能资源的开发，稳步推进大型风电基地建设，匹配电网建设进程，积极稳妥开展海上风电开发建设，完善产业服务体系。到2020年底，全国风电并网装机规模力争达到2.1亿千瓦以上。

一、大力发展分散式风电

分散式风电的开发具有就近消纳的灵活性和经济性，在开发过程中应结合电网布局和农村电网改造升级，完善分散式风电的技术标准和并网服务体系，考虑资源、土地、交通运输以及施工安装等建设条件，按照“因地制宜、就近接入”的原则，推动分散式风电建设。我国中东部和南方地区用电负荷较高、电网消纳风电的条件较好，属于低风速资源区，适宜分散式风电的开发和利用。“十三五”期间，应加强中东部和南方地区风能资源勘查，提高低风速风电机组技术和微观选址水平，做好能源整体统筹规划，在当地电力规划和结构调整中充分考虑当地电力市场环境，因地制宜推进中东部和南方地区风能资源的开发利用。重点省份包括江苏省、河南省、湖北省、湖南省、四川省、贵州省。

二、稳步建设“三北”大型风电基地

目前，我国“三北”地区正面临着严峻的弃风限电问题，部分地区弃风率高达40%，大型风电基地建设受到严重的影响。“十三五”期间，“三北”地区风电发展应从重建设转变到重质量管理，不断提高风电并网电量，不断提高风电利用效率。首先，充分挖掘本地风电消纳能力，积极开展本地风电消纳试点工程，探索本地风电参与电力市场的新模式。其次，

风电场

利用市场机制最大范围内的跨区消纳风电，借助“三北”地区已开工建设和明确规划的特高压跨省区输电通道，按照“多能互补、协调运行”的原则，统筹风、光、水、火等各类电源，最大限度地输送可再生能源，扩大风能资源的配置范围，促进风电消纳。在解决现有弃风问题的基础上，结合电力供需变化趋势，逐步推动“三北”地区风电开发建设，实现“三北”地区风电规模化开发和高效利用。

三、积极稳妥推进海上风电开发

海上风电开发相对于陆上风电开发，具有投资大、风险高、技术不成熟等特点。从全球范围来看，具有海上风电整机制造和开发能力的企业也屈指可数。我国海上风电的发展才刚刚起步，是我国风电开发的新领域。“十二五”期间，我国海上风电建设缓慢，计划建设500万千瓦，实际完成并网装机容量75万千瓦。“十三五”期间，要加强部门间协调机制，统筹制定和完善沿海各省（自治区、直辖市）海上风电发展规划，开展海上风能资源勘测和评价，合理规划海上风电用海占地等问题，规范和完善项目核准手续；完善海上风电开发建设管理政策，完善海上风电价格政策，逐步参与电力市场运行；健全海上风电配套产业服务体系，不断提高海上

海上风电

风电技术标准、规程规范、设备检测认证、信息监测工作水平，形成覆盖全产业链的设备制造和开发建设能力，提高海上风电技术装备的技术先进性和可靠性。

四、完善风电产业服务体系

风电技术进步离不开完善的风电产业服务体系。随着中国风电产业的发展，全国各相关专业标准化技术委员会经过多年的努力，已经初步建立了涵盖风电场规划设计、风电场施工安装、风电场运行维护管理、风电并网管理技术、风力机械设备、风能资源测量评价和预报技术等多个方面的风电标准体系。同时，风电机组测试认证的能力也不断加强，我国认证机构已经全面开展风电机组设计认证、型式认证、风电场项目认证和风电机组部件认证，并积极推动参与国际电工委员会可再生能源设备认证互认体系 IECRE 工作。“十三五”期间，继续推动风电产业自主创新能力建设，促进风电技术进步，提高风电机组效率、性能与可靠性，提升风电产业国际竞争力。不断完善风电设备及配套零部件标准体系，加强风电设备检测和认证平台建设，完善风电机组并网检测管理，形成风电场检修维护、风电功率预测、远程集中监控、并网运行管理等专业化技术服务体系。建立政府监管和行业自律相结合的优胜劣汰市场机制，构建公平、公正、开放的招投标市场环境，设立市场准入门槛。加强风电机组性能及风电场运行情况综合评价体系建设，建立全过程的质量监督管理机制。应用大数据、“互联网+”等现代化信息技术，全面实行风电行业信息化管理，建立健全风电全生命周期信息监测体系，积极推进简政放权，加强事中事后监管，实现放管有机结合。

第三节　光电光伏产业发展

自 2013 年国务院出台《国务院关于促进光伏产业健康发展的若干意见（国发〔2013〕24 号）》以来，我国光伏发电技术、产业、市场发展迅速，光伏电池转换效率不断提升、成本持续下降、应用方式不断创新、市场规模迅速扩大，政策管理体系逐步形成，展现出良好的发展势头，但光伏发电仍面临发电成本相对较高、相关政策不协调、配套服务体系不健全的挑战。“十三五”期间，我国光伏产业应通过加速技术进步不断降低发电成本，尽早实现平价上网；不断创新应用模式和商业模式，扩大“光伏+”多元化利用；根据光伏产业发展情况，不断完善政策和产业服务体系，促进光伏产业大规模发展。

一、加速技术进步，降低发电成本

“十二五”期间，我国光伏制造业在多种电池效率提升、平衡部件技术进步、系统集成技术创新等方面取得了显著成果，已成长为产业技术国际领先、具有国际竞争力的战略性新兴产业。我国单晶及多晶电池片产业化效率分别从 2010 年的 18% 和 16. 5% 提升到 2015 年的 19. 5% 和 18. 3%，光伏发电投资成本从 2010 年的 4 万元/千瓦左右，降低到 2015 年的 8000 元/千瓦左右。为尽快实现光伏平价上网，“十三五”期间通过继续实施“光伏领跑者”计划引导企业加快技术创新，促进先进光伏技术和产品应用，建立规模利用与成本下降联动机制，通过市场竞争模式加快市场优胜劣汰和光伏上网电价快速下降。

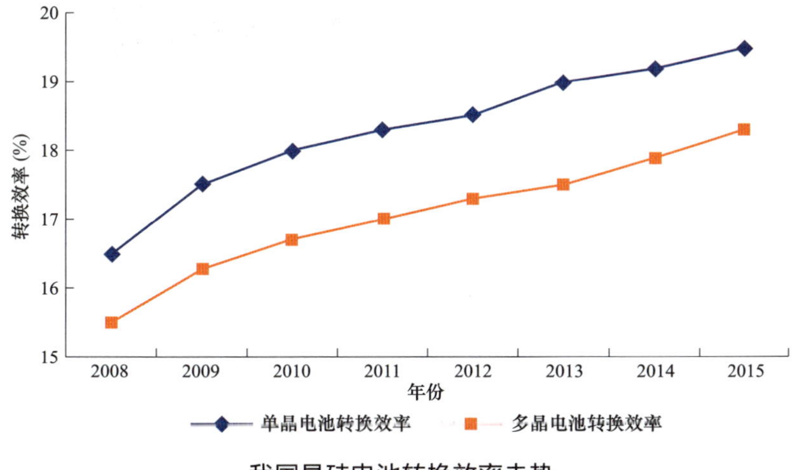

我国晶硅电池转换效率走势

二、拓展应用模式，扩大“光伏+”多元化利用

光伏发电具有建设规模灵活、安装简单、适用范围广等特点，可以充分利用既有场地就近开发利用光伏发电。“十二五”期间，渔光互补、农光互补、林光互补等应用模式不断出现，综合效益明显。“十三五”期间，积极扩大“光伏+”多元化利用，推动分布式光伏发展，力争到2020年规模达到6000万千瓦。在发展布局上，在经济发达地区重点加大建筑分布式光伏发电建设力度，支持工业园区、经济开发区、大型公共设施等规模化屋顶的开发利用；积极鼓励在电力负荷大、工商业基础好的中东部城市和工业区周边，按照就近利用的原则建设光伏电站项目；结合土地综合利用，依托农业种植、渔业养殖、林业栽培等，因地制宜创新各类综合利用商业模式，促进光伏与其他产业有机融合。

光伏电站

三、合理布局，有序推进大型光伏电站建设

“十二五”期间，由于受电网建设与集中式光伏电站建设规模不协调以及本地电力消纳不足影响，我国部分地区出现了弃光限电问题。“十三五”期间大型光伏电站应充分考虑电网送出条件和本地用户负荷情况有序发展，确保到2020年规模达到4500万千瓦以上。在发展布局上，我国西南和东南地区结合大型水电基地建设水光互补发电基地；内蒙古、陕西、

青海、新疆、河北等地可结合丝绸之路经济带建设、土地沙化治理等，开展以本地消纳为主大型电站建设。围绕已有和规划建设的特高压外送通道，稳步打造外送型光伏发电基地，提高西电东送中光伏发电的输送容量。结合采煤沉陷区土地、水面等不同形式综合治理，在建设条件较稳定和明确、电网接入和消纳条件较好的大同等地区，建设先进技术示范基地。

四、完善产业政策及服务体系，推动产业升级

目前，我国光伏产业还存在以下主要问题，一是检测认证体系有待加强，国际检测互认程度不高；二是光伏发电项目设计、建设、并网、运行维护标准和规范尚不健全，光伏电站存在质量隐患；三是适应光伏发电产业发展的电力交易体制、金融创新体系及技术创新体系尚未建立。“十三五”期间，在光伏发电参与电力市场交易机制方面，进一步完善光伏发电参与售电的相关配套机制；建立分布式光伏发电交易平台和交易机制，降低交易成本，解决电费收缴难、结算周期长等问题。在金融创新方面，积极协调金融机构推动落实绿色信贷，推动资产证券化等新型融资方式实施。在技术创新体系方面，建立国家级光伏技术创新平台，形成国际领先、面向全行业的光伏技术创新平台，引领我国光伏技术的持续进步。推动我国光伏产业化技术及装备升级，吸引大型优势企业加大相关任务研发力度，引导企业、科研院所、高校组建光伏产业技术创新联盟，推进全产业链的产品制备技术、生产工艺及生产装备国产化水平提升。健全光伏全产业链的产品标准体系，完善适合不同环境特点的光伏系统设计安装、电网接入、运行维护等工程标准体系，建立建筑光伏标准体系，并在城市规划、建筑设计和既有建筑改造中推动标准实施。

五、因地制宜推进太阳能热发电示范工程建设，促进技术自主化

2015 年 11 月全国范围开展了太阳能热发电示范项目申报和评审工作，启动了约 100 万千瓦的热发电示范项目建设，并出台示范项目临时电价机制，为下阶段大规模商业化推广奠定坚实基础。“十三五”期间，按照总

体规划、分步实施的思路，积极推进太阳能热发电产业进程。太阳能热发电先期发展以示范为主，通过首批太阳能热发电示范工程建设，促进技术进步和规模化发展，带动设备国产化，逐步培育形成产业集成能力。在发展布局方面，按照先示范后推广的发展原则，重点推动西部资源条件好、具备消纳条件、生态条件允许地区的太阳能热发电基地建设，充分发挥太阳能热发电的调峰作用，实现与风电、光伏的互补运行，到 2020 年发展规模达到 500 万千瓦。在技术进步方面，通过提高太阳能热发电设备技术水平和系统设计能力，提升系统集成能力和产业配套能力，形成我国自主化的太阳能热发电技术和产业体系。

第四节　生物质能与其他能源发展

一、因地制宜推进生物质能多元化利用

生物质能是重要的可再生能源，具有绿色、低碳、清洁、可再生等特点。加快生物质能开发利用，是推进能源生产和消费革命的重要内容，是改善环境质量、发展循环经济的重要任务。“十二五”时期，我国生物质能产业发展较快，开发利用规模不断扩大，生物质发电和液体燃料形成一定规模。生物质成型燃料、生物天然气等发展已起步，呈现良好势头。

“十三五”期间，生物质能产业发展将按照因地制宜、统筹兼顾、综合利用、提高效率的思路，建立健全资源收集、加工转化、就近利用的生物质消费体系，加快生物质能产业化非电利用。生物质能产业发展将更加注重清洁替代化石能源，发展重点将从生物质发电逐步转向生物质供热和生物天然气应用领域。在“十三五”时期，生物质能发展目标是：到 2020 年，生物质能利用量约达 5800 万吨标准煤，在发电、供热、管道天然气或车用压缩天然气替代以及化石交通燃料替代等领域实现全面规模化应用，生物质能利用技术和核心装备技术能力达到世界先进水平，形成较成熟的商业化市场。

（一）大力推动生物天然气规模化发展

推动全国生物天然气示范县建设。以县为单位建立产业体系，选择有机废弃物丰富的种养殖大县，编制县域生物天然气开发建设规划，立足于整县推进，发展生物天然气和有机肥，建立原料收集保障、生物天然气消费、有机肥利用和环保监管体系，构建县域分布式生产消费模式。

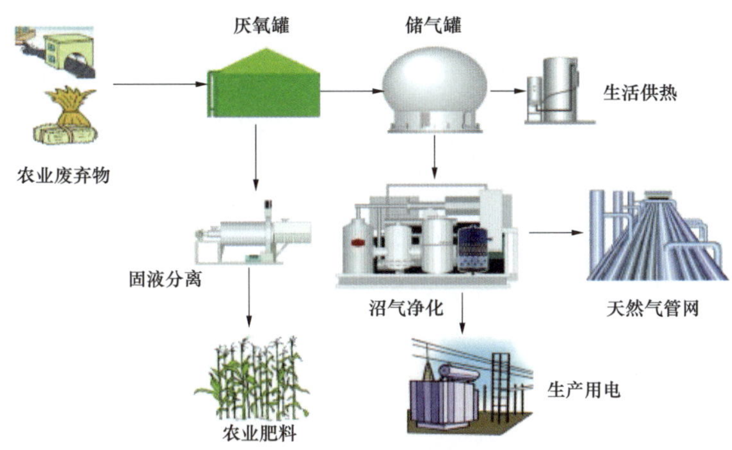

农牧废弃物沼气与生物天然气开发流程

加快生物天然气技术进步和商业化。探索专业化投资建设管理模式，形成技术水平较高、安全环保的新型现代化工业门类。建立县域生物天然气开发建设专营机制。加快关键技术进步和工程现代化，建立健全检测、标准、认证体系。培育和创新商业化模式，提高商业化水平。

推进生物天然气有机肥专业化规模化建设。以生物天然气项目产生的沼渣沼液为原料，建设专业化标准化有机肥项目。优化提升已建有机肥项目，加强关键技术研发与装备制造。创新生物天然气有机肥产供销用模式，促进有机肥大面积推广，减少化肥使用量，促进土壤改良。

建立健全产业体系。创新原料收集保障模式，建立专业化原料收集保障体系。建立生物天然气多元化消费体系，加快生物天然气市场化应用。建立生物天然气有机肥利用体系，促进有机肥高效利用。建立全过程环保监管体系，保障产业健康发展。

到2020年，生物天然气初步形成一定规模的绿色低碳新兴产业，年产量和消费量达到80亿立方米，建设160个生物天然气示范县和循环农业示范县。

（二）积极发展生物质能供热

在具备资源和市场条件的地区，特别是在大气污染形势严峻、淘汰燃煤锅炉任务较重的京津冀鲁、长三角、珠三角、东北等地区，以及散煤消费较多地方，加快推广生物质成型燃料锅炉供热，以农村、学校、医院、宾馆等公共和商业设施以及工业园区为主，为用户提供清洁热力。

积极推动生物质能在商业设施与居民采暖中的应用。结合城市大气环境治理和新能源示范城市建设，在城市推广区域集中生物质锅炉供热，替代燃煤锅炉供热。优先选择能够稳定供应生物质资源、在有燃煤供热改造需求的城市或工业企业周边，建设生物质供热工程，利用农林剩余物、城市生活垃圾及有机污水、养殖场畜禽粪便等资源，采用生物质采暖锅炉、生物质燃气供热锅炉等技术，综合发展各类生物质供热，减少城市燃煤供热，改善环境质量。

加快大型先进低排放生物质成型燃料锅炉供热项目建设。发挥成型燃料含硫量低的特点，在工业园区大力推进20蒸吨/小时以上超低排放生物

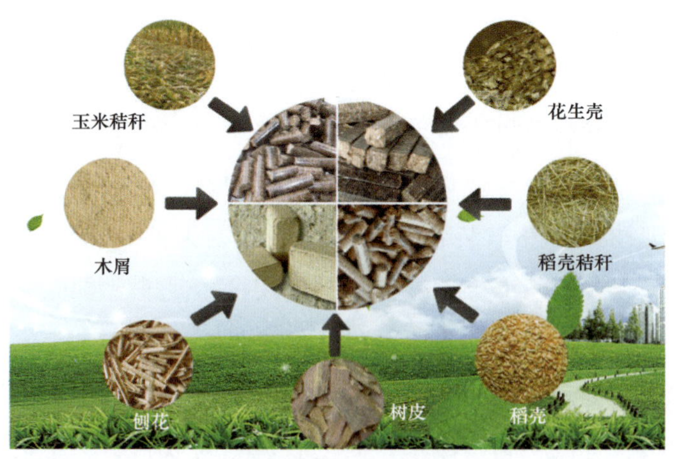

生物质固体成型燃料

质成型燃料锅炉供热项目建设，污染物排放达到天然气水平，烟尘、二氧化硫、氮氧化物排放量不高于20、50、200毫克/立方米，替代燃煤锅炉供热。建成一批以生物质成型燃料供热为主的工业园区。

加强技术进步和标准体系建设。加强大型生物质锅炉低氮燃烧关键技术进步和设备制造，推进设备制造标准化系列化成套化。制定出台生物质供热工程设计、成型燃料产品、成型设备、生物质锅炉等标准。加快制定生物质供热锅炉专用污染物排放标准。加强检测认证体系建设，强化对工程与产品的质量监督。

到2020年，生物质成型燃料利用量达3000万吨。

（三）稳步发展生物质发电

在农林资源丰富区域，统筹原料收集及经济性，有序推进生物质直燃发电项目建设，鼓励农林生物质发电项目热电联产改造；在经济较为发达地区合理布局生活垃圾焚烧发电项目，提高西部地区垃圾焚烧发电应用比例；在秸秆、畜禽养殖废弃物资源比较丰富的乡镇，因地制宜推进沼气发电项目建设。

积极发展分布式农林生物质热电联产。农林生物质发电全面转向分布式热电联产，推进新建热电联产项目，对原有纯发电项目进行热电联产改造，为县城、大乡镇供暖及为工业园区供热。加快推进糠醛渣、甘蔗渣等热电联产及产业升级。加强项目运行监管，杜绝掺烧煤炭、骗取补贴的行为。加强对发电规模的调控，对于国家支持政策以外的生物质发电方式，由地方出台支持措施。

稳步发展城镇生活垃圾焚烧发电。在做好环保、选址及社会稳定风险评估的前提下，在人口密集、具备条件的大中城市稳步推进生活垃圾焚烧发电项目建设。鼓励建设垃圾焚烧热电联产项目。加快应用现代垃圾焚烧处理及污染防治技术，提高垃圾焚烧发电环保水平。加强宣传和舆论引导，避免和减少邻避效应。

因地制宜发展沼气发电。结合城镇垃圾填埋场布局，建设垃圾填埋气发电项目；积极推动酿酒、皮革等工业有机废水和城市生活污水处理沼气设施热电联产；结合农村规模化沼气工程建设，新建或改造沼气发电项目。积极推动沼气发电无障碍接入城乡配电网和并网运行。

到2020年，生物质发电总装机容量达1500万千瓦，其中垃圾发电装机容量达750万千瓦，农林生物质直燃发电装机容量达700万千瓦，沼气等生物燃气发电装机容量达50万千瓦。

（四）加快生物液体燃料示范和推广

在玉米、水稻等主产区，结合陈次和重金属污染粮消纳，稳步扩大燃料乙醇生产和消费；根据资源条件，因地制宜开发建设以木薯为原料，以及利用荒地、盐碱地种植甜高粱等能源作物，建设燃料乙醇项目。加快推进先进生物液体燃料技术进步和产业化示范。

推进燃料乙醇推广应用。大力发展纤维乙醇。立足国内自有技术力量，积极引进、消化、吸收国外先进经验，开展先进生物燃料产业示范项目建设；适度发展木薯等非粮燃料乙醇。合理利用国内外资源，促进原料多元化供应。选择木薯、甜高粱茎秆等原料丰富地区或利用边际土地和荒地种植能源作物，建设10万吨级燃料乙醇工程；控制总量发展粮食燃料乙醇。统筹粮食安全、食品安全和能源安全，以霉变玉米、毒素超标小麦、“镉大米”等为原料，在“问题粮食”集中区，适度扩大粮食燃料乙醇生产规模。

加快生物柴油在交通领域应用。对生物柴油项目进行升级改造，提升产品质量，满足交通燃料品质需要。建立健全生物柴油产品标准体系。开展市场封闭推广示范，推进生物柴油在交通领域的应用。

推进技术创新与多联产示范。加强纤维素、微藻等原料生产生物液体燃料技术研发，促进大规模、低成本、高效率示范应用。加快非粮原料多联产生物液体燃料技术创新，建设万吨级综合利用示范工程。推进生物质转化合成高品位燃油和生物航空燃料产业化示范应用。

到2020年，生物液体燃料年利用量达到600万吨以上，其中燃料乙醇年利用量达到400万吨，生物柴油年利用量达到200万吨。

二、大力推动太阳能热利用多元化发展

（一）巩固扩大太阳能热水市场

推动太阳能在供暖和工农业热水等领域的规模化应用，拓展制冷、季节性储热等新型市场，形成多元化的市场格局。大幅提升企业研发、制造和系统集成等方面的创新能力，加强检测和实验公共平台等产业服务体系建设，形成产品制造、系统集成、运营服务均衡发展的产业格局，形成技术水平领先、国际竞争力强的优势产业。

（二）扩大太阳能热利用多元化应用的市场规模

进一步推广太阳能热水应用。对太阳能资源适宜地区积极推行太阳能热水系统强制安装；因地制宜推广太阳能供暖制冷技术，积极推进太阳能与常规能源系统的融合，在东北、华北等集中供暖地区，采取集中式与分布式结合的方式为建筑供暖制冷；统筹推进太阳能工业热能供给，结合工业领域的节能降耗和污染排放控制工作，充分利用太阳能供热作为常规能源系统的基础热源，推动工业供热能源资源的梯级、循环利用。

（三）推进产业升级和多能互补应用

加强易与建筑结合、使用舒适性高、可靠性和耐久性强的太阳能热水器产品研发与生产；开展蓄热材料和蓄热系统研究，加强区域供热的技术研究，包括多能源互补的系统集成、智能控制等技术。加强太阳能制冷技术及制冷机等关键设备的研发和生产，加大太阳能热水、供暖、制冷三联供技术的研究和产品开发；开展太阳能与化石能源的系统集成、热量计量、智能控制等相关技术研究，加快太阳能干燥技术、蓄热技术、太阳能海水淡化技术及相关集热、系统防腐、防垢技术的研发。

（四）加大检测试验平台建设，完善标准体系

加强行业质量监控。“十三五”期间，建立和完善质量管理体系；建立公共基础服务平台；建设中高温太阳能热利用检测平台，开发第三方太

阳能热利用系统的运行监测、热量计量系统；修订现有标准，提高相关技术指标，完善关键部件等领域标准；提升太阳能热利用检测能力，加强太阳能热利用检测技术及装备的研究，提高检测水平；完善太阳能热利用行业认证体系，进一步建立系统的关键部件认证制度，鼓励放开工程建设第三方评价制度。

三、加快地热能开发利用

坚持清洁、高效、可持续的原则，按照技术先进、环境友好、经济可行的总体要求，加快地热能开发利用，加强全过程管理，创新开发利用模式，全面促进地热能资源的合理有效利用。

（一）积极推广地热能热利用

针对不同气候区，在实施区域集中供暖且地热资源丰富的东北、华北、西北、华东北部的山东省、江苏省、安徽省，以及华中的河南省，在保护地下水资源的前提下，大力推广中深层地热能供热。北方地区重点采用地源热泵采暖、空调、热水联供技术，南方地区重点采用地源热泵冷热联供技术，促进传统的地热直接利用向现代高效清洁的方向转变。

（二）有序推进地热发电

综合考虑地质条件、资源潜力及应用方式，在青藏铁路沿线、西藏、

地热电站

四川西部等高温地热资源分布地区，新建若干万千瓦级高温地热发电项目，对西藏羊八井地热电站进行技术升级改造。在东部沿海及油田等中低温地热资源富集地区，因地制宜发展中小型分布式中低温地热发电项目。开展深层高温干热岩发电系统关键技术研究和项目示范。

（三）加大地热资源潜力勘察和评价

到 2020 年，基本查清全国地热能资源情况和分布特点，重点在华北地区、长江中下游地区主要城市群及中心城镇开展浅层地热能资源勘探评价，在松辽盆地、河淮盆地、江汉盆地、环鄂尔多斯盆地等未来具有开发前景且勘察程度不高的典型传导型地热区开展中深层地热资源勘察工作，在青藏高原及邻区、东南沿海、河北等典型高温地热系统开展深层地热资源勘察。建立国家地热能资源数据和信息服务体系，完善地热能基础信息数据库，对地热能勘察和开发利用进行系统监测。

四、推进海洋能发电技术示范应用

结合我国海洋能资源分布及地方区位优势，妥善协调海岸和海岛资源开发利用方案，因地制宜开展海洋能开发利用，使我国海洋能技术和产业迈向国际领先水平。

完善海洋能开发利用公共支撑服务平台建设，初步建成山东、浙江、广东、海南等四大重点区域的海洋能示范基地。加强海洋能综合利用技术研发，重点支持百千瓦级波浪能、兆瓦级潮流能示范工程建设，开展小型化、模块化海洋能的能源供给系统研发，争取突破高效转换、高效储能、高可靠设计等瓶颈，形成若干个具备推广应用价值的海洋能综合利用装备产品。

开展海岛（礁）海洋能独立电力系统示范工程建设；在浙江、福建等地区启动万千瓦级潮汐能电站建设，为规模化开发海洋能资源奠定基础。

第11讲　安全高效发展核电

核电是清洁低碳、高效的能源，是战略型高技术产业，是保障国家能源安全和应对全球气候变化的重要选择。党中央、国务院高度重视核电安全与发展。经过三十多年的发展，我国建设了大亚湾、秦山、田湾、福清、红沿河等核电基地，实现了核电机组出口，已成为世界上少数拥有完整核电工业体系的国家之一。2012 年 10 月，国务院常务会议审议通过了《核电中长期发展规划（2011～2020 年）(调整）》和《核电安全规划（2011～2020 年)》，明确到 2020 年，核电在运在建装机容量达到 8800 万千瓦。在规划指导下，我国核电建设稳步推进，在役机组稳定运行，安全水平不断提升，自主创新实现突破，装备自主化水平迅速提高，核电管理不断加强，法律法规逐步完善，核电设计研发、设备制造、工程建设、运营管理、燃料保障、人才队伍等方面已形成较强能力，为我国核电发展奠定了坚实的基础。

目前，全球核电总装机规模 3.92 亿千瓦，2015 年核电发电量约 2.44 万亿千瓦时，占全球总发电量的 10.6%，占一次能源消费总量的 4.4%。美、法等主要发达国家核电发电占比分别达到 19.50%、76.34%。截至 2016 年底，我国大陆地区在运核电机组 35 台，装机容量 3328 万千瓦，占全国电力总装机的 2%；在建机组 21 台，装机容量 2425 万千瓦。2016 年核电全年发电量 2114 亿千瓦时，占全国电力总消费的 3.5%。

第一节　核电发展现状及挑战

“十二五”期间，我国核电发展取得了长足进步。新开工核电机组 13

核电站

台、装机容量1349万千瓦，并网发电15台、装机容量1535万千瓦。核电科技重大专项投入约95亿元，完成AP1000技术引进消化吸收再创新，形成自主品牌CAP1400大型先进压水堆和具有第四代特征的高温气冷堆技术。“华龙一号”示范工程启动建设，实验快堆建成并网发电。

一、在役机组稳定运行，安全水平居于世界前列

自首台机组运行至今，我国在役机组从未发生过2级及以上运行事件（事故），也未对周围环境和公众造成任何不良影响，主要运行参数优于世界平均值，部分指标达到国际领先水平。运行和在建核电厂已按照核设施综合安全检查要求，全面完成福岛核事故后安全技术改造。针对可能的安全隐患持续进行改进，我国核电机组运行安全保障能力不断增强。

二、核电科技攻关进展顺利，自主创新能力显著提升

通过核电重大专项支持和国内工程实践，我国核电技术研发水平得到快速提升。先进核电设计技术和设计软件工具取得突破，试验验证平台逐步完善，关键设备和原材料国产化取得重要进展，核电技术标准体系正在形成，人才培养机制不断完善，初步建立了核电自主创新体系。

三、装备制造能力持续提升，自主化国产化水平取得长足进步

核电关键设备和材料国产化工作成效显著，压力容器、蒸汽发生器、主管道、堆内构件、控制棒驱动机构、数字化仪控等关键设备，以及大型锻件、核级锆材、690 U 形管、核级焊材等核心材料，基本实现自主设计、自主制造。已形成每年 10 套核电主设备制造硬件能力，建设安装力量满足同时开展 30 台以上核电机组建设的需求。

四、燃料供应体系不断完善，基础保障能力得到增强

我国核燃料保障供应体系已初步建立，形成了国内生产、海外开发和国际贸易并举的天然铀供应保障体系；国内核燃料生产加工能力大幅提高；乏燃料后处理中试厂热试成功，商用大型后处理厂前期工作稳妥推进。

五、国际合作积极推进，“走出去”取得积极进展

已实现“走出去”的核电机组 6 台、装机 340 万千瓦，首次实现“华龙一号”核电技术出口。与法国、美国、俄罗斯、加拿大等国企业就合作开发第三国市场达成共识，并已取得积极进展，带动了国际产能合作和装备输出。围绕“一带一路”战略，加大沿线国家核能合作布局，全方位合作格局基本形成。

六、法规制度不断完善，产业发展活力得到释放

核安全法规、导则和标准体系建设成绩显著，《核安全法》列入人大立法计划，《原子能法》和《核电管理条例》列入国务院立法计划。核电标杆电价政策发布实施，核电市场化机制逐步完善。由多家共同参与，相对集中、适度竞争的核电市场格局已经形成。核电行业管理机构、安全监管机构、核应急管理机构和队伍进一步加强。

当然，必须清醒地认识到，与建设世界核电强国的要求相比，我国核电发展还面临着诸多挑战，主要表现为：国际核能技术竞争加剧，新的产业应用领域和模式不断涌现，自主核电技术依然存在短板，科技创新体系

亟待完善，需要在发展中加快解决；国内经济社会发展进入新常态，核电行业需要适应电力市场化改革要求，提高经济性，增强竞争力，与其他能源品种协调发展；公众对资源利用及环境保护的预期不断增强，“邻避现象”已成为影响核电发展的重要因素，提高公众接受度将成为一项长期而艰巨的任务。

第二节　核电技术发展趋势

21 世纪以来，随着发达国家再工业化进程加速和能源结构调整，以及应对全球气候变化的需要，带动了核电技术的快速发展和进步。当前，世界在运核电机组基本为二代及二代改进型，处于从二代向三代过渡的阶段，新批准核电机组基本满足三代要求。第三代核电技术以二代成熟技术为基础，辅以大量的改进和革新，在设计上考虑了预防和缓解严重事故的措施，成为各国核电发展的主要选择。日本福岛核电站事故虽然对核电发展造成了严重的负面影响，但却极大地促进了核电安全性能的提高。目前全球核电复苏的势头非常明显，各大核电供应商正在对三代核电进行持续技术改进和后续型号开发，力图抢占后福岛时代的技术先机。与此同时，美国、法国、俄罗斯、日本等核电发达国家正在有计划、有步骤地开展第四代核电技术的研发，第四代核电技术要求在安全性、经济性、可持续发展性、防恐怖袭击及防扩散等方面更具优势，是未来核电技术发展的重要方向。

我国核电技术以压水堆为主，“以我为主，中外合作”，通过引进、消化、吸收及再创新，形成了自主品牌的三代大型先进压水堆，同时开发了具有第四代特征的高温气冷堆技术。不断完善的第三代核电技术逐步成为我国新建核电机组的主流技术。随着我国自主三代核电技术的成熟，我国的核电技术也在瞄准国际市场，积极推动核电技术装备走出去战略。同时紧跟国际核电技术发展趋势，积极推进第四代核电、小型模块化反应堆、先进核燃料及其循环技术等先进技术的开发研究，建立政产学研用有机结合的核电科技创新体系，努力提升我国核电的自主创新能力。

第三节　增强核电安全保障

一、进一步完善核电安全法规标准体系

安全是核电的生命。"十三五"期间，为适应我国核电发展要求，将协调配套核电法律法规体系，将核电立法纳入能源立法工作范畴，逐步完善《核安全法》《原子能法》《核电管理条例》等的立法工作，将进一步健全核电相关领域的市场准入和执业资质制度，完善核责任保险和核事故赔偿制度体系，规范核电项目前期工作、厂址保护等相关行为，建立健全核电行业监管制度，全面加强国家标准和行业标准执行力度。

二、加强核电安全相关管理工作

强化核电宏观调控、行业管理和安全监管，加强机构建设，优化职责分工。规范核电规划编制和滚动调整程序，提高规划的科学性、连续性、严肃性，更好地发挥引领、调控和约束作用。全面加强项目前期和工程建设管理，建立负面清单制度，引入民间资本和社会力量，发挥招投标等市场机制作用。建立社会稳定风险评估机制，制定风险防范和化解措施以及应急处置预案。加强企业管理，大力推进企业核安全文化建设，建立先进、可操作的内部制度，全面加强工程设计、建设、设备制造、运行维护等方面的监督管理，落实岗位责任制，确保核电安全。

三、按照全球最高安全要求新建项目

提高技术准入门槛，要求新建核电机组必须符合三代安全标准，具备更完善的严重事故预防和缓解措施，"十三五"及以后建设的核电机组，力争实现从设计上实际消除大量放射性释放的可能性。更加重视外部极端事件的潜在风险，全面严格审查新建厂址。按照积极稳妥的原则，合理把

握建设节奏，确保核电工程建设质量和核电厂运行安全。

四、加大核电安全技术装备研发力度

通过实施核电重大专项，全面提高我国大型先进压水堆和高温气冷堆核电站技术研发、设计、装备制造、建设运营和安全验证能力。开展先进核燃料元件技术，乏燃料后处理技术以及相关重要设备研制。积极开发四代固有安全核电技术，加强快堆、模块化小型多用途反应堆等核电技术研发。

五、提高核事故应急管理和响应能力

完善核应急管理体系，推进各级核应急指挥中心建设，实现各级核应急信息管理平台的互联互通。构建核应急指挥决策体系，推进国家级核应急救援力量建设，建立国家核应急救援体系。开发核事故后果评价与决策支持系统，研发应急相关装备。研究极端事故下防止放射性物质外泄的技术手段和措施，提高核泄漏扩散预测能力。加强应对严重事故和复合灾害的核应急演习，提升核应急综合能力。

六、进一步加强各层次人才队伍建设

构建多元化人才培养模式，加强企业与高校良性互动，推动学科建设和调整。进一步加强企业人才培训体系建设，培养高素质的专门人才。设立一批高水平的区域性核电厂从业技术人员培训中心，加强对特殊岗位人员的培训，提高关键技术岗位人员应对核事故的实战能力，造就一支技术水平高、安全意识强、经验丰富和国际化的人才队伍。

第四节　推动“十三五”核电高效发展

一、稳步推进核电建设

统筹考虑核电与电力系统以及其他能源形式的协调发展，与其他电源形式相互补充、协调运行，与电力系统深度衔接。按照规划布局，保持合

理稳定的建设节奏，“十三五”期间，每年安排6～8台机组开工建设，形成规模效应，降低建造成本，提高核电经济性。新建项目必须满足全球最新安全标准。统筹好核电与上下游产业的发展，争取新建核电机组国产化率不低于85%。

重点打造广东、浙江、福建、江苏、山东、环渤海湾等沿海经济带且具有一定产业规模的核电基地，形成综合产业集群，根据实际情况，优化布点，优先开发新厂址，形成多方位、多元化的能源安全保障格局。

对已列入沿海开工备选目录的项目，在“十三五”期间，综合考虑地方电力市场需求、能源结构调整需要以及项目前期论证情况等因素，稳步有序推进，分批启动实施。对已列入沿海保护和重点论证厂址目录，相关省地方政府应会同企业进一步做好厂址保护工作。稳步开展其他核电厂址研究论证，结合地方意见，适时列入保护和重点论证厂址目录，满足核电长远发展需要。

积极开展内陆核电项目前期论证工作，加强厂址保护。对已列入内陆保护和重点论证目录的厂址，相关省地方政府应会同企业作好厂址保护工作。深入开展内陆核电安全措施研究，实现严重事故下放射性废液的可封堵、可储存、可处理、可实体隔离，确保周围水资源安全和放射性释放影响可控。

二、提高核能科技水平

精心组织实施核电重大专项。以建成CAP1400和高温气冷堆示范工程为核心目标，重点支持示范工程急需、自主知识产权必要、安全水平提升、基础共性技术等关键技术研发。开展后处理厂科研分项工艺系统、关键设备、安全审评等核心技术攻关。研究制定小型智能堆技术研发重大专项总体实施方案，打造小型智能堆设计研发、试验验证及产业化平台。

加大对基础性、原创性核电技术研发的支持力度，研究制定新一代先进核能系统科技攻关计划，深入研究固有安全技术，适时启动模块化小型堆、先进快堆、超高温气冷堆、核能综合利用等示范项目建设，开展先进核燃料、严重事故、风险管理、电站老化与延寿、放射性废物处理等研究。

三、提高核电装备制造水平

加大关键设备研发投入，支持重点企业开展技术改造及配套能力建设，进一步提升自主化能力，突破关键设备、部件和原材料的研发瓶颈，提高工艺稳定性，确保产品质量。培育和提高设备制造企业的设计能力，完善设备试验验证和鉴定平台建设，打造具有世界先进水平的核电主设备成套供应商。结合“中国制造2025”，推进先进、高效制造技术在核电装备领域的应用。

四、增强核电燃料保障能力

完善国内生产、海外开发、国际贸易并举的天然铀保障体系，充分利用海外资源。完善核燃料供应保障体系，探索在我自贸区建立天然铀、核燃料等的国际交易平台或期货市场。立足国内，根据核电发展适度超前安排核燃料元件生产线建设，积极研发自主品牌的高性能燃料元件及关键原材料，力争早日实现工业化应用。

五、建立健全核电标准体系

加快实施压水堆核电厂标准体系建设规划，尽快形成适合我国国情、与国际先进水平接轨、协调完整的核电标准体系，在核电设计、设备制造、土建安装、调试运行及核安全评审等各个环节加快过渡到采用自主标准，为我国核电标准化、自主化发展奠定基础。研究制订新型先进核能系统如高温气冷堆、小型堆、快堆等的技术标准，满足产业化发展需要。研究制订压水堆核电厂退役标准。完善我国自主知识产权核电技术的知识产权保护体系。

六、大力推进核电“走出去”

紧密结合“一带一路”战略，布局沿线国家核能合作，带动核电技术装备输出和国际产能合作。根据需要，商签政府间、部门间协议，与主要核电强国、铀资源大国和核电项目开发国建立全方位合作关系，将核电项目合作纳入多、双边高访的重点议题，建立对接机制，服务自主核电技术出口和合作开发第三国市场。建立健全核电“走出去”部门间协调机制，制定工作规则，规范竞争秩序，严格工作纪律。按照“一家牵头、多家合作、优势互补”的原则，继续发挥好产业联盟作用。建立完善核电“走出去”政策支撑体系和风险防控机制。

七、造就高水平人才队伍

加强关键岗位人才培养，通过仿真系统与实际操作相结合等方式，提升核电厂关键技术岗位人员应对核事故的实战能力。完善特殊岗位人才培训和资格考试办法，重点是核电厂操纵人员、无损检测人员、焊工、注册核安全工程师、注册质保工程师、设备监造人员等，提高技术骨干素质。完善专业人才梯队建设，建立多元化人才培养渠道。统筹社会优质资源，以企业投入为主、政府投入为辅，通过市场化机制和运作模式，推动核电人才培养基地建设。研究制定国际高端人才引进和激励办法，强化“走出去”能力建设。

第 12 讲　切实化解煤炭过剩产能

党中央、国务院高度重视煤炭行业健康发展，把煤炭作为供给侧结构性改革的重点领域，作出了化解煤炭过剩产能实现脱困发展的重大部署。《规划》将严格控制新增产能、加快淘汰落后产能、有序退出过剩产能作为煤炭发展重点，是贯彻落实党中央、国务院决策部署的重要举措，也是煤炭行业加快化解过剩产能工作的重点任务。

第一节　正确认识化解煤炭过剩产能工作

一、化解煤炭过剩产能符合我国煤炭工业发展实际和发展规律

煤炭是我国的主体能源，煤炭工业是关系我国经济命脉和能源安全的重要基础产业。长期以来，煤炭工业对促进经济社会平稳较快发展作出了突出贡献。2002～2012 年，我国煤炭工业经历了快速发展的十年，煤炭产量从 15. 5 亿吨增长到 39. 5 亿吨，年均增速 10%，有力支撑了经济社会的快速发展。近年来，随着我国经济发展进入新常态，经济减速换挡，能源结构调整加快，需求增速放缓，煤炭行业前期积累的庞大产能明显过剩。截至 2015 年底，全国登记公告煤矿产能 35. 2 亿吨/年，建成试运转煤矿产能 3. 2 亿吨/年，结转在建煤矿建设规模 7. 7 亿吨/年。此外还有部分未批先建和长期停产煤矿，超出了现实和潜在的煤炭需求量。

煤炭过剩产能的形成，既有能源需求放缓、清洁能源快速发展等外部原因，也有煤炭行业盲目投资、无序扩张、粗放式发展等内部原因。特别是煤炭行业准入门槛较低，市场形势好的时候各类资本纷纷进入，加剧了同质化竞争，造成供给能力过剩。过剩局面形成后，由于煤矿关闭退出机

制不完善，国有企业人员安置和债务处理难，退出成本高，市场不能及时出清，导致大量落后、低效产能长期存在。为了使煤炭供需恢复基本平衡，我国从供应侧入手，紧紧抓住产能过剩这个制约行业健康发展的关键，以调整优化供求关系为着力点，将化解过剩产能与推进行业脱困发展结合起来。在实施过程中，按照优胜劣汰的市场法则，发挥市场倒逼机制作用，通过关闭退出落后小煤矿以及开采条件复杂、安全条件差、亏损严重、竞争力弱的大中型煤矿，腾出市场空间，加快“新陈代谢”，形成先进产能对落后、低效产能的减量置换，从根本上解决结构性过剩问题，推进煤炭工业优化布局、调整结构、转型升级、提质增效。

这一轮化解煤炭过剩产能，着眼于改善市场供求关系，提高煤炭供给质量和效率，并注重与产业结构调整、优化布局和转型升级相结合，将有助于推动解决我国煤炭工业长期存在的结构性问题和深层次体制机制问题，大大提升我国煤炭工业发展水平。不仅如此，作为世界煤炭产量和消费量最大的国家，我国煤炭工业在全球煤炭产业格局中具有举足轻重的地位，发挥着不可替代的作用。推进我国煤炭供给侧结构性改革，加快化解煤炭过剩产能，有助于促进国际煤炭市场供需平衡，提振全球煤炭市场信心，促进世界煤炭行业持续健康发展。

二、化解煤炭过剩产能需统筹把握好两个方面关系

按照国务院《关于煤炭行业化解过剩产能实现脱困发展的意见》（国发〔2016〕7 号）要求，从 2016 年开始，用 3～5 年时间再退出产能 5 亿吨左右、减量重组 5 亿吨左右。化解煤炭过剩产能是一项系统工程，需要协调各方面力量，统筹加以推进，重点应把握好两个方面关系：

一是统筹把握政府与市场的关系。产能过剩问题实质是供需结构错配和要素配置扭曲导致的。这里面，既有市场调节滞后性的问题，也有行政过度干预的影响。因此，化解煤炭过剩产能不单单是市场问题，应合理发挥市场倒逼机制下的政府调控作用，做到分类施策、精准发力、适时有度。一方面，要充分发挥市场机制作用，更多运用市场的办法、通过优胜

劣汰实现市场出清，做到不越位。煤炭企业要承担化解过剩产能的主体责任，认真细致算账，主动退出长期亏损、扭亏无望的煤矿。另一方面，更好地发挥政府作用，强化市场监管，完善社会保障政策，通过严格执行环保、能耗、质量、安全等法律法规和产业政策，让不达标产能加快退出，做到不缺位。

二是统筹把握去产能与保供应的关系。遵循行业特点和发展规律，注重把去产能与保供应统筹结合起来，保证总产能与总需求的动态平衡，促进煤炭价格处于合理区间，避免给经济平稳运行带来干扰。注重把去产能与结构调整、优化布局、转型升级结合起来统筹谋划，充分发挥先进产能在推进产业升级中的引领作用，加快落后低效产能退出。注重把握好工作节奏和进度，在全面淘汰落后产能、加快化解过剩产能、分类实施减量化生产的基础上，还应着眼长远发展需要，有序释放在建产能，合理安排储备产能，以适应市场需求可能发生的各种变化。

第二节　严格控制新增产能

按照严控增量、做优存量的要求，严格实施煤炭减量置换，合理安排新增产能规模，调整优化生产开发布局，实现煤炭资源优化配置。

一、实施减量置换严控新增产能

化解煤炭过剩产能，必须严控增量，防止产生新的过剩。国发〔2016〕7 号文件明确，从 2016 年起，3 年内原则上停止审批新建煤矿项目、新增产能的技术改造项目和产能核增项目；确需新建煤矿的，一律实行减量置换。在建煤矿项目应按一定比例与淘汰落后产能和化解过剩产能挂钩。为落实国发〔2016〕7 号文件精神，国家发展改革委、国家能源局、国家煤监局先后印发了《关于实施减量置换严控煤炭新增产能有关事项的通知》（发改能源〔2016〕1602 号）、《关于做好建设煤矿产能减量置换有关工作的补充通知》（发改能源〔2016〕1897 号）、《关于进一步做好建设煤矿产能置换有关事项的通知》（发改电〔2016〕606号）等文件，按照分类施策的原则，进一步明确了建设煤矿与关闭退出煤矿产能置换办法：

一是未经核准擅自开工的违规建设煤矿一律停产停建，对于承担老矿区生产接续、人员转移安置等任务确需继续建设的煤矿，区分不同情形，实行产能减量置换。

二是对于已核准的在建煤矿，结合市场供需形势主动停建、缓建，“十三五”期间暂不释放产能。不能停建缓建的，按一定比例关闭退出相应规模的煤矿进行产能置换或核减建设规模。

三是因结构调整、转型升级等原因确需在规划布局内新建煤矿的，应关闭退出相应规模的煤矿进行减量置换。新建煤矿建设规模不小于120万吨/年。

四是在煤炭市场相对独立的边疆少数民族地区，对符合国家规划和产业政策的煤电、煤化工一体化项目，在本区域内实行有区别的产能置换办法，有序安排配套煤矿建设，充分发挥一体化运营效益。

现代化煤矿

二、调整优化煤炭生产开发布局

坚持将严控新增产能与优化生产布局同步谋划、同步推进，统筹总量平衡，合理规划布局，科学确定区域开发强度。“十三五”期间，将按照压缩东部、限制中部和东北、优化西部的总体要求，统筹考虑产业转移与升级、资源环境约束和流转成本，全面协调煤炭开发、转化、输送等关系，系统优化生产开发布局。

东部地区煤炭资源枯竭，开采条件复杂，生产成本高，缺乏竞争力，逐步压缩生产规模，保留部分煤质好、有效益的煤矿，原则上不再新建煤矿。北京基本退出煤炭生产，河北、江苏、福建、山东煤炭产量逐步下降。为弥补煤炭供应缺口，将主要从中西部地区调入，部分从沿海地区进口。同时，通过大气污染防治行动计划重点建设的 12 条输电通道，以输电代替输煤，减少东部地区煤炭直接消费。

东北地区煤质差，退出煤矿规模大，人员安置任务重，需适度建设接续矿井，逐步降低生产规模。“十三五”期间新开工规模约占全国的 1%。黑龙江煤炭产量基本维持现有规模，吉林、辽宁产量逐步下降。减少内蒙古东部褐煤调入，适度增加北方港口下水煤炭和进口煤炭。

中部地区退出产能规模较大，接续资源多在深部，投资效益低，按照减量置换的原则，适度开发一些成本低、效益好的项目。“十三五”期间新开工规模约占全国的 12%。山西、安徽、河南煤炭产量基本保持稳定，江西、湖北、湖南小煤矿加快关闭退出。通过蒙西至华中煤运通道，加大蒙西、陕北等地区煤炭调入量，弥补用煤缺口。

西部地区资源丰富，开采条件好，生态环境脆弱，加大资源开发与生态环境保护统筹协调力度，结合煤电和煤炭深加工项目用煤需要，配套建设一体化煤矿。“十三五”期间新开工规模约占全国的 87%。内蒙古、陕西、新疆为重点建设省区，新开工规模约占全国的 80%。贵州、云南、甘肃、宁夏、青海煤炭产量适度增加，重庆、四川、广西产量逐步下降。

预计到 2020 年，东部地区煤炭产量占全国比重将从 2015 年的 7% 降至 4% 左右，东北地区产量占比将从 4% 降至 3% 左右，中部地区产量占比将从 35% 降至 33% 左右，西部地区产量占比将从 54% 增至 60% 左右。

第三节 加快淘汰落后产能

淘汰煤炭落后产能是推进产业结构优化升级的重要手段，对转变煤炭发展方式、提高生产力水平具有重要意义。“十二五”期间，我国不断加大小煤矿关闭退出力度，共淘汰落后煤矿 7191 处、产能 5.75 亿吨/年，其中关闭煤矿 4496 处、产能 3.3 亿吨/年，超额完成了目标任务。尽管此项工作取得较大成效，但我国煤炭生产集约化、规模化水平总体仍然较低。截至“十二五”末，全国 30 万吨/年以下小煤矿数量仍有近 6000 处，占煤矿总数量的 60%，其中部分煤矿灾害严重、安全保障能力差、安全事故多发，需要运用市场、经济、法治等综合措施，不断加大淘汰退出力度。

为加快落后小煤矿退出，国发〔2016〕7 号文件提出明确意见，安全监管总局等部门确定的 13 类落后小煤矿，以及开采范围与自然保护区、风景名胜区、饮用水水源保护区等区域重叠的煤矿，要尽快依法关闭退出；产能小于 30 万吨/年且发生重大及以上安全生产责任事故的煤矿，产能 15 万吨/年及以下且发生较大及以上安全生产责任事故的煤矿，以及采用国家明令禁止使用的采煤方法、工艺且无法实施技术改造的煤矿，要在 1～3 年内淘汰。

按照国发〔2016〕7 号文件要求，国家发展改革委、国家能源局、国家煤监局等部门印发《煤炭行业淘汰落后产能专项行动实施方案》，明确淘汰落后产能范围，按照摸底排查、组织实施、督促检查、考核验收等步骤，组织开展淘汰落后产能工作。“十三五”期间，国务院有关部门将督促地方加快工作进度，对依法关闭类和限期淘汰类煤矿，依法依规实施淘汰。

在此基础上，按照煤炭行业优化布局、转型升级的要求，国务院有关部门将引导更多地区主动淘汰 30 万吨/年以下煤矿，力争再纳入化解过剩产能计划一批。加强安全、环保、国土资源等方面的监督检查，通过法治手段，加快落后煤矿退出。力争到2020年，全国煤矿数量控制在6000处左右，120万吨/年及以上大型煤矿产量占80%以上，30万吨/年及以下小型煤矿产量占10%以下，煤炭生产结构进一步优化。

第四节 有序退出过剩产能

在产能明显过剩的情况下，让一部分企业退出生产是市场经济的必然要求。国发〔2016〕7号文件从安全、质量和环保、技术和资源规模、经济和社会效益等方面明确了应予引导退出的煤炭过剩产能范围：

安全方面，煤与瓦斯突出、水文地质条件极其复杂、具有强冲击地压等灾害隐患严重，且在现有技术条件下难以有效防治的煤矿；开采深度超过《煤矿安全规程》规定的煤矿；达不到安全质量标准化三级的煤矿。

质量和环保方面，产品质量达不到《商品煤质量管理暂行办法》要求的煤矿。开采范围与依法划定、需特别保护的相关环境敏感区重叠的煤矿。

技术和资源规模方面，非机械化开采的煤矿；晋、蒙、陕、宁等4个地区产能小于60万吨/年，冀、辽、吉、黑、苏、皖、鲁、豫、甘、青、新等11个地区产能小于30万吨/年，其他地区产能小于9万吨/年的煤矿；开采技术和装备列入《煤炭生产技术和装备政策导向（2014年版）》限制目录且无法实施技术改造的煤矿；与大型煤矿井田平面投影重叠的煤矿。

其他方面，长期亏损、资不抵债的煤矿；长期停产、停建的煤矿；资源枯竭、资源赋存条件差的煤矿；不承担社会责任、长期欠缴税费和社会保障费用的煤矿；其他自愿退出的煤矿。

加快过剩产能市场出清是实现煤炭工业转型升级的必要条件。要把完善煤矿关闭退出机制作为化解过剩产能的重要抓手，切实降低企业退出成本，引导过剩产能有序退出。综合运用安全、质量、环保、能耗、技术、资源规模等政策措施，引导灾害严重、煤质差、能耗不达标、非机械化开采、资源枯竭、长期亏损的煤矿有序退出。认真落实好专项奖补资金等政策，通过兼并重组、债务重组、破产清算、盘活资产等方式，加快过剩产能退出，妥善做好人员安置等工作，分类有序、积极稳妥处置退出企业。积极推进管理人员能上能下、员工能进能出、收入能增能减的国有企业三项制度改革，健全企业员工合理流动机制，拓宽人员退出通道。加快剥离国有煤炭企业办社会职能，尽快移交“三供一业”，解决好历史遗留问题。运用市场化、法治化手段妥善处置煤炭企业债务和不良资产，有效防范和化解系统性风险。建立健全煤炭产能监测体系，及时发布产能数据和行业运行情况，引导企业合理安排建设进度，有序组织生产，增强市场理性。

第五节　积极发展先进产能

在减少煤炭无效供给的同时，应大力提升产能的先进性，不断提高供给质量和效率。

一、完善煤炭先进产能标准

先进产能应体现工艺先进、生产效率高、产品质量优、资源利用率高、安全保障能力强、环境保护水平高、单位产品能耗低、经济效益好等基本要求。为充分发挥先进产能的引领示范作用，有必要研究制定煤炭先进产能标准，通过组织建设、评价认定、政策引导等措施，引领和推动更多煤矿达到先进产能标准，从而提升我国煤炭行业整体生产力水平。目前，中国煤炭工业协会结合行业实际，研究制定了煤炭先进产能评价依据，国务院有关部门将在此基础上，按照相关法律法规和标准管理程序，加快推动煤炭先进产能标准的制定和发布，组织开展先进产能的审核认定工作。

二、加快建设一批高效智能煤矿

受煤炭资源赋存条件和开采技术等因素影响，我国煤炭总体生产效率较低，年人均工效不到澳大利亚、美国等先进国家的十分之一。“十三五”

期间，重点建设一批智能高效的大型现代化煤矿，大力提升劳动效率和安全生产水平，提高全国煤矿先进产能比重，充分发挥先进产能的引领作用。全面实施创新驱动战略，推进技术创新体系建设，大力推广应用高新技术和先进适用技术，提高煤矿机械化、自动化、信息化、智能化水平。创新煤矿设计理念，优化开发布局，简化生产系统，减少劳动定员，实现集约高效生产。积极应用大数据、物联网等现代信息技术，实现生产、管理调度、灾害防治、后勤保障等环节智能感知、预警预报和快速处理，着力提升煤矿技术水平和经济效益。国务院有关部门将进一步完善煤炭产业政策、设计规范、建设标准、产业结构调整指导目录、煤炭生产技术与装备政策导向，推动煤炭行业转型升级。

“十三五”时期是煤炭行业化解过剩产能、加快转型发展，实现由大到强历史跨越的重要机遇期。煤炭行业将牢固树立创新、协调、绿色、开放、共享的发展理念，深入研究和把握能源革命和经济发展新常态的阶段性特征和规律，着力推进煤炭安全绿色开发和清洁高效利用，努力构建集约、安全、高效、绿色的现代煤炭工业体系，全面提升行业发展质量和效益。

第 13 讲　夯实油气资源供应基础

第一节　我国油气资源基础

一、我国石油资源基础

新一轮全国常规油气资源动态评价成果表明，我国陆上和近海海域常规石油地质资源量 1085 亿吨。截至 2015 年底，连续 9 年新增探明石油地质储量超过 10 亿吨，累计探明地质储量 371.7 亿吨，探明程度 34%，处于勘探中期；连续 6 年石油年产量超过 2 亿吨，2015 年全国石油产量 2.14 亿吨。

二、我国天然气资源基础

截至 2015 年底，我国常规天然气地质资源量 68 万亿立方米，累计探明地质储量 13 万亿立方米，探明程度 19%，处于勘探早期。“十二五”期间全国累计新增探明地质储量约 3.9 万亿立方米，2015 年全国天然气产量 1350 亿立方米，储采比为 29。

三、我国页岩气资源基础

我国页岩气资源总体比较丰富，通过“十二五”攻关和探索，南方海相页岩气资源基本落实，页岩气基础地质调查评价取得重要进展，圈定 10 余个有利目标区，并不断在新区新层系中取得重要发现，基本查明南方下古生界地层是近期我国页岩气开发主力层系，为进一步拓展商业性勘探奠定了基础。根据 2015 年国土资源部资源评价最新结果，全国页岩气技术可采资源量 21.8 万亿立方米，其中海相 13.0 万亿立方米、海陆过渡相 5.1 万亿立方米、陆相 3.7 万亿立方米。

全国共设置页岩气探矿权44个，面积14.4万平方公里。通过近年勘探开发实践，四川盆地及周缘大批页岩气井在志留系龙马溪组海相页岩地层勘探获得工业气流，证实了良好的资源及开发潜力；鄂尔多斯盆地三叠系陆相页岩地层也勘探获气。2012年，国家发展改革委、国家能源局批准设立了长宁—威远、昭通、涪陵等3个国家级海相页岩气示范区和延安陆相国家级页岩气示范区，集中开展页岩气技术攻关、生产实践和体制创新。中国石化、中国石油积极推进页岩气勘探开发，大力开展国家级页岩气示范区建设，取得焦页1井等一批页岩气重大发现井，率先在涪陵、长宁—威远和昭通等国家级示范区内实现页岩气规模化商业开发。截至目前，全国累计探明页岩气地质储量5441亿立方米，2015年全国页岩气产量45亿立方米。

第二节　我国石油勘探开发重点

陆上和海上并重，加强基础调查和资源评价，加大新区、新层系风险勘探，深化老区挖潜和重点地区勘探投入，夯实国内石油资源基础。巩固老油田，开发新油田，加快海上油田开发，大力支持低品位资源开发，实现国内石油产量基本稳定。

一、加强基础地质调查和资源评价

深化东（中）部、发展西部、加快海域，重点加强主要含油气盆地的地质勘查。深化成熟勘查区块的精细勘查，加强老油区的新领域深度挖潜。坚持新地区、新领域、新深度、新层位油气地质调查，提交一批后备选区。加强非常规资源地质调查，推动基础理论创新和复杂地区勘查技术突破。东（中）部以松辽和渤海湾等含油气盆地新层系、深层、古潜山、滩海为重点，主要目标为构造—岩性和地层岩性圈闭；西部地区以鄂尔多斯、四川、塔里木、准噶尔、柴达木等含油气盆地的叠合盆地前陆克拉通古隆起为重点，主要目标为大中型构造和地层—岩性圈闭，加强羌塘盆地等新区勘查。海域勘查以寻找新的大中型油气田为目标，重点勘查渤海海域、珠江口盆地北部和北部湾盆地等，加大深水区勘查力度。

二、加强勘探实现石油增储稳产

石油企业要切实加大勘探力度，保障“十三五”勘探工作量投入，实现“十三五”期间新增探明地质储量 50 亿吨左右。东（中）部陆上老油区立足松辽和渤海湾盆地，深化精细勘探、增储挖潜，“十三五”期间力争新增探明地质储量 11 亿吨左右。西部地区以鄂尔多斯、塔里木、准噶尔、柴达木、吐哈盆地等为重点，加快优质资源储量探明，“十三五”期间力争新增探明地质储量 27 亿吨左右。加快海洋油气勘探力度，“十三五”期间新增探明地质储量 12 亿吨左右。

实现国内石油产量基本稳定。稳定松辽盆地、渤海湾盆地等东（中）部生产基地，积极发展先进采油技术，提高原油采收率，努力减缓大庆、胜利、辽河等老油田产量递减趋势，2020 年东（中）部地区实现石油产量 8300 万吨以上。巩固发展鄂尔多斯、塔里木和准噶尔盆地等西部石油生产基地，增储稳产、力争增产，2020 年西部地区实现石油产量 7000 万吨以上。加快海洋油气开发步伐，2020 年海域石油产量 4700 万吨以上。

支持低品位资源勘探开发工程示范和科技攻关。重点开展鄂尔多斯、松辽、渤海湾、新疆、海上等地区的超低渗、致密油（页岩油）、稠油、油页岩、油砂等低品位资源勘探开发工程示范，加强低成本开发技术攻关。

第三节　我国天然气勘探开发重点

按照“海陆并进、常非并举”的工作方针，加强基础调查和资源评价，持续加大国内勘探投入，围绕塔里木、鄂尔多斯、四川和海域四大天然气生产基地，加大新区、新层系风险勘探，深化老区挖潜和重点地区勘探投入，夯实国内资源基础；在加强常规天然气开发的同时，加大致密气、页岩气、煤层气等低品位、非常规天然气科技攻关和研发力度，突破技术瓶颈，实现规模效益开发，形成有效产能接替。

一、加强基础地质调查和资源评价

加强常规、非常规天然气资源调查评价，重点加强主要含油气盆地的地质勘查，进一步深化成熟勘查区块的精细勘查，加强老气区的新领域深度挖潜。坚持新地区、新领域、新深度、新层位油气地质调查，提交一批后备选区。加强页岩气、煤层气等非常规资源地质调查工作，推动基础理论创新和复杂地区勘查技术突破。

二、加快常规天然气增产步伐

（1）陆上常规天然气。以四川、鄂尔多斯、塔里木盆地为勘探重点，强化已开发气田稳产，做好已探明未开发储量、新增探明储量开发评价和目标区优选建产工作，2020 年产量约 1200 亿立方米。加强东部深层勘探开发，保持稳产力争增产。加快鄂尔多斯、四川两大盆地致密气上产步伐，2020 年产量达到 370 亿立方米。

（2）海域天然气。加快勘探开发，力争形成百亿方级天然气生产基地。

三、非常规天然气重点突破页岩气、煤层气

根据工作基础和认识程度不同，全国页岩气区块按重点建产、评价突破和潜力研究三种不同方式分别推进勘探开发。对已有产量或评价效果较好的区块，努力推进和扩大产能建设，发挥大幅提高页岩气产量主力军作用；对已获得工业气流发现的区块，加强开发评价和井组实验，适时启动规模开发；对工作基础较浅区块和大量新区块，强化基础地质条件研究和优选评价，力争取得新突破。

重点建产区主要有：涪陵勘探开发区，位于重庆市东部，目的层为志留系龙马溪组富有机质页岩，已在焦石坝建成一期 50 亿立方米/年产能，并初步落实二期 5 个有利目标区，面积 600 平方公里，地质资源量 4767 亿

立方米；长宁勘探开发区，位于四川盆地与云贵高原结合部，包括水富—叙永和沐川—宜宾两个区块，目的层为志留系龙马溪组富有机质页岩，有利区面积 4450 平方公里，地质资源量 1.9 万亿立方米；威远勘探开发区，位于四川省和重庆市境内，包括内江—犍为、安岳—潼南、大足—自贡、璧山—合江和泸县—长宁 5 个区块，目的层为志留系龙马溪组富有机质页岩，有利区面积 8500 平方公里，地质资源量约 3.9 万亿立方米；昭通勘探开发区，位于四川省和云南省交界地区，目的层为志留系龙马溪组富有机质页岩，目前已落实四个有利区，面积 1430 平方公里，地质资源量 4965 亿立方米；富顺—永川勘探开发区，主体位于四川省境内，目的层为志留系龙马溪组富有机质页岩，已初步落实有利区面积约 1000 平方公里，地质资源量约 5000 亿立方米。

评价突破区主要有：宣汉—巫溪勘探开发区，位于重庆市北部，目的层为志留系龙马溪组富有机质页岩，有利区面积 3000 平方公里，地质资源量约 2000 亿立方米；荆门勘探开发区，主体位于湖北省中西部，目的层为志留系龙马溪组—五峰组富有机质页岩，已在远安等地初步落实有利区面积 550 平方公里，地质资源量 3240 亿立方米；川南勘探开发区，位于四川盆地南部，包括荣昌—永川、威远—荣县两个区块，目的层为志留系龙马溪组富有机质页岩，已初步落实有利区面积 270 平方公里，地质资源量 2386 亿立方米；川东南勘探开发区，位于四川盆地东南部，目的层为志留系龙马溪组富有机质页岩，已在丁山、武隆、南川等地初步落实有利区面积 3270 平方公里，地质资源量 9485 亿立方米；美姑—五指山勘探开发区，位于四川盆地西南部，目的层为志留系龙马溪组富有机质页岩，初步落实有利区面积 1923 平方公里，地质资源量 1.35 万亿立方米；延安勘探开发区，位于鄂尔多斯盆地中部，目的层为三叠系延长组及上古生界山西组、本溪组富有机质页岩，已在下寺湾—直罗、云岩—延川两个有利区落实地质资源量 5630 亿立方米。

通过“十二五”勘探评价，贵州正安区块、岑巩区块、湖北来凤—咸丰区块、湖南保靖区块、龙山区块、重庆城口区块、忠县—丰都区块等一批区块获得了较好的页岩气显示，“十三五”期间继续加大研究评价和勘探开发力度，争取有所突破。

三、保障措施

（一）加大政策支持力度

对非常规、低丰度、深水天然气资源落实差别化税费政策。进一步完善油气资源税费在中央与地方之间的分配方式和比例，促进形成资源开发惠及地方的机制。研究延长页岩气补贴政策并研究给予致密气开发、生物天然气一定财政补贴。清理不适应新形势的政策措施，研究出台推进天然气利用的指导意见。

（二）全面深化油气体制改革

实行勘查区块竞争出让制度和更加严格的区块退出机制，公开公平向符合条件的各类市场主体出让相关矿业权。持续推进新疆油气勘查开采改革试点，总结经验、完善制度并加快向全国推广。加大页岩气矿业权出让，鼓励多元投资主体进入。支持有条件的省（自治区、直辖市）开展天然气体制改革综合试点或专项试点。推动管网运输和销售分离，大力推进基础设施向第三方市场主体开放。理顺资源开发税费关系，改革管道运营企业税收收入分配机制。

（三）进一步深入推进石油企业改革

完善国有油气企业法人治理结构，规范投资管理，强化风险控制，提高项目决策和运营管理水平。优化国有企业考核机制，加强对服务国家战略、保障国家油气供应安全和国民经济运行任务的考核，监管和推动石油企业可持续发展。鼓励具备条件的油气企业发展股权多元化和多种形式的混合所有制。推进国有油气企业工程技术、工程建设和装备制造等业务进行专业化重组，作为独立的市场主体参与竞争，促进内部资源优化高效配置，瘦身健体、降本增效。

（四）持续加大勘探开发工作投入

落实《找矿突破战略行动总体方案（2016～2020 年）》，加大财政资金基础地质调查投入力度，加快资源勘查市场开放，引导和鼓励社会资本投入。油气企业要立足国内，切实保障“十三五”勘探工作量投入不低于“十二五”，加快储量探明和经济高效动用，保障石油产量基本稳定，天然气快速增储上产。

（五）加强科技创新和提高装备自主化水平

依托大型油气田及煤层气开发国家科技重大专项，推动油气重大理论突破、重大技术创新和重大装备本地化，全面实现“6212”（6 大技术系列、20 项重大技术、10 项重大装备、22 项示范工程）科技攻关目标。

第四节　油气管道建设重点

一、推进原油、成品油管网建设

整体规划、科学布局，充分发挥市场在资源配置中的决定性作用，优化管输流向，加强多元供应，提高管输比例和运行效率，有效降低物流成本。原油管道重在优化和提升陆上、海上原油进口能力，成品油管道重在解决区域油品不平衡问题和提高管输比例。依托科技创新，提高管道装备制造和工程技术水平，推进装备国产化，加快实现管道系统智能化、网络化。落实管道第三方公平开放，优先考虑利用现有管道向目标市场输送资源。加强管道保护和安全隐患治理。着力构建布局合理、覆盖广泛、安全高效的现代石油管道网络。

（一）推进原油管道建设

统筹原油管道与炼化基地、储备基地协同发展，保障炼厂原油供应、储备基地收储和动用。

完善和拓展陆上原油进口通道，建成中俄原油管道二线和中缅原油管道国内段，研究完善中哈原油管道增输配套设施，开展中哈原油管道延伸到格尔木项目前期工作。

优化和提升海上原油接转能力，优化码头布局，提高东部沿海原油码头接卸能力，配套建设外输管道。统筹长江经济带管网布局，加快建设沿（长）江主干管道，配套输配体系和仓储设施。开展大亚湾—长岭原油管道项目前期工作。积极鼓励新取得进口配额的原油加工企业通过管道输送进口原油，规划建设海上原油进口管道。

推进其他原油管道建设，统筹国内资源开发，规划新建国内原油输送通道。与规划建设的炼化基地、炼油项目、国储基地等配套新建管道。

实施管道隐患治理及改造，以东北、华北、华南等地区老旧管道为重点，加快实施以新代老、隐患治理等管道改造整改工程。

（二）加快成品油管道建设

就近供应、区域互联。推进东北到华北华中、华南到西南等跨区管道建设，解决油品资源不平衡和运输瓶颈问题。加快布局云南等西南地区、山西等华北地区成品油管道，提高区域成品油管输供应能力。依托长三角炼化基地集群和沿江炼厂，加快完善沿线省内及跨省管道布局，减少长江水路运输。与规划建设的炼油及升级改造项目、煤制油项目、成品油中转库和储备库、航油油库等配套新建管道。统筹军事需求，根据军队油料需求计划和分输地要求，在管道适当位置预留分输口或结合已有站场建设分输设施，改扩建格尔木—拉萨成品油管道。

充分发挥不同运输方式在石油运输中的优势和特点，加强管道运输与公路、铁路、水运等运输方式的高效衔接，提升油品周转效率。在满足管道输送能力规模和管道经济性的前提下，鼓励安排建设替代现有水运、公路、铁路的管道项目，提高成品油管输比例。落实管道第三方公平开放，优先考虑利用现有管道向目标市场输送资源，鼓励企业间油品资源串换等。提升管道运输技术与运行管理自动化水平，提高油品顺序输送能力。

二、加快天然气管网建设

“十三五”是我国天然气管网建设的重要发展期，要统筹国内外天然气资源和各地区经济发展需求，整体规划，分步实施，远近结合，适度超前，鼓励各种主体投资建设天然气管道。依靠科技进步，加大研发投入，推动装备国产化。加强政府监管，完善法律法规，实现管道第三方准入和互联互通，在保证安全运营前提下，任何天然气基础设施运营企业应当为其他企业的接入请求提供便利。

（一）完善四大进口通道

西北战略通道重点建设西气东输三线（中段）、四线、五线，做好中亚 D 线建设工作。东北战略通道重点建设中俄东线天然气管道。西南战略通道重点建设中缅天然气管道向云南、贵州、广西、四川等地供气支线。海上战略通道重点加快 LNG 接收站配套管网建设。

（二）提高干线管输能力

加快向京津冀地区供气管道建设，增强华北区域供气和调峰能力。完善沿长江经济带天然气管网布局，提高国家主干管道向长江中游城市群供气能力。根据市场需求增长安排干线管道增输工程，提高干线管道输送能力。

（三）加强区域管网和互联互通管道建设

进一步完善主要消费区域干线管道、省内输配气管网系统，加强省际联络线建设，提高管道网络化程度，加快城镇燃气管网建设。建设地下储气库、煤层气、页岩气、煤制气配套外输管道。强化主干管道互联互通，逐步形成联系畅通、运行灵活、安全可靠的主干管网系统。

三、保障措施

加强基础设施布局规划与土地利用、环保、水利、城乡规划等相关规划的统筹衔接，健全西北、东北“管廊带”，集约节约利用资源。各省（自治区、直辖市）应统筹油气基础设施用地，确保用地需求纳入各省土地利用总体规划。创新基础设施项目管理机制，开展通过招投标等方式选择投资主体试点工作。加大企业债券等对基础设施建设支持力度。研究推动利用金融手段支持基础设施建设的措施。各省（自治区、直辖市）要简化核准办理手续，支持国家重大基础设施建设。推动基础设施项目在符合条件的前提下向经济欠发达、民族地区、革命老区等优先安排并给予支持。

第 14 讲　探索煤炭深加工创新发展模式

煤化工在我国具有悠久历史，最初主要提供焦炭、电石、合成氨等产品，被称为传统煤化工。自 20 世纪 80 年代，我国重新开始煤液化、气化、甲醇制烯烃、热解等技术研发，先后完成了实验室研究、工程基础研究、工程放大和中间试验等任务。进入 21 世纪后，我国加快了先进煤炭转化技术产业化的步伐，产品拓展到油品、天然气、烯烃等更高附加值产品。

"十一五""十二五"期间，我国煤制油、煤制天然气、煤制烯烃等示范工程逐步进入连续稳定运行，煤炭深加工产业发展已经初具规模，验证了自主技术可行性，获得了一定的经济效益，同时也带动了一批技术研发企业，培养了专业人才队伍。自 2014 年下半年起，国际油价大幅下降，国内能源需求增速放缓，加之国内环境保护力度加大，碳减排持续深入推进，能源供给侧改革步伐加快，煤炭深加工产业面临的形势更加复杂。市场主体对建设煤炭深加工项目的态度已由之前的热情高涨趋于冷静和理性。"十三五"将是我国煤炭深加工产业巩固已有成果，迈向更高发展水平的关键阶段。

第一节　发展煤炭深加工的重大意义

一、煤炭深加工是保障国家能源安全的战略需要

2015 年，我国原油净进口量达到 3.4 亿吨，为世界第二大原油进口国，对外依存度超过 60%；天然气净进口 590 亿立方米，对外依存度达到 32.7%。不断攀升的能源对外依存度，影响着我国的能源安全。

煤炭的能源消费主体地位长期难以改变。煤炭深加工产业通过先进清

洁高效技术将煤炭转化为清洁能源及化工产品，是我国清洁能源领域的战略性新兴产业。随着各核心技术和系统技术的不断发展与完善，煤炭深加工有望进行大规模产业化应用，将部分替代和减少我国石油天然气消费，促进石化行业原料多元化，有效保障我国能源安全。

二、煤炭深加工是煤炭清洁高效转化的有效途径

当前，我国煤炭消费约占能源消费总量的 2/3，煤炭消费中直接燃烧的比重达 3/4，煤炭直接燃烧污染物排放强度高、治理困难，已经成为部分地区生态环境恶化的主要因素。

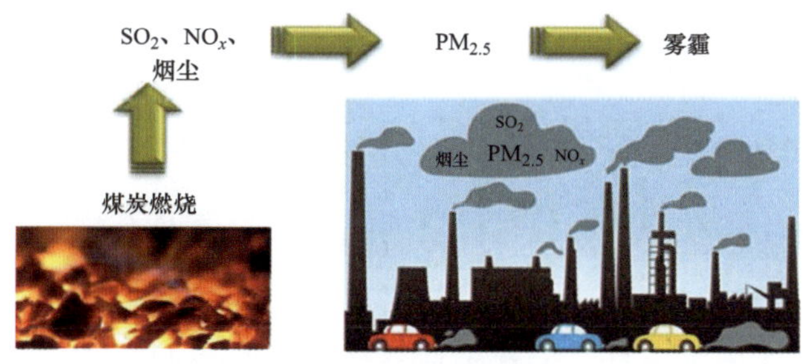

煤炭燃烧产生污染物

现有的工业项目实际运行数据表明，煤炭深加工在 SO_2、NO_x、固体颗粒物、重金属及 CO_2 排放上，可以做到更清洁高效转化，减少雾霾和 $PM_{2.5}$ 对环境的影响，原料煤中的有效元素可转化为高附加值的化学品及能源产品，工艺中产生的 CO_2 浓度高、易捕集封存与综合利用。

煤炭深加工将煤炭作为原料，充分利用煤中各种有机组分和无机矿物，生产油品、天然气、烯烃、芳烃、硫磺、氧化铝、环保建材等产品，工业增加值率在 40%～50%，远高于工业行业平均水平（25%），可有效提高资源综合利用效率和煤炭转化经济效益，实现煤炭清洁高效转化，促进我国煤炭产业转型升级。

三、煤炭深加工是推动产业结构调整的重要手段

2015 年以来，煤炭经济运行形势趋于严峻，市场价格持续下跌，企业

亏损面进一步扩大。与此同时，绿色发展对煤炭行业提出了转型升级要求。煤炭深加工是拉长传统煤炭产业链的有效途径，是煤炭清洁高效转化的重要方向，其发展能够带动煤炭行业产业结构优化升级。发展煤炭安全绿色开发和清洁高效利用，是煤炭工业发展的必由之路。

煤炭深加工能够与传统石化行业协同发展，利用煤制油产品有别于石油基产品的特点，与石油基产品调和，为油品质量达到国五和国六标准做出贡献；利用煤炭深加工生产特点，相对低价地生产氢气、乙烯、丙烯气等，为炼厂提供较便宜的氢气，可有效促进油品加工成本下降。同时拉动机械制造等相关配套行业的发展，带动三相静设备、耐磨泵阀、大型压缩机等装备制造业的发展壮大。

四、煤炭深加工是石化原料多元化的重要支撑

我国工业化和城镇化进程对清洁油品、天然气及石化基础原料有巨大的刚性需求。公众对改善环境质量的需求，使油品质量升级刻不容缓。煤制油可提供清洁优质油品，丰富成品油的多元化原料供应。国内天然气需求增长迅速，发展煤制天然气可作为其有效补充。乙烯、丙烯、对二甲苯、乙二醇等化工品当量消费仍存在较大缺口，煤炭深加工可为石化原料多元化发展提供重要支撑。

五、煤炭深加工是带动区域经济发展的重要抓手

煤炭深加工产业具有资源、技术、资金、人才密集等特点，工业增加值是煤炭直接销售的4～15倍。“十二五”期间，我国煤炭深加工产业实现总投资超过3500亿元，2014年利税超过140亿元，直接创造5万个以上的就业岗位，间接创造几十万个就业岗位，带动了资源地区将资源优势转化为产业经济优势，拉动了区域社会经济发展。“十三五”期间，煤炭深加工产业总投资预计将超过7000亿元，利税总额超过600亿元，煤炭深加工升级示范项目的建设将有效促进中西部地区资源优势向经济优势转化。

第二节　我国煤炭深加工现状

一、产业初具规模

自2008年我国第一套煤直接液化示范项目投产以来，截至“十二五”末，我国已建成4套煤制油、3套煤制天然气、20套煤（甲醇）制烯烃、12套煤制乙二醇和3套低阶煤分质利用示范项目，煤炭深加工产业已初具规模。

截至2015年底，我国煤制油、煤制天然气、煤制烯烃（包括甲醇制烯烃）产能分别达到254万吨/年、31亿立方米/年、862万吨/年，2015年产量分别为115万吨、18.8亿立方米、648万吨。煤（甲醇）制烯烃和煤制乙二醇的产能已分别占国内总产能的16.9%和29.4%。

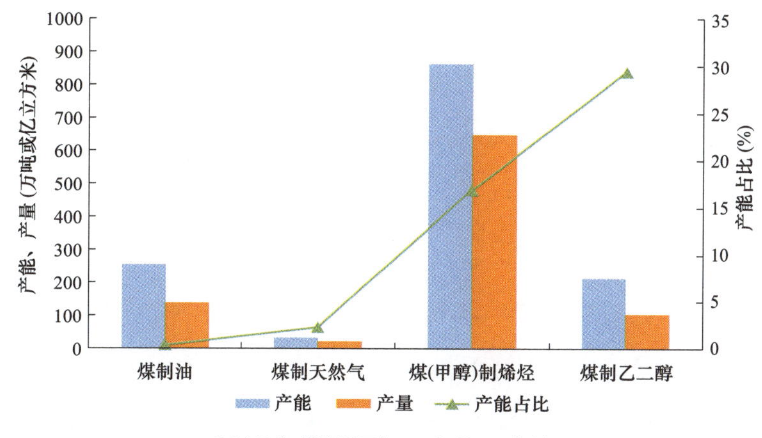

2015年煤炭深加工产能及占比

煤炭深加工产业现有产能消耗标准煤约3600万吨/年，“十三五”末预计消耗标准煤约为1.1亿吨，占届时我国煤炭消费的3%左右。

二、示范项目技术水平不断提高

神华108万吨/年煤炭直接液化示范工程于2008年投入工业化运行，它是当今世界上第一个百万吨级工业化示范装置，适合于生产大比重、高热值、超低凝点的航空航天、军用等特种油品。随着运行的不断完善，项目吨产品水耗已从 10 吨降至 5.8 吨，2016 年初通过国家环境保护部的环保验收。

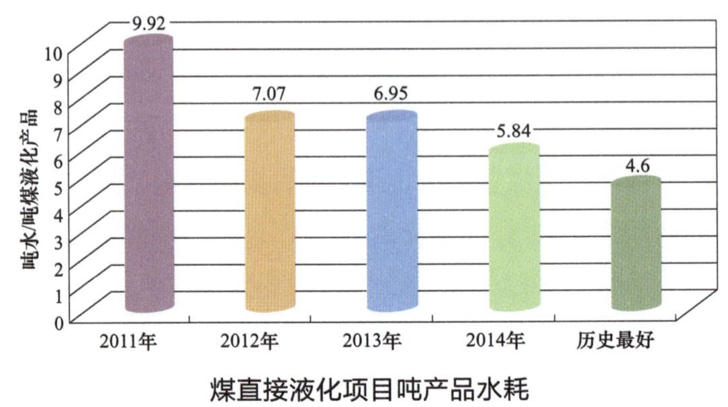

煤直接液化项目吨产品水耗

伊泰 16 万吨/年煤间接液化项目已连续稳定运行 6 年，各单元生产负荷均达到或超过设计能力。生产的油品低硫、低芳烃，柴油十六烷值高，可有效降低车辆污染物排放。

神华包头煤制烯烃项目是世界上第一套以煤为原料，经甲醇生产烯烃的示范项目，已连续稳定运行 5 年。项目吨产品综合能耗已从 3.6 吨标准煤降至 3.3 吨标准煤，吨产品水耗下降 25%。

三、关键技术装备自主化水平显著提高

自主知识产权的关键技术和装备水平显著提升。我国先后开发了“多喷嘴对置式水煤浆气化”“航天粉煤加压气化”“清华水冷壁水煤浆气化”等一批先进煤气化技术，大型空分、大型压缩机的研发、设计和制造能力不断提高，并开始用于大型煤化工项目。

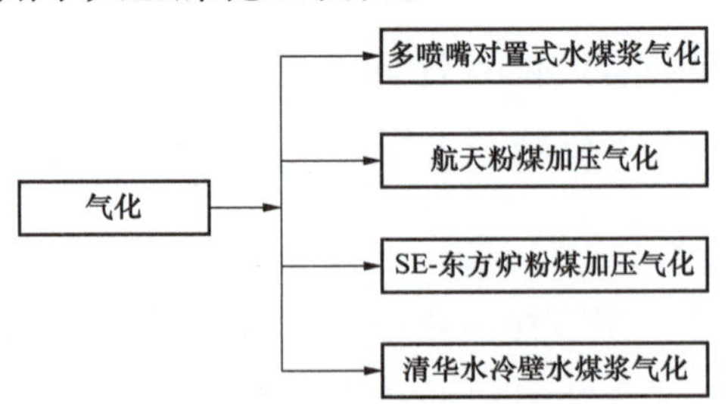

我国自主研发的主要气化技术

一批先进的合成技术达到世界先进水平。神华煤直接液化工艺和催化剂技术、新一代高温浆态床 F-T 合成煤炭间接液化工艺和催化剂、甲醇制取低碳烯烃（DMTO）工艺技术及煤制乙二醇工艺技术等均已实现工业化，并应用到示范工程中。

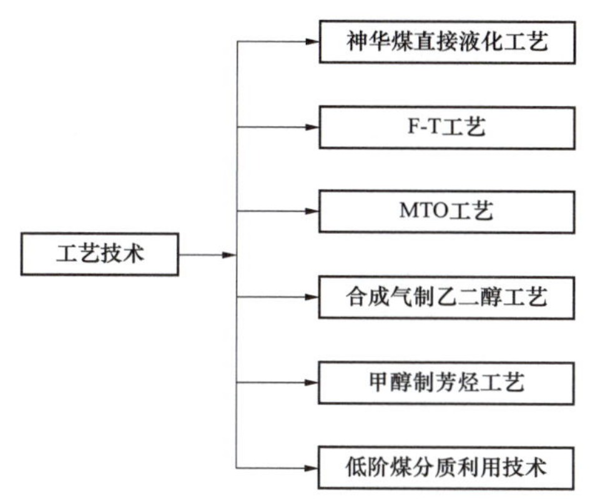

我国自主研发的主要工艺技术

四、煤炭深加工基地化格局初步形成

以内蒙古鄂尔多斯、宁夏宁东、陕西榆横、新疆准东、伊犁等煤炭深加工基地化格局初步形成，多数基地包含了煤炭开采、煤炭深加工等上下游关联产业，或与石化、电力等产业实现联产。

五、产业发展存在的问题

煤炭深加工是新兴产业，仍处于产业化初级阶段，一些技术、系统及管理上的问题有待进一步解决和完善。

（一）工艺技术需进一步完善

已建成投产的示范项目侧重于对关键工艺技术进行验证和工业化示范，全厂工艺系统仍具有优化提升空间。系统中或多或少存在瓶颈，部分装置的公用工程设计余量较大，节能、节水、环保措施不够完善。高浓度污水、浓盐水、水系统处理技术需要进一步改进和优化。结晶盐、蒸发塘底泥无害化等固废处理技术还需要不断探索。

（二）示范项目建设秩序有待规范

高油价时代，煤炭深加工产业存在一哄而上的现象，部分已核准的项目存在批大建小、进度滞后、工程造价超概算等问题。部分省区则存在项目争取积极、后续协调不足、跟踪服务不够等问题，已启动前期工作的项目在落实煤炭资源、水权置换、排污指标等配套条件方面存在一定困难。

（三）企业运营管理水平有待提高

示范项目承担单位大多来自煤炭、电力、传统化工等领域，对技术密集、工艺复杂的煤炭深加工产业深入研究不够，建设、运营管理可借鉴的经验有限，对油气和石化产品市场规律把握不足，示范效果与预期存在差距，总体风险控制水平有待提高。

（四）产业支撑体系有待健全

符合煤炭深加工产业特点的设计理念和体系有待建立，技术装备的定型化、标准化、系列化有待提高，工程设计、建设、产品、安全、环保等标准规范需加快制修订进度，以支撑产业健康发展。

第三节　“十三五”实现煤炭深加工产业健康发展的路径

一、积极促进产业多种模式示范

“十三五”期间，煤炭深加工将重点开展煤制油、煤制天然气、低阶煤分质利用（多联产）、煤制化学品、煤炭与石油综合利用5类模式以及通用技术装备的升级示范。

注重和发挥煤炭深加工产品自身特点，重点在煤制油、煤制天然气、煤制重要化学品、低阶煤分质分级利用和煤炭与石油化工耦合利用5个方向上，与石油天然气及传统石化错位布局、差异发展。

二、重点发展超清洁油品及特种油品

煤制油品中硫含量低于1毫克/千克，远低于国四标准的50毫克/千克

和将于2017年实施的国五标准的10毫克/千克；2015年，煤直接液化油品陆续通过军用飞机和航空燃料试飞试验。经研究论证，煤制油品适宜作为优质调和组分及特种油品，在防治大气污染、保障国防安全等方面可发挥重要作用。

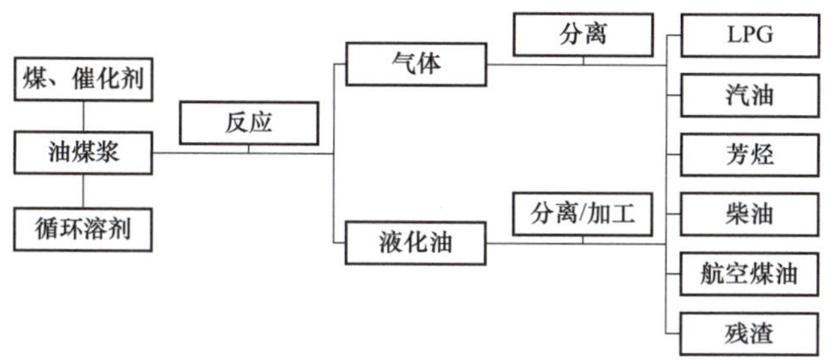

煤直接液化工艺流程示意图

开展低温费托合成油生产高附加产品以及高温费托合成技术工业化示范，优化产品结构，更多地生产超清洁汽油以及高品质石蜡、溶剂油、α-烯烃、高档润滑油等高附加值产品。开发新型费托合成催化剂，提高目标产品选择性，简化后续产品加工流程。

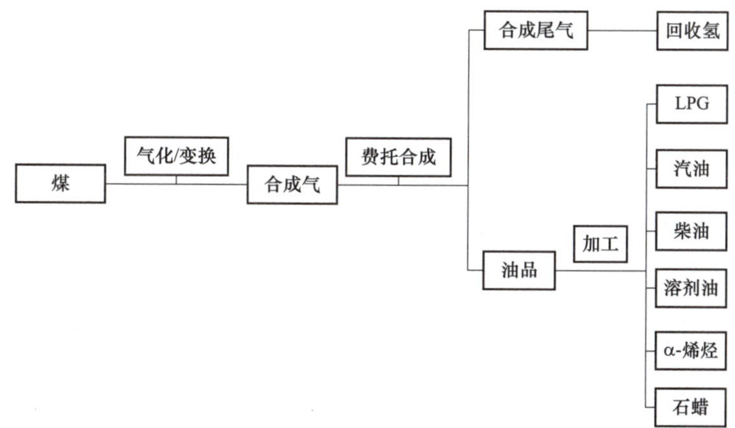

煤间接液化工艺流程示意图

加强煤直接液化和间接液化技术、低温费托合成和高温费托合成技术集成，实现产品优势互补，进一步提高能效，降低成本。

三、重点发展煤制天然气

煤制天然气生产过程能源转化效率相对较高，"十三五"时期重点优化升级现有工艺流程，确保项目"安稳长满优"运行，在新疆、鄂尔多斯盆地等煤炭资源丰富地区形成规模化产能，配套建成长距离输气管道工程，使之成为替代城市分散燃煤、满足清洁能源需求、防治大气污染的重要手段，解决边远地区煤炭远距离输送问题。

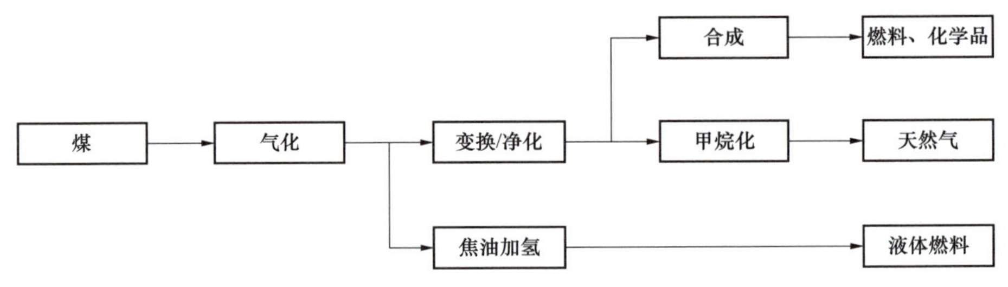

煤制天然气工艺流程示意图

四、支持延伸煤制重要化学品产业链

利用我国煤制烯烃、煤制芳烃、煤制乙二醇等较为成熟的工艺技术优势，适度推进项目建设，同时进行煤制芳烃百万吨级工业示范和 50 万吨级煤制乙二醇工业示范，以及开发合成气制高碳伯醇等技术和合成气一步法制烯烃、乙醇等技术；改变石化原料来源单一的局面，降低石化产品成本，进一步提升我国基础石化产品自给率，提高基础石化产品的国际竞争力，形成与传统石化产业互为补充、有序竞争的市场格局，促进下游有机化工及精细化工等产业健康发展。

五、鼓励探索低阶煤分质分级利用新途径

针对一些具有高活性、高焦油产率等特点的低阶煤炭，通过一系列技术创新和工程示范，探索形成"油、气、化、电"多联产的高效率、高效益、低污染的产业升级新路径，提升煤炭清洁高效利用整体水平。

研发清洁高效的低阶煤热解技术，开展百万吨级工业化示范；同时，加强热解与气化、燃烧的有机集成，开发气化—热解一体化技术和热解—

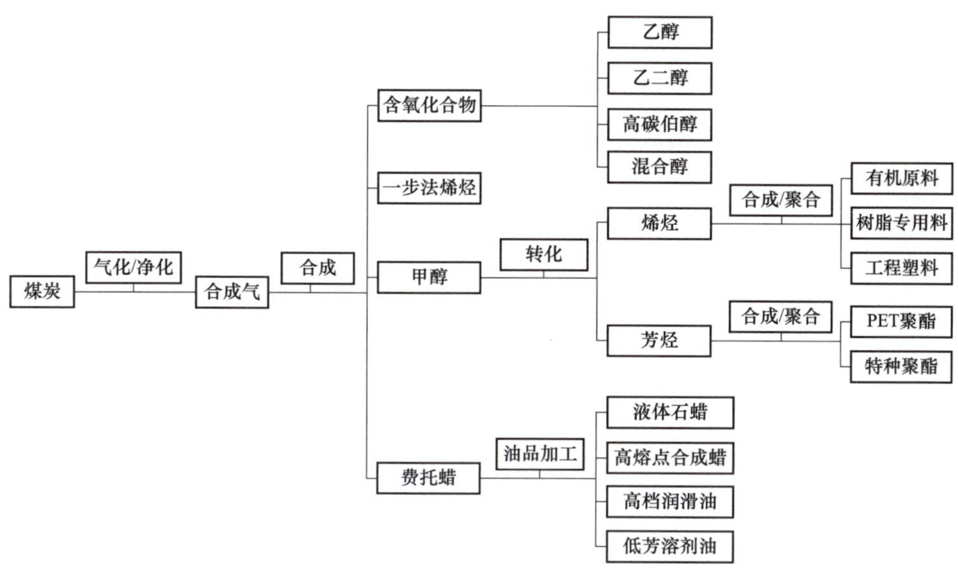

煤制化学品工艺流程示意图

燃烧一体化技术，配合中低热值燃气轮机或适应性改造后的燃煤锅炉，开展焦油—电力联产的工业化示范。

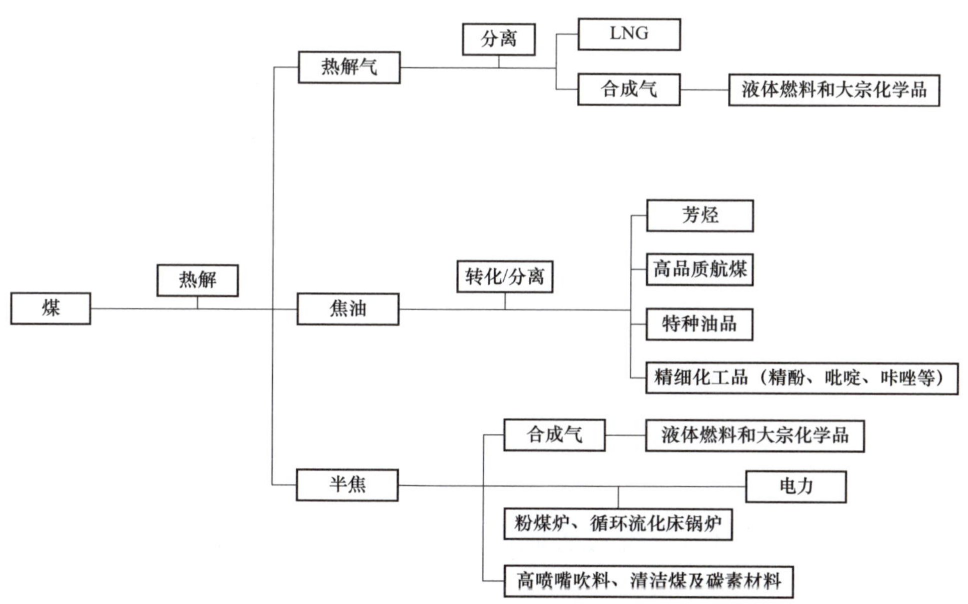

低阶煤分质利用工艺流程示意图

六、鼓励探索煤炭与石油化工耦合利用新模式

针对煤、油能源氢、碳元素互补，炼厂升级改造等情况，探索煤化工和石油化工产业有机结合新途径，通过发展煤气化、费托合成、油煤共炼等技术，为炼厂提供氢源和超清洁成品油，实现煤基油品与石油基油品的调和，快速提高成品油质量；使二者在原料、产品上交叉互供，推动煤化工与石化的跨行业产能与技术合作，实现产业深度融合和双赢发展。

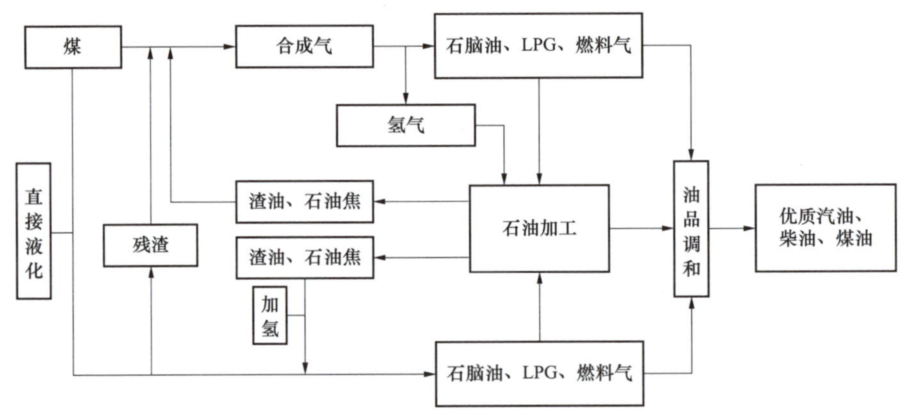

煤炭与石油化工耦合利用示意图

七、鼓励发展通用技术

通用技术是煤炭深加工项目的重要组成部分，对合成及下游加工起到重要支撑作用。通用技术的进一步发展、优化及与关键技术的合理匹配，将有助于提高项目运行稳定性和能源转化效率，降低生产成本。

“十三五”期间，将重点从优化公用工程系统、公用工程与工艺系统匹配性、气化技术大型化、节水技术、环保技术和设备大型化、国产化方面推进煤炭深加工通用技术发展。

第四节　统筹协调煤炭深加工与环境保护

煤炭深加工产业主要布局在中西部地区，其中鄂尔多斯盆地、新疆伊

犁和准东地区的项目较为集中。除新疆伊犁外，大多数地区水资源开发利用程度高，水资源供需矛盾较为突出，并且没有纳污水体。而煤炭深加工单个项目规模大，需要取水量较大，气体、液体、固体、污水处理过程中产生的结晶盐较多。

一、重视废气处理工作

煤炭深加工项目废气治理措施一般落实良好，尤其是酸性气硫回收、焚烧炉、燃煤电站烟气处理效率可达到设计水平，与燃煤发电项目相比，在大气污染防治方面有显著优势，其单位耗煤量对应的废气中 SO_2、NO_x、烟尘、重金属排放量远远低于燃煤发电项目，并能够回收硫磺资源（可达 99. 85%～99. 88%）。

煤炭深加工与电厂污染物排放对比表

污染物	煤化工	燃煤发电
SO_2、H_2S 等	硫回收率达 99. 9% 以上，生产硫磺或硫酸产品	脱硫效率在 90%～98%，产生大量脱硫石膏，部分地区难以利用
氮氧化物	采用纯氧气化，空气中氮气不参与反应，几乎不产生氮氧化物	锅炉采用空气燃烧，高温燃烧产生大量氮氧化物
烟尘	主要来自堆煤、备煤干燥等环节，工艺过程基本没有排放	主要来源为烟囱排放、煤堆和备煤过程等，除尘效率可达 99. 9% 以上
CO_2	工艺过程浓度高（约 70%～98%），有利于捕集与封存	浓度低（小于 20%），捕集与封存难度极大
汞	大部分进入灰渣水，仅有极微量汞排入大气	现行排放标准为 0. 03 毫克/立方米，2012 年排放量约为 2000 吨

优化煤炭深加工产业布局，必须将大气环境容量作为重点考虑因素。如果布局在同类污染源较多的化工园区（如山西潞安煤制油项目，所在园区周边焦化企业众多，大气环境质量现状超标，煤化工污染特征显著）必须首先从削减园区大气污染源入手，腾出大气环境容量。如果周边同类污染源项目较少，应考虑大气环境承载能力，满足大气环境容量。还需避免

因工艺技术选择不当或工艺与煤种不匹配而造成的环保问题。

二、加强废水处理示范

废水处置是现代煤化工项目的主要环保问题。现代煤化工项目集中在西部，普遍没有纳污水体。煤化工项目废水水质复杂，水处理工艺流程长，且废水水质与煤质、运行工况密切相关。“十二五”期间，煤炭深加工项目在废水处理方面开展了大量研究和工业示范，在高浓度有机废水、高浓盐水处理方面已经走在了化工行业的前列。

◉ 案例1：神华鄂尔多斯煤直接液化项目实现近零排放

通过不断探索和努力，神华鄂尔多斯煤直接液化项目通过了国家环境保护部的环评验收，项目实现了废水的“近零排放”，直接液化项目高浓度污水预处理（高效催化氧化和臭氧氧化）及污水深度处理改造建成投用以来，全厂污水净化水回用率达到98%以上，公司除每天约300吨浓盐卤需要排向蒸发塘外，再无其他污水进入蒸发塘。

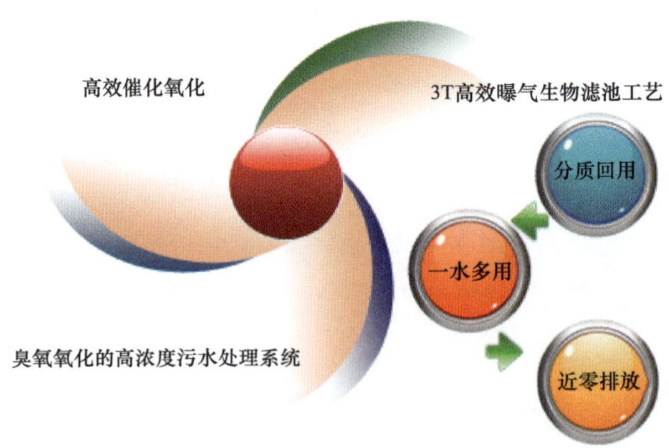

神华鄂尔多斯煤直接液化项目废水处理思路

◉ 案例 2： 神华包头煤制烯烃项目通过环境保护部的环评验收

神华包头煤制烯烃项目实现了废水达标排放。根据中华人民共和国环境保护部《关于神华煤制烯烃项目竣工环境保护验收意见的函》（环验〔2013〕62 号），神华包头煤制烯烃项目“污水总排口（浓盐水排口）各检测因子监测值均符合《污水综合排放标准》（GB 8978—1996）一级标准要求。灰场上游地下水监测结果均符合《地下水质量标准》（GB/T 14848—1993）Ⅲ类标准限值”。

包头主要污染物实际排放值与标准值对比情况

排放点	主要污染物	执行排准限值	2016 实际排放值
硫回收尾气排放	SO_2	960 毫克/立方米	550 毫克/立方米
锅炉烟气排放	SO_2	200 毫克/立方米	60 毫克/立方米
	NO_x	100 毫克/立方米	50 毫克/立方米
	烟尘	30 毫克/立方米	20 毫克/立方米
工业废水排放	化学需氧量 COD	100 毫克/升	60 毫克/升
	氨氮	15 毫克/升	2 毫克/升

◉ 案例 3： 新疆庆华煤制天然气项目正在实施废水近零排放工程

新疆庆华煤制天然气项目含盐废水目前依靠蒸发塘进行最终处理，多效蒸发装置正在建设中，待装置投用后，将按照要求停用蒸发塘，预计将实现近零排放。

“十三五”期间，煤炭深加工产业仍需要加强废水处理的环保示范，强化清污分流、污污分治、深度处理、分质回用的污水处置方案，优选推广工艺成熟的污水处理集成技术，避免因水处理工艺不合理而造成的污染问题。

三、继续探索结晶分盐技术

煤炭深加工项目的废渣主要包括气化灰渣、污水厂三泥、废催化剂、杂盐等。其中，气化灰渣占废渣总量的比例超过 90%，与一般电厂的吨煤灰渣量相当。灰渣成分中，约 50% 为 SiO_2，30% 为 Al_2O_3 和 CaO，剩下 20% 为 Fe_2O_3、K_2O 等，属于一般固废，目前采用与电厂同样的灰渣处置方式。污水厂三泥和废催化剂占比一般小于 10%，作为危废交给有资质的企业进行妥善处理。

目前较难处理的是浓盐水结晶后的结晶盐。目前大唐克旗煤制气、中煤图克等企业已经实现了结晶杂盐的生产，但产生的结晶盐目前尚无妥善的处置方式，目前主要是将其暂时在厂内堆存。一些拟建煤炭深加工项目本着结晶盐资源化的原则提出了结晶分盐的方案，但目前技术尚不成熟，有待工业化验证。长远看，随着技术的进步，结晶分盐技术有可能实现工业技术的突破，变废为宝。

四、充分发挥煤制天然气替代散烧煤的环保效益

煤制天然气替代民用散煤、工业锅炉和工业窑炉用煤，可有效解决用煤方式粗放、难以脱硫、脱硝、除尘和大量污染物直接外排的问题。“十三五”期间，优先在京津冀、长三角、珠三角地区以及大气环境质量严重超标城市和耗煤量大的城市与区域使用，可以大大降低污染物排放。

五、推广煤制油清洁油品，助力解决雾霾问题

煤制清洁油品具有硫、氮、烯烃、芳烃含量低等特点，清洁程度优于国五标准车用油品，有利于减少机动车污染物的排放。可为大气污染物防治重点城市提供国六及以上标准油品。伊泰集团在北京怀柔的测试表明，煤制清洁柴油技术指标符合并优于京五柴油标准，与国四柴油相比，在法定检测指标和非法定检测指标方面均有显著降低，颗粒物 PM 的降低比例达到 54.5%，具有很大环保优势。

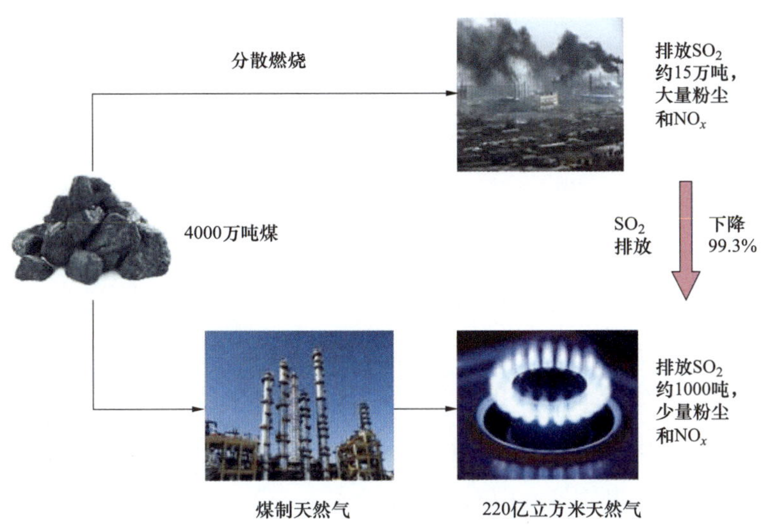

煤制天然气替代散煤燃烧的环保效益

煤制油项目减少SO_2排放的环保效益测算

项目类型	发展规模（万吨）	对应耗煤量（万吨）	煤制油的SO_2排放（吨）	国四柴油的SO_2排放（吨）	减排量（吨）
煤制油	1000	3300	22	1084	1062

注 煤制油柴油 S 含量为 1ppm（百万分比浓度），国四柴油 S 含量为 50ppm。

第 15 讲　完善能源储备体系建设

第一节　石油储备现状、问题、目标及发展重点

能源是国家经济命脉，能源安全事关国家安全，建立能源储备应急体系，确保能源稳供，应对国际国内能源市场各类突发性事件冲击，满足人民物质文化生活不断改善的需要，仍是“十三五”时期我国能源发展面临的一项战略性问题。

一、我国石油储备现状

我国采取政府储备与企业储备相结合的方式建立国家石油储备体系，国家石油储备由政府储备和企业储备组成。

我国石油储备管理模式责任清晰、分工明确，有效地推动了国家石油储备建设发展，使其从无到有、从小到大，规模和水平不断提高，已初步建立起多层次的石油储备体系。

截至 2016 年初，共建成 8 个国家石油储备基地。其中地面库 7 个，分别为舟山、镇海、大连、黄岛、独山子、兰州、天津国家石油储备基地；地下水封洞库 1 个，为黄岛国家石油储备洞库。

同时，按照习近平主席在二十国集团（G20）布里斯班峰会上的讲话要求，2014 年第四季度至今，我国先后三次发布石油储备数据，在致力维护国际石油市场稳定、促进市场透明公平方面赢得了广泛的国际声誉。

二、我国石油储备面临的问题

“十三五”期间，我国石油储备在已经建立的多层次体系基础上，进一步发展目前面临着如下问题：

（1）石油储备立法进程需进一步加快。尽管《国家石油储备条例》

已于2016年5月公开征求社会意见，但由于石油储备立法涉及面广，立法进程总体较慢。目前，石油储备立法仍有待进一步修改完善。

（2）企业义务储备尚未建立。国家石油储备体系应通过立法渠道建立健全，应在法理上加以明确、规范，以便依法实施。但在目前石油储备立法迟迟难以出台的情况下，企业义务储备亦无法建立。

三、我国石油储备发展重点

“十三五”是我国石油储备建设的重要时期，也是探寻可持续发展之路的转承阶段。在此期间，我国石油储备的发展重点包括以下几个方面：

（1）通过立法推进建立企业义务储备。企业义务储备是能否实现国家石油储备目标的关键因素。需加速出台《国家石油储备条例》的进程，通过立法渠道为企业义务储备的建立提供法理依据。

（2）提高石油库存数据发布频次。按照习近平主席在二十国集团（G20）布里斯班峰会上的讲话精神，今后将有序提高我国石油库存数据的发布频次，扩大我国石油储备数据的国内、国际社会影响力。

（3）继续加强储备领域国际合作。深化与美国、沙特、韩国的交流机制，履行国际能源署（IEA）联盟国成员职责，积极参与“东盟+3”能源安全论坛及石油储备路线图、亚太经合组织（APEC）油气安全网络论坛等多边机制，适时适度对外推广我国石油储备技术管理经验，将国家石油储备建设成为我国能源领域国际合作重要战略手段。

第二节　天然气储备现状、问题、目标及发展重点

一、我国天然气储备现状

天然气储气设施同输气管网相连，是天然气输气管网重要的组成部分，是保障天然气安全、稳定供应的重要手段。“十二五”期间我国累计建成地下储气库7座，新增工作气量37亿立方米。截至2015年底，建成地下储气库18座，工作气量55亿立方米。

二、存在问题

截至2015年底，国内地下储气库形成工作气量55亿立方米，不足国内天然气消费量的3%，距离国际平均水平有较大差距。小型LNG、CNG储罐等城市应急调峰设施严重不足。国内天然气价格未完全市场化，峰谷气价机制有待进一步落实，第三方购买储气调峰服务、气量等相关辅助服务机制还未建立，企业建设和运营储气调峰设施投资压力大、积极性不高。

三、发展目标和发展重点

围绕国内主要天然气消费区域，在已初步形成的京津冀、西北、西南、东北、长三角、中西部、中南、珠三角等八大储气基地基础上，加大地下储气库扩容改造和新建力度，支持LNG储气设施建设，逐步建立以地下储气库为主，气田调峰、CNG和LNG储备站为辅，可中断用户调峰为补充的综合性调峰系统，建立健全由供气方、输配企业和用户各自承担调峰储备义务的多层次储备体系。到2020年形成地下储气库工作气量148亿立方米。依据全国天然气管网布局建设储气设施，在长输管道沿线应配套建设地下储气库，地下储气库和LNG接收站要与全国天然气管网相联通，发挥各自优势，确保供气安全。有序发展LNG接收站调峰，鼓励现有接收站新增储罐、泊位，扩建增压、气化设施，提高接收站储转能力。建设LNG调峰站、CNG调峰站等调峰设施，加快建立和完善城市应急储气调峰设施，鼓励多种主体参与储气能力建设。加强需求侧管理，利用调峰气价、阶梯气价等价格手段，拓展可中断用户，激励各类用户参与调峰。

四、保障措施

明确各自储气调峰责任，积极建立以地下储气库、气田、LNG、可中断用户多种方式结合的综合储气调峰体系。放开储气地质构造的使用权，拓宽地下储气库投融资渠道，鼓励各方资本参与地下储气库建设，创新地

LNG 站库

下储气库建设和运营模式。各地政府要加强储气调峰设施统筹规划与实施，优先保证储气调峰设施建设用地需求，在土地征用以及调峰储备设施与城市管网连接等方面出台支持政策。

第三节 健全煤炭储配体系

近年来，我国煤炭需求一直处于高位平台期，生产开发布局加速西移，西煤东调、北煤南运以及煤炭大规模、长距离调运格局没有改变。由于各种运输方式之间衔接不畅、储配设施不完善，个别时段局部地区煤炭供应紧张情况时有发生，亟需健全煤炭储配体系，提高煤炭供应的稳定性和可靠性，满足国民经济发展对煤炭的需要。鉴于此，《规划》提出，推进大型煤炭储配基地和煤炭物流园区建设，完善煤炭应急储备体系。

一、推进大型煤炭储配基地和煤炭物流园区建设

（一）发展现状

2013 年，国家发展改革委印发《煤炭物流发展规划》（2013～2020 年），结合国家煤炭应急储备建设布局，依托煤炭陆路和水路运输通道条件，在主要消费地、沿海沿江主要港口和重要铁路枢纽，规划建设了 11 个大型煤炭储配基地。其中，长株潭、环鄱阳湖、泛武汉、中原、成渝 5

个基地，重点加强煤炭储配能力建设，保障稳定供应；环渤海、山东半岛2个基地，重点加强配煤和下水能力建设；长三角、海西、珠三角、北部湾4个基地，重点加强港口接卸和配送能力建设。同时，在大型煤炭储配基地内，按照合理辐射半径，规划建设了一批年流通规模2000万吨级物流园区。

目前，我国大型煤炭储配基地和物流园区已初具规模。初步统计，截至2015年底，11个基地内已累计完成投资380多亿元，基地内煤炭静态储备能力约7000万吨/年，煤炭流通规模约7亿吨/年。规划建设的一批物流园区中，已运营的有16个，在建的有5个。物流园区内基础设施根据功能不同而呈现出多样化的特点，沿海沿江转运园区呈现泊位深水化、设备设施大型化趋势，内陆集散园区呈现加工设备智能化、配套设施集约化趋势。

（二）主要问题

近年来，受经济增速放缓、能源结构调整、跨区域特高压输电等因素综合影响，煤炭消费需求出现下滑，并沿供应链进一步传导至物流环节，造成煤炭物流市场低迷，企业盈利水平下降，物流园区经营较为困难，市场主体进一步投资建设煤炭储配基地的积极性不高，基础设施建设进度放缓。同时，煤炭储配基地和物流园区自身发展仍存在一些薄弱环节，园区内服务主体“小、散、弱”，综合服务能力不强；整体技术装备水平低，运行效率不高；人才培养机制不健全，复合型人才紧缺，难以适应行业快速发展需要。

（三）发展目标

到2020年，我国大型煤炭储配基地和物流园区建设进一步加强，11个基地内煤炭静态储备能力达到9000万吨/年，煤炭流通规模达到9亿吨/年，整体运行效率和技术水平显著提高，基本形成制度健全、配套可靠、功能齐备、绿色高效的煤炭储配体系。

专栏：大型煤炭储配基地和物流园区

大型煤炭储配基地

环渤海、山东半岛、长三角、海西、珠三角、北部湾、中原、泛武汉、长株潭、环鄱阳湖、成渝。

大型煤炭物流园区

锦州、秦皇岛、京唐港、曹妃甸、天津、黄骅、青岛、日照、龙口、宁波—舟山、镇江、靖江、芜湖、罗源湾、莆田、广州、珠海、防城港、北海、南阳、荆州、岳阳、九江、万州。

（四）发展重点

“十三五”期间，全面统筹存量调整与增量优化，根据全国煤炭生产开发布局，结合煤炭供需形势变化和运输通道建设投运情况，适时调整优化煤炭储配基地及物流园区的空间布局与功能定位，不断增强煤炭稳定供应能力。继续加大政策支持力度，落实煤炭仓储设施应享受的大宗商品仓储设施用地土地使用税政策，支持将国家煤炭物流规划项目用地纳入各级土地利用总体规划，鼓励优势企业整合分散的煤炭物流资源，引导金融机构加大对煤炭物流企业的资金支持力度，加大对煤炭绿色储运、配煤等关键技术自主研发支持力度，鼓励培养高端煤炭物流人才，为加快煤炭储配基地和物流园区健康发展营造良好的外部环境。

二、完善煤炭应急储备体系

2011 年初，为解决我国煤炭应急保障能力不足的问题，国家启动煤炭应急储备建设。按照“企业所有、国家调节，市场运作、财政补助，合理布局、分步实施”的原则，国家委托大型煤矿和电力企业，利用现有港口和储煤场地，在规划的储备点和储备期内，增加一定数量的煤炭库存，完成下达储备任务，国家给予一定的必要支持。当发生重大自然灾害和突发事件时，由国家统一指挥调用。企业在保证国家储备数量的前提下，进行正常的生产经营和周期转换。这改变了以往单纯依靠行政命令无偿调用的方式，建立起怎么存、怎么管、怎么用等一套较为完整的市场化应急保障机制。

按照辐射范围广、应急能力强、运输距离短、储备成本低、环境污染小的原则，国家在沿海、沿江、大运河中转港及煤炭铁路运力和资源不足的华中、西南等地区，部署储备点 16 个，承储企业 16 家，应急储备能力 670 万吨/年。同时，国家煤炭应急储备建设也带动了地方和企业应急能力建设，北京、河北、山东、河南、湖北、湖南、江西等省市，规划建设了一批储备项目，总规模达到 700 万吨/年。通过煤炭应急储备工作，经济运行部门加强与煤矿、港口、电厂等产运需企业的联系，及时掌握各环节煤炭库存及储备动态，丰富了监测预警手段，提高了形势预判能力。

近年来，煤炭供需关系趋缓，加之长期制约煤炭输送的通道瓶颈基本消除，过去供应长期偏紧的华东、华中、东南等地区，出现大范围供应紧张的可能性较小。因此，2015 年国家暂停下达煤炭应急储备收储计划。为适应新的市场形势和保供任务需要，国务院有关部门将及时优化调整国家煤炭应急储备制度，改进工作思路，完善运作模式，加强体系建设，进一步增强应急保障能力。

第 16 讲　推动能源技术革命

当前，以新兴能源技术为代表的新一轮科技革命和产业变革正在孕育兴起，全球能源科技创新呈现出新的发展态势。可再生能源、智能电网、先进安全核能、能源清洁高效利用、非常规油气和深水油气等一大批新兴能源技术正在改变传统的能源开发利用方式。尽管我国能源技术创新能力和装备国产化水平得到显著提升，但单位 GDP 能耗和主要工业产品能耗与世界先进水平仍存在较大差距，节能和新能源技术创新能力还有待加强。

深入实施创新驱动发展战略，发挥科技创新在全面创新中的引领作用，制定能源技术创新规划总体战略，推进能源技术革命，是全面构建安全、绿色、低碳、经济和可持续的现代能源产业体系的重要支撑。

第一节　能源技术革命的发展形势

一、世界能源科技发展趋势

当前，以传统化石能源为主的能源消费模式导致全球能源资源约束和生态环境不断恶化。为了减缓传统化石能源使用带来的气候变化，以从根本解决资源环境挑战、实现能源可持续发展为目标的全球能源转型已经启动。分布式能源、智能电网等一批新兴能源技术正在逐步打破传统的能源开发利用方式，开创全新的能源生产和消费体系。页岩油、页岩气等非常规油气勘探开采技术的重大突破，为美国大幅降低石油对外依存度、重振制造业、推动经济复苏奠定了坚实基础，并对全球能源供需格局乃至地缘政治格局造成了深远影响。当前及今后一个时期，可再生能源、智能电网、先进核电、化石能源清洁高效转化、非常规油气和深水油气等一批新兴能源技术将逐步重塑世界能源版图，改变能源产业面貌。

世界主要能源大国均制定政策措施加强技术突破，通过提升能源产业结构开辟经济可持续增长的道路。为此，欧盟通过制定《2050 能源科技路线图》，重点提出太阳能、风能、智能电网、生物能源、碳捕集与封存、核聚变以及能源效率等为主要方向的发展思路。日本陆续出台《面向 2030 年能源环境创新战略》及新的《能源基本计划》，提出能源保障、环境、经济效益和安全并举的方针，继续支持发展核能，推进节能和可再生能源，发展储能技术，规划推动绿色能源革命的发展路径。美国发布了《全面能源战略》，并已陆续出台提高能效、发展太阳能、四代和小型模块化核能等清洁电力新计划。

全球能源技术发展动态显示，能源技术创新进入高度活跃期，新兴能源技术正以前所未有的速度加快替代，对世界能源格局和经济发展将产生重大而深远的影响；绿色低碳是能源技术创新的主要方向，集中在传统化石能源清洁高效利用、新能源大规模开发利用、核能安全利用、能源互联网和大规模储能技术、先进能源装备及关键材料等重点领域。

二、我国能源科技发展形势

近年来，我国能源技术自主创新能力和装备国产化水平显著提升，部分领域达到国际领先水平。初步掌握了页岩气、致密油等勘探开发关键装备技术，煤层气实现规模化勘探开发，3000 米深水半潜式钻井船等装备实现自主化，复杂地形和难采地区油气勘探开发部分技术达到国际先进水平，千万吨炼油技术达到国际先进水平，大型天然气液化、长输管道电驱压缩机组等成套设备实现自主化；煤矿绿色安全开采技术水平进一步提升，大型煤炭气化、液化、热解等煤炭深加工技术已实现产业化，低阶煤分级分质利用正在进行工业化示范；超超临界火电技术广泛应用，投运机组数量位居世界首位，大型 IGCC、CO_2封存工程示范和 700℃超超临界燃煤发电技术攻关顺利推进，大型水电、1000 千伏特高压交流和±800 千伏特高压直流技术及成套设备达到世界领先水平，智能电网和多种储能技术快速发展；基本掌握了 AP1000 核岛设计技术和关键设备材料制造技术，采用“华龙一号”自主三代技术的首堆示范项目开工建设，首座高温气冷堆技术商业化核电站示范工程建设进展顺利，核级数字化仪控系统实现自主化；陆上风电技术达到世界先进水平，海上风电技术攻关及示范有序推进，光伏发电实现规模化发展，光热发电技术示范进展顺利，纤维素乙醇关键技术取得重要突破。

特高压直流输电工程成套设计研发（实验）中心

“十二五”期间我国能源科技创新的进步为打造新型能源产业奠定了坚实的基础，但与新时期推动能源生产和消费方式革命的战略目标还有较大差距，突出表现为：创新模式有待升级，引进消化吸收的技术成果较多，与国情相适应的原创性成果不足；创新体系有待完善，创新活动的低效率及创新投入的低收益问题仍较为突出；部分关键核心技术装备仍受制于人，重大能源工程依赖进口设备的现象仍较为普遍，技术“空心化”和技术“对外依存度”偏高的现象尚未完全解决。这些问题要求我们进一步创新发展思路，建立健全能源科技创新体系，不断夯实能源科技创新基础，集中力量突破重大关键技术瓶颈，以科技引领能源生产和消费方式的重大变革，这是“十三五”时期我国能源科技创新的重大责任。

第二节　能源技术革命的总体目标

我国能源技术革命应坚持以国家战略需求为导向，一方面为解决资源保障、结构调整、污染排放、利用效率、应急调峰能力等重大问题提供技术手段和解决方案，另一方面为实现经济社会发展、应对气候变化、环境质量等多重国家目标提供技术支撑和持续动力。

推动能源技术革命必须以建设清洁低碳、安全高效现代能源体系的需求为导向，本着坚持自主创新、坚持市场导向、坚持重点突破、坚持统筹协调的基本原则，以提升能源自主创新能力为核心，以突破能源重大关键技术为重点，以能源新技术、新装备、新产业、新业态示范工程和试验项目为依托，实施制造强国战略，实现我国从能源生产消费大国向能源技术强国战略转变。

到2020年，能源自主创新能力大幅提升，一批关键技术取得重大突破，能源技术装备、关键部件及材料对外依存度显著降低，我国能源产业国际竞争力明显提升，能源技术创新体系初步形成。

到2030年，建成与国情相适应的完善的能源技术创新体系，能源自主创新能力全面提升，能源技术水平整体达到国际先进水平，支撑我国能源产业与生态环境协调可持续发展，进入世界能源技术强国行列。

第三节　能源技术革命的重点任务

一、煤炭无害化开采技术创新

加快隐蔽致灾因素智能探测、重大灾害监控预警、深部矿井灾害防治、重大事故应急救援等关键技术装备研发及应用，实现煤炭安全开采。加强煤炭开发生态环境保护，重点研发井下采选充一体化、绿色高效充填开采、无煤柱连续开采、保水开采、采动损伤监测与控制、矿区地表修复与重构等关键技术装备，基本建成绿色矿山。提升煤炭开发效率和智能化水平，研发高效建井和快速掘进、智能化工作面、特殊煤层高回收率开采、煤炭地下气化、煤系共伴生资源综合开发利用等技术，重点煤矿区基本实现工作面无人化。

二、非常规油气和深层、深海油气开发技术创新

深入开展页岩油气地质理论及勘探技术、油气藏工程、水平井钻完井、压裂改造技术研究并自主研发钻完井关键装备与材料，完善煤层气勘探开发技术体系，实现页岩油气、煤层气等非常规油气的高效开发，保障产量稳步增长。突破天然气水合物勘探开发基础理论和关键技术，开展先导钻探和试采试验。掌握深—超深层油气勘探开发关键技术，勘探开发技术水平总体达到国际领先。全面提升深海油气钻采工程技术水平及装备自主建造能力，实现3000米和4000米超深水油气田的自主开发。

三、煤炭清洁高效利用技术创新

加强煤炭分级分质转化技术创新，重点研究先进煤气化、大型煤炭热解、焦油和半焦利用、气化热解一体化、气化燃烧一体化等技术，开展3000吨/天及以上煤气化、百万吨/年低阶煤热解、油化电联产等示范工程。开发清洁燃气、超清洁油品、航天和军用特种油品、重要化学品等煤基产品生产新工艺技术，研究高效催化剂体系和先进反应器。加强煤化工与火电、炼油、可再生能源制氢、生物质转化、燃料电池等相关能源技术的耦合集成，实现能量梯级利用和物质循环利用。研发适用于煤化工废水的全循环利用“零排放”技术，加强成本控制和资源化利用，完成大规模工业化示范。进一步提高常规煤电参数等级，积极发展新型煤基发电技术，全面提升煤电能效水平；研发污染物一体化脱除等新型技术，不断提高污染控制效率、降低污染控制成本和能耗。

四、二氧化碳捕集、利用与封存技术创新

研究 CO_2低能耗、大规模捕集技术，研究 CO_2驱油利用与封存技术、

CO_2驱煤层气与封存技术、CO_2驱水利用与封存技术、CO_2矿化发电技术CO_2化学转化利用技术、CO_2生物转化利用技术，研究CO_2矿物转化、固定和利用技术，研究CO_2安全可靠封存、监测及运输技术，建设百万吨级CO_2捕集利用和封存系统示范工程，全流量的CCUS系统在电力、煤炭、化工、矿物加工等系统获得覆盖性、常规性应用，实现CO_2的可靠性封存、监测及长距离安全运输。

五、先进核能技术创新

开展深部及非常规铀资源勘探开发利用技术研究，实现深度1000米以内的可地浸砂岩开发利用，开展黑色岩系、盐湖、海水等低品位铀资源综合回收技术研究。实现自主先进核燃料元件的示范应用，推进事故容错燃料元件（ATF）、环形燃料元件的辐照考验和商业运行，具备国际领先核燃料研发设计能力。在第三代压水堆技术全面处于国际领先水平基础上，推进快堆及先进模块化小型堆示范工程建设，实现超高温气冷堆、熔盐堆等新一代先进堆型关键技术设备材料研发的重大突破。开展聚变堆芯燃烧等离子体的实验、控制技术和聚变示范堆DEMO的设计研究。

六、乏燃料后处理与高放废物安全处理处置技术创新

推进大型商用水法后处理厂建设，加强先进燃料循环的干法后处理研发与攻关。开展高放废物处置地下实验室建设、地质处置及安全技术研究，完善高放废物地质处置理论和技术体系。围绕高放废液、高放石墨、α废物处理，以及冷坩埚玻璃固化高放废物处理等方面加强研发攻关，争取实现放射性废物处理水平进入先进国家行列。研究长寿命次锕系核素总量控制等放射性废物嬗变技术，掌握次临界系统设计和关键设备制造技术，建成外源次临界系统工程性实验装置。

七、高效太阳能利用技术创新

深入研究更高效、更低成本晶体硅电池产业化关键技术，开发关键配套材料。研究碲化镉、铜铟镓硒及硅薄膜等薄膜电池产业化技术、工艺及

设备，大幅提高电池效率，实现关键原材料国产化。探索研究新型高效太阳能电池，开展电池组件生产及应用示范。掌握高参数太阳能热发电技术，全面推动产业化应用，开展大型太阳能热电联供系统示范，实现太阳能综合梯级利用。突破太阳能热化学制备清洁燃料技术，研制出连续性工作样机。研究智能化大型光伏电站、分布式光伏及微电网应用、大型光热电站关键技术，开展大型风光热互补电站示范。

八、大型风电技术创新

研究适用于高空的大型风电系统成套技术，开展大型高空风电机组关键技术研究。深入开展海上典型风资源特性与风能吸收方法研究，自主开发海上风资源评估系统。突破远海风电场设计和建设关键技术，研制具有自主知识产权的 10 兆瓦级及以上海上风电机组及轴承、控制系统、变流器、叶片等关键部件，研发基于大数据和云计算的海上风电场集群运控并网系统，实现废弃风电机组材料的无害化处理与循环利用，保障海上风电资源的高效、大规模、可持续开发利用。

九、氢能与燃料电池技术创新

研究基于可再生能源及先进核能的制氢技术、新一代煤催化气化制氢和甲烷重整/部分氧化制氢技术、分布式制氢技术、氢气纯化技术，开发氢气储运的关键材料及技术设备，实现大规模、低成本氢气的制取、存储、运输、应用一体化，以及加氢站现场储氢、制氢模式的标准化和推广应用。研究氢气/空气聚合物电解质膜燃料电池（PEMFC）技术、甲醇/空气聚合物电解质膜燃料电池（MFC）技术，解决新能源动力电源的重大需求，并实现 PEMFC 电动汽车及 MFC 增程式电动汽车的示范运行和推广应用。研究燃料电池分布式发电技术，实现示范应用并推广。

十、生物质、海洋、地热能利用技术创新

突破先进生物质能源与化工技术，开展生物航油（含军用）、纤维素乙醇、绿色生物炼制大规模产业化示范，研究新品种、高效率能源植物，

建设生态能源农场，形成先进生物能源化工产业链和生物质原料可持续供应体系。加强海洋能开发利用，研制高效率的波浪能、潮流能和温（盐）差能发电装置，建设兆瓦级示范电站，形成完整的海洋能利用产业链。加强地热能开发利用，研发水热型地热系统改造及增产技术，突破干热岩开发关键技术装备，建设兆瓦级干热岩发电和地热综合梯级利用示范工程。

十一、高效燃气轮机技术创新

深入研究燃气轮机先进材料与智能制造、机组设计、高效清洁燃烧等关键技术，开展燃气轮机整机试验，突破高温合金涡轮叶片和设计技术等燃气轮机产业发展瓶颈，自主研制先进的微小型、工业驱动用中型燃气轮机和重型燃气轮机，全面实现燃气轮机关键材料与部件、试验、设计、制造及维修维护的自主化。

十二、先进储能技术创新

研究太阳能光热高效利用高温储热技术、分布式能源系统大容量储热（冷）技术，研究面向电网调峰提效、区域供能应用的物理储能技术，研究面向可再生能源并网、分布式及微电网、电动汽车应用的储能技术，掌握储能技术各环节的关键核心技术，完成示范验证，整体技术达到国际领先水平，引领国际储能技术与产业发展。积极探索研究高储能密度低保温成本储能技术、新概念储能技术（液体电池、镁基电池等）、基于超导磁和电化学的多功能全新混合储能技术，争取实现重大突破。

十三、现代电网关键技术创新

掌握柔性直流输配电技术、新型大容量高压电力电子元器件技术；开展直流电网技术、未来电网电力传输技术的研究和试验示范；突破电动汽车无线充电技术、高压海底电力电缆关键技术，并推广应用；研究高温超导材料等能源装备部件关键技术和工艺。掌握适合电网运行要求的低成本、量子级的通信安全工程应用技术，实现规模化应用。研究现代电网智能调控技术，开展大规模可再生能源和分布式发电并网关键技术研究示范；突破电力系统全局协调调控技术，并示范应用；研究能源大数据条件下的现代复杂大电网的仿真技术；实现微电网/局域网与大电网相互协调技术、源—网—荷协调智能调控技术的充分应用。

十四、能源互联网技术创新

能源互联网是一种互联网与能源生产、传输、存储、消费以及能源市场深度融合的能源产业发展新业态。推动能源智能生产技术创新，重点研究可再生能源、化石能源智能化生产，以及多能源智能协同生产等技术。加强能源智能传输技术创新，重点研究多能协同综合能源网络、智能网络的协同控制等技术，以及能源路由器、能源交换机等核心装备。促进能源智能消费技术创新，重点研究智能用能终端、智能监测与调控等技术及核心装备。推动智慧能源管理与监管手段创新，重点研究基于能源大数据的智慧能源精准需求管理技术、基于能源互联网的智慧能源监管技术。加强能源互联网综合集成技术创新，重点研究信息系统与物理系统的高效集成与智能化调控、能源大数据集成和安全共享、储能和电动汽车应用与管理以及需求侧响应等技术，形成较为完备的技术及标准体系，引领世界能源互联网技术创新。

十五、节能与能效提升技术创新

加强现代化工业节能技术创新，重点研究高效工业锅（窑）炉、新型节能电机、工业余能深度回收利用以及基于先进信息技术的工业系统节能等技术并开展工程示范。开展建筑工业化、装配式住宅，以及高效智能家电、制冷、照明、办公终端用能等新型建筑节能技术创新。推动高效节能运输工具、制动能量回馈系统、船舶推进系统、数字化岸电系统，以及基于先进信息技术的交通运输系统等先进节能技术创新。加强能源梯级利用等全局优化系统节能技术创新，开展散煤替代等能源综合利用技术研究及示范，对我国实现节能减排目标形成有力支撑。

为实现以上重点任务，国家能源局制定了《能源技术革命创新行动计划（2016～2030）》，并将相关重点任务分解为若干具体技术创新行动予以实施。

第四节　能源技术革命的实施和保障措施

党的十八届五中全会要求必须把创新摆在国家发展全局的核心位置，而推动能源技术革命也需要科技创新作为强有力的引擎，发挥科技创新在全面创新中的引领作用。因此，必须采取更加全面和持久的保障措施，加大对科技创新的支持力度：进一步加强政策引导，重视能源科技创新的环境建设；进一步促进实践应用，增强技术创新与工程实践之间的相互正反馈作用；进一步缩短创新链条，构建“产—学—研—用”一体化的创新平台体系；进一步增进合作，创建开放式的国际化创新协作体系。从政策法规、社会环境、人才培养、合作交流等方面不断完善“四位一体”能源科技创新体系，保障能源技术革命的实施。

一、突出政策引导，营造良好的能源科技创新环境

组织制定国家能源科技发展创新的方针政策，促进有利于创新发展的市场环境形成，强化竞争政策和产业政策对创新的引导，促进优胜劣汰，增强市场主体创新动力，打破制约创新的市场分割，健全产业技术政策和管理制度，形成要素价格倒逼创新机制。强化普惠性能源政策支持力度，降低能源科技新技术进入市场的门槛，改进新技术新产品新商业模式的准入管理，促进企业真正成为技术创新决策、研发投入、科研组织和成果转化的主体。发挥科技创新在推动能源生产和利用方式变革、构建清洁低碳、安全高效的现代能源体系中的关键性作用。

协调统一各政府部门在能源科技创新政策方面的步调，加强能源智库建设，充分利用智库资源，在能源产业政策方面形成合力，积极推动能源多元发展，在能源相关领域共同营造万众创新的环境氛围。

二、依托示范工程，加强科技创新在产业升级中的推进作用

结合“十三五”期间我国能源行业产业升级需要，大力推动能源技术革命，以绿色低碳为方向，着力推进重大技术研究和重大技术装备项目，选择并确定重大能源试点示范项目。在示范项目的选取中，将行业主管部门的规划布局和企业自身利益相结合，建立多元化投融资渠道，突出能源科技的原发驱动作用，大力推动技术成果产业化，形成国家战略、企业发展合作共赢的共同体。在示范项目的实施中，制定相应的措施和办法，在严密论证基础上先行先试，鼓励技术创新，探讨应用条件，探索新技术带来的商业模式问题。切实把示范项目作为实现技术国产化、知识产权自主化和市场竞争力的标杆，带动产业升级，把能源技术及其关联产业培育成带动我国产业升级的新增长点。

三、打造创新平台，培育能源科技突破能力

在能源领域，依托重点能源企业、科研院所、高等学校等协同创新，发挥各自优势，联合组建一批“产—学—研—用”各环节一体化的国家能源研发中心（重点实验室）作为联合创新平台，促进企业真正成为技术创新决策、研发投入、科研组织和成果转化的主体，实现市场导向技术创新、研究成果快速转化、创新价值充分保护、资源配置效率大幅提高，提高人才、资本、技术、知识流动效率，构建更加高效的能源科技创新体系。

能源科技创新平台以规范化、高效率为目标，最大限度实现各类资源的有效集成、最优配置、充分利用，重点解决煤油气的清洁高效利用、可再生能源高效开发、能源高效转化与储存、智能电网与能源互联网、核能安全利用等绿色低碳发展方向的关键技术、核心装备问题，把国家能源研发中心建成核心技术研究中心、工程化应用中心、高层次人才培养基地，成为能源技术革命中的重要攻坚力量。

四、加强国际技术合作，以科技创新保障国家能源安全

顺应我国经济深度融入世界经济的趋势，奉行互利共赢的开放战略，

在能源科技领域推进国际合作，广泛开展双多边合作与交流。充分利用我国能源科技水平日益提高的优势，提升话语权与影响力，积极参与国际科技公约和标准的制定，积极提出并牵头组织国际大科学计划和大科学工程。推动国外先进能源技术和装备的引进、消化、吸收和国产化工作，提升国产化水平、知识产权自主化和市场竞争力，培育有全球影响力的先进能源装备制造基地，打造具有国际竞争力的能源工程人才队伍。推进“一带一路”战略实施，结合沿线国家和地区的资源优势，开展能源科技领域务实合作，推进国际产能和装备制造合作。积极参与全球能源治理，以绿色低碳能源科技发展为主线，实现能源清洁利用，积极参与到应对全球气候变化中去，为全球可持续发展积极承担相应国际责任和义务。统筹利用国际国内两种资源、两个市场，着眼于全球能源资源开发、配置和利用，以能源科技技术保障国家能源安全。

五、强化组织实施，保证能源技术革命落到实处

进一步发挥国家能源委员会在能源技术创新中的统筹协调作用，建立和完善工作会商制度和协调机制，分解任务、明确责任，加强协同配合，确保能源技术革命各项任务落到实处。国家发展改革委、国家能源局重点负责组织实施能源技术创新示范工程，各有关部门根据职能做好相关支持配合工作。各地区要结合本地区特点和发展需求，制定相关配套政策文件，为能源技术创新及相关示范工程建设提供有利条件，切实推动本地区能源技术进步。“十三五”期间，国家将进一步完善工程示范评价机制，建立国家能源技术创新示范项目跟踪监测和协调服务平台，对示范项目开展全过程、全周期跟踪和服务。

第 17 讲　进一步深化能源体制改革

能源体制改革是推动能源革命的重要内容，是促进能源健康发展的重要保障。“十三五”时期是我国全面建成小康社会的收官期，是全面深化改革的攻坚期。我国经济发展进入新常态，资源环境约束趋紧，保障能源清洁低碳安全高效发展任务艰巨，对推进我国能源体制改革提出了更高的新要求，改革刻不容缓、势在必行。我们应准确把握战略机遇期，积极应对风险和挑战，集中力量，推进能源体制改革不断深化。

第一节　能源体制改革面临的形势

改革开放以来，能源体制改革逐步推进，多元化市场主体格局基本形成，市场活力持续提高，政府管理有效加强，对促进能源发展起到了重要作用。煤炭生产和销售环节基本市场化，竞争充分，煤炭价格实现市场定价。电力行业基本实现了政企分开、厂网分开、主辅分离，多元化市场主体逐步形成。石油天然气行业形成相对竞争的市场格局，石油天然气价格改革有序推进。有利于可再生能源发展的价格、财税和费用分摊机制初步建立。核电形成适度竞争的市场格局。政府能源管理体制不断完善，能源法治建设取得重要进展。总体看，我国能源体制改革取得了显著成绩，为我国能源健康发展提供了坚强保障。

与此同时，我国能源体制还存在许多问题，一些深层次矛盾不断累积，阻碍能源可持续发展。主要表现在：

一是市场结构不合理。电网和油气管网运营模式仍待进一步改革规范，竞争充分、开放有序的电力和油气市场体系尚未形成。石油天然气上游垄断突出，进出口开放程度不够。煤炭市场交易体系不完善，市场秩序亟待进一步规范。

二是价格机制不健全。竞争性环节价格尚未完全市场化，天然气、电力等价格仍主要由政府制定。电网和油气管网等基础设施成本核定有待完善。居民用电、用气交叉补贴现象普遍。生态环境等外部性成本尚未实现内部化。

三是能源管理不到位。政府和市场的关系尚未完全理顺，越位和缺位的现象同时存在。政府仍对发电量实行计划管理，项目仍以审批管理为主，市场作用难以发挥。对电网和油气管网公平接入、电力调度交易的有效监管尚未实现，监管能力有待加强。

四是法治体系不完善。基本法长期缺位，部分专业法滞后于经济发展，未体现市场化改革成果。现行法律法规内容可操作性不强。法律、行政法规、地方性法规和部门规章各层级之间以及具体规定之间缺乏必要的衔接。

第二节 “十三五”时期能源体制改革的总体思路

一、指导思想

全面贯彻党的十八大和十八届三中、四中、五中、六中全会精神，深入贯彻习近平总书记系列重要讲话精神，按照中央财经领导小组第六次会议关于能源革命的决策部署，积极推进能源体制改革，破除能源发展的体制机制障碍，打通能源发展“快车道”，还原能源商品属性，使市场在资源配置中起决定性作用和更好发挥政府作用，努力构建清洁低碳、安全高效的现代能源体系，为全面建成小康社会提供坚实的能源保障。

二、基本原则

（1）市场方向。充分发挥市场配置资源的决定性作用，遵循行业特点和发展规律，区分竞争性和垄断性环节，打破能源行业壁垒和垄断，在竞争性环节允许各类市场主体进入，促进有效竞争，激发市场主体动力和活力。

（2）问题导向。聚焦能源体制机制存在的主要矛盾和问题，整合资源、精准发力、狠抓落实，推进能源重点领域和关键环节改革，破解体制机制障碍，释放改革红利。

（3）积极稳妥。能源体制改革要与国有企业改革、行业体制改革相协调，根据不同行业特点分类推进改革，把握好改革的时机、节奏和力度，防范各类风险，确保平稳有序。

（4）保障民生。处理好改革、发展、稳定的关系，以增进人民利益为出发点和落脚点，提高能源普遍服务水平和保障能力，使人民群众用上安全可靠、优质清洁、价格合理的能源，共享改革成果。

三、主要目标

“十三五”时期能源体制改革总目标是：市场在资源配置中的决定性作用进一步增强，政府作用更好发挥，在电力、油气等重点领域和关键环节的改革取得决定性突破。具体目标是：

（1）市场体系更趋完善。

1）电力。选择条件适合地区开展电力现货交易试点，探索建设以中长期交易规避风险、现货交易发现价格的电力市场。

2）石油天然气。竞争性业务基本放开，实现管道网运分开，初步形成石油天然气现货和期货市场。

3）煤炭。初步建立以全国煤炭市场交易中心为主体、以区域性和地方交易为补充、现货市场与期货市场相结合的现代煤炭交易市场体系。

（2）价格机制不断健全。竞争性领域和环节价格基本放开，政府定价范围主要限定在电网、天然气管网等网络型自然垄断环节，建立科学、规范、透明的价格监管制度，促进各能源品种价格衔接。

（3）政府治理能力提升。政府职能进一步转变，减少对项目审批等微观事项的管理，加强战略、规划、政策、法规等职能，提升能源监管能力，监管组织体系基本完善，运作协调有序。

（4）法治体系进一步完备。争取出台能源基本法，制定和修订能源单行法和相关法规，初步形成结构合理、配套衔接、有机统一的能源法律法规体系。

第三节 “十三五”时期能源体制改革的主要任务

一、进一步深化电力体制改革

贯彻落实中共中央、国务院《关于进一步深化电力体制改革的若干意见》，推动放开竞争性业务，完善电价体系，健全市场主体准入和退出机制，加快构建有效竞争的市场结构和市场体系，加强垄断环节监管。

（1）有序推进电价改革。推动扩大输配电价改革试点，全面完成单独核定输配电价工作。放开竞争性环节电价，分步实现公益性以外的发售电价格由市场竞价、自主协商形成。探索解决不同种类电价交叉补贴的有效方式，提高电力普遍服务水平。

（2）完善市场化交易机制。完善市场机制，推动发用电计划有序缩减，逐步取消发电量计划分配，不断扩大和完善电力市场化交易市场主体范围和电量规模，探索开展电力现货交易试点，逐步建成以中长期交易规避风险、以现货市场发现价格，交易品种丰富、功能完善的现代电力市场体系。加快统筹推动南方、京津冀等电力市场建设试点。不具备现货市场建设条件的地区加快推进辅助市场建设，探索推进市场融合，不断扩大资源优化范围。探索建立电力期货市场。

（3）推进电力交易机构规范运行。鼓励电力交易机构采取电网企业相对控股的公司制、电网企业子公司制、会员制等多模式探索。完善电力交易机构的市场功能，推进相对独立、规范运行，发挥电力交易机构在电力市场交易中的重要平台作用。具备条件的地区可探索交易、调度机构协调运行机制。

（4）有序向社会资本放开配售电业务。积极探索社会资本投资配电业务的有效途径，遵循避免重复建设、坚持公平负担、保障电网安全的原则，鼓励工业园区等以混合所有制方式发展配电业务。加快完善电网公平接入规则及相关技术标准。多途径培育售电侧竞争主体，允许符合条件的发电企业及其他社会资本投资成立售电公司，鼓励供水、供气、供热及节能服务公司等市场主体从事售电业务。

（5）完善煤电发展机制。完善煤电风险预警机制，引导地方和发电企业理性推进煤电项目的规划建设。优化电源项目资源配置机制，采用公开招标等市场化机制配置电力资源。规范自备电厂管理。

（6）完善电力系统消纳清洁能源机制。着力增加电力系统灵活性，完善电力辅助服务补偿（市场）机制，建立调频、调压等辅助服务市场，鼓励市场主体参与辅助服务，探索建立容量备用服务补偿机制。健全有利于抽水蓄能、龙头水电站、天然气发电等电源及储能设施发展的机制。加快推进火电机组深度参与调峰及补偿机制。

（7）加强电力科学监管。加强市场准入、电力交易、调度、价格和供电等监管，加强电网公平接入、投资成本及运营效率监管。建立健全规划实施的检查、监督、评估、考核工作机制，保障电力规划有效执行。

二、有序推进石油天然气体制改革

贯彻落实《关于深化石油天然气体制改革的若干意见》，完善石油天然气勘查开采、进出口管理、管网运营、生产加工、定价体制机制和国有油气企业改革，构建多元化油气供应体系。

三、深化煤炭行业体制改革

优化煤炭产业结构，鼓励煤炭行业兼并重组，完善煤层气协调开发机制，推进煤炭行业改革。

（1）推进煤炭行业兼并重组。完善煤矿关闭退出机制，引导不符合安全、质量、环保、技术等标准的产能有序退出。鼓励煤炭企业兼并重组和资源整合，鼓励发展煤电一体化，加快培育和发展亿吨级大型煤炭骨干企业。

（2）健全煤炭现代企业制度。结合国有企业改革，逐步分离企业办社会职能。推进国有煤炭企业混合所有制改革，提高国有资本配置和运行效率。健全公司法人治理结构，建立与现代企业制度相适应的薪酬分配体系，提高煤炭企业的市场竞争力。

（3）建立煤层气与其他资源协调开发机制。统筹煤层气与其他能源资源勘查开采布局和时序，建立完善煤层气与煤炭共同勘探、合作开发、合理避让、资料共享等制度。新设探矿权必须对煤层气、煤炭资源综合勘查、评价和储量认定。

四、完善可再生能源发展体制机制

落实可再生能源全额保障性收购制度，建立可再生能源利用年度目标引导制度，开展绿色证书交易，解决弃风、弃光、弃水问题，保障非化石能源消费比重目标的实现。

（1）建立可再生能源开发利用年度目标引导制度。落实可再生能源全额保障性收购制度。制定各省（自治区、直辖市）可再生能源开发利用目标，建立相应的监测和评价体系，形成闭环的规划开发、运行消纳的可再生能源发展考核机制。

（2）建立可再生能源电力绿色证书。政府部门依据发电企业生产的可再生能源电量向其核发绿色证书。在全国范围开展绿色证书交易，发电企业可通过绿色证书交易完成非水可再生能源发电比重指标要求。

（3）完善电力系统消纳可再生能源机制。完善电力调峰成本补偿和价格机制，建立调峰、调频、调压等辅助服务市场，积极发展调峰电源，实施两部制电价，充分发挥抽水蓄能、燃气发电的调峰作用。研究火电机组深度参与调峰机制。

（4）创新可再生能源价格机制。推动从固定电价向固定补贴机制转变，推进可再生能源发电参与电力市场。建立可再生能源项目信息管理平台，提高补贴发放效率。

五、建立安全高效核电发展体制机制

鼓励核电投资和建设主体多元化，完善核电运行、价格和消纳机制，增强核燃料保障供应能力，提高核电公众接受度，确保核电安全高效发展。

（1）强化核电安全发展机制。国家实行核电行业安全管理与核安全独立监管的管理体制。加强核电安全、质量管理和核安全文化建设，建立并有效实施质量保证体系，完善核事故应急机制。完善核电参与电力市场的配套政策，建立符合核电技术特点的电价和电量机制，研究完善核电消纳机制，促进核电安全高效发展。

（2）鼓励核电项目投资和建设主体多元化。完善行业准入制度，在投资运营、工程管理、建设施工等相对成熟环节，在确保核设施安全的前提下，适当增加竞争主体。支持各类企业参股投资境外项目，参股、控股核电装备制造、技术服务等领域投资。

（3）改革核燃料循环体制。推动深化铀矿勘查、采冶改革，探索试点放开国内铀矿开采。推动天然铀、核燃料领域的股份制改革，实现核燃料加工制造投资主体多元化，鼓励有条件的公司上市。实现天然铀、纯化转化、浓缩、核燃料元件加工与国际市场接轨。建立和完善天然铀储备体系。

（4）建立健全核电信息公开和公众参与制度。充分开展社会风险评估，依法及时公开核电厂建设和运行、核事故等相关信息。加强核电及其安全、核辐射防护和核应急知识的普及和教育，并纳入国民义务教育体系。

六、构建能源科技创新发展体制

强化国家能源科技战略和政策引导，激发企业创新主体地位和主导作用，实施创新驱动发展战略，提升能源科技自主创新能力。

（1）强化国家对能源科技创新的战略引领。完善能源新技术、新模式等知识产权保护机制，建立健全能源领域科技成果转化、知识产权保护等配套政策法规。实施国家能源科技重大专项，依托国家重点实验室加强能源技术创新基础研究和重大战略研究。

（2）完善能源科技创新投融资机制。加强中央预算内资金和政府性基金对能源科技创新的支持力度，强化对能源重点领域技术研发和示范应用的支撑。研究设立能源产业科技创新投资基金。

（3）建立有利于激发企业创新活力的机制。依托骨干能源企业、科研院所和高校，建设一批能源技术国家实验室和技术创新中心。鼓励民营企业开展能源科技创新。完善能源领域中小微企业创业孵化等创新服务体系。

七、进一步转变政府职能

厘清政府和市场的边界，进一步简政放权，切实转变政府职能，强化行业管理和监管，建设法治政府和服务型政府。

（1）进一步简政放权。继续取消和下放行政审批事项，能取消的坚决取消，中央政府下放的事项要使地方政府接得住、管得好。规范简化审批程序，推行网上审批。建立政府负面清单、权力清单和责任清单，规范和约束政府权力。

（2）强化能源行业管理。做好能源规划与其他国家级规划和省级能源发展规划的衔接协调，建立规划实施、跟踪、督查、评估和修订机制。做好能源普遍服务。建立能源安全预测预警和应急储备体系。加强能源统计体系建设，提高能源数据统计分析能力。

（3）加强能源市场监管。强化竞争性环节市场行为监管，保障市场秩序。强化对电网、油气管网等自然垄断环节公平接入、投资行为、成本及投资运行效率等方面的监管。加强监管组织机构建设，创新监管手段，提高监管信息化水平。

（4）加强治理能力建设。依托高校、科研院所和企业研究机构，成立国家能源智库，为政府决策提供智力支撑。充分发挥行业协会在政府、用户和企业之间的桥梁纽带作用，加强和完善行业协会自律、协调、监督、服务的功能。

（5）健全能源法治体系。推动《能源法》制定出台。抓紧修订《电力法》。研究制定《石油天然气法》。研究修订《煤炭法》。制定《核电管理条例》《国家石油储备管理条例》《能源监管条例》。

（6）完善能源财税政策。研究完善我国能源税收体系，合理确定各能源税收政策目标、税费结构、税负水平及优惠政策。深化煤炭税费综合改革，清费立税。加大农网和配网改造财政投入。

第 18 讲　深化能源国际合作

一、我国能源国际合作现状

（1）油气资源合作基础良好。国际油气合作的领域和规模逐步扩展，海外油气储量和产量稳步增长，形成了涵盖上中下游的完整油气产业链与工程服务产业链。2015 年，我国进口原油 33 550 吨，位居世界第二，比 2014 年增加 2713 万吨，增长 8. 8%；“十二五”期间年均增速 7. 1%。2015 年，我国进口天然气 612 亿立方米，位居世界第四，比 2014 年增加 21 亿立方米，增长 3. 5%；“十二五”期间年均增速 30%。

（2）油气进口通道不断巩固和完善。油气输送保障能力大幅提高。迄今为止，已建成中国—中亚天然气管道 A/B/C 线、中哈原油管道、中俄原油管道、中缅天然气管道；同时，中俄原油管道二线工程、中俄东线天然气管道、中缅原油管道工程正在按计划建设。

（3）电网互联规模稳步发展。已与俄罗斯、蒙古、越南、老挝、缅甸等国家初步实现了电网互联，开展了电力贸易，电网互联规模约 260 万千瓦，包括云南与越南、老挝和缅甸联网，广西与越南联网，黑龙江与俄罗斯联网，吉林和辽宁与朝鲜联网、内蒙古与蒙古联网等。

（4）核电领域合作取得突破。核电技术和装备制造已具备批量出口的能力，我国具有自主知识产权的国外首台“华龙一号”在巴基斯坦卡拉奇开工建设；高温气冷堆和 CAP1400 技术已与多国达成合作意向。迄今为止，海外投产及在建机组累计 6 台，规模达 350 万千瓦。

（5）电力领域合作取得积极进展。与有关国家在火电、水电、新能源发电和输变电领域不断加强合作。企业以工程总承包和直接投资等多种方式积极参与海外电力基础设施建设，以中巴经济走廊电力项目、大湄公河次区域电力项目为代表的电力合作不断取得实质性进展。在境外股权投资领域取得一定成效，投资巴西、葡萄牙等国电网公司，参与其电网建设和运营。

（6）煤炭领域合作稳步推进。我国煤炭企业充分发挥自身比较优势，以资源勘探、投资建矿、工程承包和劳务输出、技术输出、资本并购等形式参与国外煤炭资源勘探开发，积极开展国际煤炭贸易和经济技术合作，并取得长足发展。2009 年，我国成为煤炭净进口国，进口量突破 1 亿吨。此后，我国煤炭进口量一直保持在 2 亿吨以上，成为世界第一大进口国。2015 年，我国进口煤炭 2.04 亿吨，进口煤炭已成为我国煤炭供应的有益补充，为保障我国煤炭稳定供应发挥了积极作用。

（7）能源装备合作成效明显。加快培育了一批具有国际先进水平的能源装备制造企业。积极参与光伏和风电设备制造。能源装备企业开拓海外市场取得显著成效，2010 年以来，我国以火电和水电为主的发电设备出口总量始终保持在 1200 万千瓦以上，2011 年甚至达到 3000 万千瓦，近年出口量有所降低，2015 年出口总量为 560 万千瓦。我国油气装备制造能力和水平有了很大提高，已形成了只有极少数国家才拥有的完整的油气装备产业体系，具有较高性价比，部分重大技术装备达到了国际水平。煤机装备产品已成功出口到俄罗斯、印度、美国等主要产煤国家。

（8）全球能源治理影响力显著提升。近年来，我国在加强双边合作的同时，积极推进与主要国际性和区域性能源组织的交流合作，推动成立上海合作组织能源俱乐部，正式加入国际可再生能源署和联合国“人人享有可持续能源”行动，成为能源宪章签约观察员国和国际能源署联盟国，成功主办二十国集团能源部长会议、第 11 届亚太经合组织能源部长会议和两届国际能源变革论坛，推荐我国能源专家孙贤胜竞选并当选国际能源论坛新一任秘书长。

二、我国能源国际合作面临的形势

（一）从国际来看

（1）世界油气供应格局深刻调整。油气多极供应的格局已基本形成，美洲、中东、俄罗斯—中亚、非洲油气产量分别占全球总产量的31%、26%、17%、8%；以中国、印度为代表的亚洲新兴经济体代替发达国家成为油气消费增长的主导力量，国际原油市场将长期呈现供大于求的现象。

（2）能源国际竞争复杂化。能源国际竞争焦点从传统的资源掌控权、战略通道控制权向定价权、货币结算权、转型变革主导权扩展。能源生产消费国利益分化调整，传统与新兴能源生产国之间角力加剧。

（3）全球能源治理新机制逐渐形成。新兴经济体快速崛起，全球能源治理博弈不断升级。石油输出国组织、国际能源署等国际能源组织现代化进程加速，二十国集团在全球能源治理方面的影响力逐步加大，气候大会减排目标、联合国“人人享有可持续能源”理念等达成广泛共识，新能源取代传统化石能源的呼声日渐高涨，全球能源治理新机制正在逐步形成，为我国积极参与全球能源治理创造了机遇。

（二）从国内来看

（1）能源供应持续宽松。随着我国经济发展进入新常态，能源消费增速放缓，同时全球油气供应形势持续宽松，资源国合作意愿加强与国内市场容量有限成为近期油气对外合作的主要矛盾。同时，传统电力行业国内市场面临饱和，企业对外合作的需求日益迫切。

（2）能源技术、装备和工程服务达到世界先进水平。我国火电、水电、新能源发电、核电、输配电、煤化工等技术达到世界先进水平，制造能力具备批量出口条件，有较强市场优势。国内工程设计和建设企业工程经验丰富，成本优势明显。

（3）能源合作带动大量对外投资。随着“一带一路”战略的推进，我国企业参与能源国际合作的深度和广度不断拓展，带动了大量对外投资。

三、“十三五”期间我国能源国际合作的重点任务

“十三五”时期是全面建成小康社会的决胜阶段。能源国际合作必须全面贯彻落实党的十八大和十八届三中、四中、五中、六中全会精神，以习近平总书记“一带一路”战略和“四个革命、一个合作”能源发展战略思想为指导，坚持创新、协调、绿色、开放、共享的理念，统筹国际国内两个大局，充分利用两个市场、两种资源，立足长远、总体谋划、多元合作、分类施策、掌握主动、互利共赢，以“一带一路”能源合作为重点，提高海外能源供应保障能力，加强能源基础设施互联互通，推动我国能源技术、装备、服务、标准“走出去”，积极参与全球能源治理，努力实现开放条件下的国家能源安全。

（一）增强能源资源安全保障能力

（1）油气资源。全球油气供应格局进一步向多极化发展，国际油气供应将维持较宽松的格局，油气国际合作机遇与挑战并存。油气领域国际合作要立足现有基础，积极寻找合作机会，扎实优化资源配置，加强风险管控，稳步扩大油气合作规模与效益。区域布局上，要深化与俄罗斯—中亚、扩大与中东、加强与非洲、拓展与美洲、稳定与亚太的合作。同时，积极开展集贸易、加工、仓储和运输为一体的海外油气运营能力建设，促进中国油气市场和国际市场的协同运作，增强资源抗风险和运营能力，加强全球配置油气资源能力。

（2）煤炭资源。继续鼓励进口优质煤炭资源，严格控制低热值煤、高硫煤等劣质煤炭资源进口。积极参与全球煤炭资源优化配置。

（二）推进能源基础设施互联互通

（1）油气管网互联互通。进一步完善西北、东北、西南和海上四大油气运输通道，提升陆上和海上通道进口油气能力，积极做好油气管道安全稳定运营。

（2）电网互联互通。加强周边国家互联互通研究，积极谋划西南联网、探索东北联网，深化与相关国家战略对接，开展区域电网升级改造合作，适时推进跨境联网工程建设，推进电力市场建设。

（三）加大优势产能和装备制造国际合作

充分发挥我国能源装备产业的比较优势，继续巩固火电、水电、输变电和油气开发装备以及新能源装备已有的国际市场，并积极拓展新兴市场。支持海外营销体系建设，鼓励国内自主技术产品、成套设备和制造服务等出口；研究推荐样板工程，打造国际品牌。

（1）电力。以“一带一路”国家为重点，同时继续开拓非洲、南美和欧美发达国家市场，鼓励以多种方式参与境外重大电力项目，积极推动我国清洁煤电、水电、输变电等领域技术、装备和服务开展国际合作。

（2）核电。抓住国际核电市场战略机遇期，顺势而为，积极推动国际合作，带动输出我高端装备和优势产能，促进自主创新能力提升。

（3）煤炭。进一步加强煤炭技术、装备与工程服务国际合作，提高我国优质、稀缺煤炭资源配置能力。

（4）油气。依托海外油气项目建设，继续扩大各类油气钻采、炼化设备的出口额和市场区域，加强油气技术、装备与工程服务国际合作，推进境外油气资源就地就近加工转化，形成油气资源合作上下游一体化产业链。

（5）新能源。加强产业链间的协同合作，稳步有序开拓国际市场；严格控制质量，提升品牌服务，建设国际品牌；进一步深化国际技术合作领域，在先进技术引进来的同时促进中国技术国际市场本土化。

（6）行业标准。鼓励国内企业参与国际技术标准制定，积极采用国际标准制造能源装备。加强能源行业标准英文版翻译出版管理，制定和实施标准英文版翻译年度计划，推进中国标准国际化工作。

（四）积极参加全球能源治理

在继续深化双边能源合作的同时，进一步发挥多边能源合作机制在全球能源治理的引领作用，积极参与联合国、二十国集团、亚太经合组织、金砖国家、上海合作组织、澜沧江—湄公河合作、大湄公河次区域、中国—东盟、东盟与中日韩以及东亚峰会等多边框架下的能源合作，加强与国际能源署、国际能源论坛、国际可再生能源署、能源宪章等国际组织的合作，推动实施中国—东盟清洁能源能力建设计划，成立中国—阿盟清洁能源中心，牵头中国—中东欧（16+1）能源项目对话与合作中心的国内组织工作，完善国际能源变革论坛机制，选派和推荐中国公民到国际能源组织工作。

第 19 讲　共享现代能源发展福利

让人民群众共享改革发展成果，是社会主义的本质要求，是社会主义制度优越性的集中体现，也是我们党坚持全心全意为人民服务根本宗旨的必然选择。“十二五”时期，我国能源事业取得重要进展，能源供应保障能力显著增强，人均用能条件不断改善，全面完成了“十二五”规划确定的各项目标和任务，并以年均 3.6% 能源消费增速支撑了国民经济年均 7.9% 的增长。让每一个人都享受到现代能源服务，是社会公正在能源领域的具体体现，是实现基本公共服务均等化对能源工作的基本要求。“十三五”时期，能源行业将坚持共享发展，以保障和改善民生作为我国能源发展的根本出发点和落脚点，进一步完善居民用能基础设施，提高能源普遍服务水平，努力让全体人民共享现代能源发展福利。

第一节　完善居民用能基础设施

加快农网改造升级。农村电网改造是我国长期以来的投资重点，1998 年以来国家已陆续实施了一二期农网改造、县城农网改造、中西部地区农网完善、无电地区电力建设，以及农网改造升级工程，历经 17 年，改善了农村电力基础设施，促进了农村消费升级。但是，由于城乡、区域发展不平衡等客观因素，城乡电力差距还比较明显，电力普遍服务水平还有待大幅提高。“十三五”时期，将推进新一轮农村电网改造升级工程，实施城市配电网建设改造行动，强化统一规划，健全技术标准，适度超前建设，促进城乡网源协调发展。这一轮农网改造升级工程，以集中连片特困地区、革命老区等为重点，着力解决电压不达标、不通动力电等问题，提高接纳分布式新能源发电的能力。结合高标准农田建设和推广农业节水灌溉等，推动平原村机井用电全覆盖，对接农产品加工、农村电商发展、农民消费升级的新需求，加大中心村电网改造力度，并开展西藏、新疆及四川、云南、甘肃、青海四省藏区农网建设攻坚，集中力量加快孤网县城的联网进程。结合电力体制改革拓宽融资渠道，用商业机制吸引社会资本参与农网改造。

推进城市配电网改造。配电网直接面向终端用户，与广大人民群众的生产生活息息相关，是服务民生的重要公共基础设施。近年来，我国配电网建设投入不断加大，取得一定成效，但由于历史欠账较多，配电网发展整体仍显滞后，并且存在薄弱环节，供电质量与国际先进水平仍有差距、装备水平还较落后、春节农忙等季节性负荷问题突出。“十三五”期间，中心城市（区）围绕发展定位和高可靠用电需求，高起点、高标准建设配电网，供电质量达到国际先进水平，北京、上海、广州、深圳等超大型城市建成世界一流配电网；城镇地区结合国家新型城镇化进程及发展需要，适度超前建设配电网，满足快速增长的用电需求，全面支撑“京津冀”“长江中游”“中原”“成渝”等城市群以及“丝绸之路经济带”等重点区域发展需要。积极服务新能源、分布式电源、电动汽车充电基础设施等多元化负荷接入需求。做好与城乡发展、土地利用的有效衔接，将管廊专项规划确定入廊的电力管线建设规模、时序纳入配电网规划。全面提升电力系统的智能化水平，提高电网接纳和优化配置多种能源的能力，满足多元用户供需互动。提升电源侧智能化水平，加强传统能源和新能源发电的厂站级智能化建设。构建“互联网+”电力运营模式，推广双向互动智能计量技术应用。“十三五”时期，将基本建成城乡统筹、安全可靠、经济高效、技术先进、环境友好、与小康社会相适应的现代配电网。

实施电能替代工程。当前，我国大气污染形势严峻，而绝大多数大气污染物排放与化石能源消费有关，其中大量散烧煤消费是造成严重雾霾的重要原因。电能替代是在终端能源消费环节，使用电能替代散烧煤、燃油等的能源消费方式，如电采暖、地能热泵、工业电锅炉（窑炉）、农业电排灌、电动汽车、靠港船舶使用岸电、机场桥载设备、电蓄能调峰等，既可减少大气污染物排放，还可以化解我国电力潜在过剩风险、解决东北等电力富余地区“窝电”和系统调峰问题，对拉动新增投资与消费、提升我国电气化水平等具有重要作用。“十三五”时期，将在北方地区和其他有采暖需求的地区，对燃气（热力）管网覆盖范围以外的个别城区、郊区，以及农村等还大量使用散烧煤进行采暖的区域，使用蓄热式电锅炉、蓄热式电暖器、电热膜、空气源热泵等多种电采暖设施替代分散燃煤设施。加快京津冀地区电能替代，在北方地区选择沈阳、大连、鞍山、张家口等若干城市进行电能替代供暖试点。在生产制造领域，逐步推进工业电锅炉、电窑炉及各类电加热设施的应用。推动电动汽车普及应用。推广靠港船舶使用岸电和电驱动货物装卸。积极推进棚户区改造配套热电联产机组建设。

加快充电基础设施建设。随着我国经济社会发展水平不断提高，汽车保有量持续攀升。大力发展电动汽车，能够加快燃油替代，减少汽车尾气排放，对保障能源安全、促进节能减排、防治大气污染、推动我国从汽车大国迈向汽车强国具有重要意义。“十二五”以来，我国充电基础设施发展取得了突破。截至2015年底，共建成公共类充电桩4.9万个，私人类充电桩0.8万个，总量达5.7万个，为近50万辆电动汽车提供充电服务。但总体来看，充电基础设施建设涉及城市规划、建设用地、建筑物及配电网改造、居住地安装条件、投资运营模式等方面，利益主体多，推进难度大。“十三五”时期，将按照“因地制宜、快慢互济、经济合理”的原则，以用户居住地停车位、单位停车场、公交及出租车场站等配建的专用充电设施为主体，以公共建筑物停车场、社会公共停车场、临时停车位等配建的公共充电设施为辅助，以独立占地的城市快充站、换电站和高速公路服务区配建的城际快充站为补充，推动电动汽车充电基础设施体系建设。到2020年，新增集中式充换电站超过1.2万座，分散式充电桩超过480万个，满足全国超过500万辆电动汽车的充电需求。

第二节 精准实施能源扶贫工程

按照全面建成小康社会要求，加强能源基础设施和公共服务能力建设，提升产业支撑能力，提高能源普遍服务水平。坚持能源发展和脱贫攻坚有机结合，推进能源扶贫工程，重大能源工程优先支持革命老区、民族地区、边疆地区和集中连片贫困地区。

精准实施光伏扶贫工程。以主要解决无劳动能力的建档立卡贫困户为目标，因地制宜、分期分批推动多种形式的光伏扶贫工程建设，覆盖已建档立卡 280 万无劳动能力贫困户，平均每户每年增加 3000 元的现金收入。确保光伏扶贫关键设备达到先进技术指标且质量可靠，鼓励成立专业化平台公司对光伏扶贫工程实行统一运营和监测，保障光伏扶贫工程长期质量可靠、性能稳定和效益持久。鼓励户用和村级电站形式的光伏扶贫工作，推动建设集中式电站发挥扶贫效益。

支持离网缺电贫困地区小水电开发。支持边远缺电离网地区，因地制宜、合理适度开发小水电，按照“小流域、大生态”的理念，合理布局规划梯级，科学确定开发规模和方式，维持河流基本生态工程。重点扶持西藏、四川、云南、青海、甘肃四省藏区和少数民族贫困地区小水电扶贫开发工作，继续实施绿色能源示范县建设，解决当地居民用电问题。

探索建立水电开发利益共享机制。探索资产收益扶贫，在不改变用途的情况下，财政专项扶贫资金和其他涉农资金投入水电项目形成的资产，具备条件的可折股量化给贫困村和贫困户，尤其是丧失劳动能力的贫困户。对在贫困地区开发水电占用集体土地的，试行给原住居民集体股权方式进行补偿，探索对贫困人口实行资产收益扶持制度，建立水电开发群众共享利益机制，让贫困人口分享资源开发收益。

光伏扶贫

第三节　提高能源普遍服务水平

提高天然气供给普及率。天然气具有发电效率高、运行方式灵活、污染物排放低等优点。“十三五”是我国天然气管网建设的重要发展期，我国将鼓励各种主体投资建设天然气管道。完善天然气四大进口通道，加快向京津冀地区供气管道建设，完善沿长江经济带天然气管网布局，提高国家主干管道向长江中游城市供气能力。加强区域管网和互联互通管道建设，进一步完善主要消费区域干线管道、省内输配气管网系统，加强省际联络线建设，提高管道网络化程度。依据全国天然气管网布局建设储气设施，在长输管道沿线配套建设地下储气库，加快地下储气库和 LNG 接收站与全国天然气管网连通。抓好大气污染治理重点地区等气化工程、天然气发电分布式能源工程、交通领域气化工程、节约替代工程等四大利用工程。全面释放天然气民用需求，2020 年城镇气化率达到 57%，用气人口达到 4.7 亿。

降低居民用能成本。有序推进电力体制改革，完成分电压等级核定电网企业准许总收入和输配电价，逐步减少电价交叉补贴。积极鼓励、引导民间资本进入能源行业中的竞争性环节，推动终端用能成本降低。全力推进能源惠民工程建设，完善能源设施维修和技术服务站，培育能源专业化服务企业，健全能源资源公平调配和应急响应机制，保障城乡居民基本用能需求，降低居民用能成本。支持居民以屋顶光伏发电等多种形式参与清洁能源生产，增加居民收入。采取有效措施推进农村地区可再生能源开发利用，促进农村用能清洁化、便利化。

第四节　大力发展农村清洁能源

农村能源是农村经济社会发展的重要物质基础，是城乡基本公共服务均等化的重要内容。在推进农业供给侧结构性改革的要求下，加强农村能源现代化建设，对改善农村民生，发展现代农业，实现全面建成小康社会目标具有重要意义。

坚持因地制宜、多能互补的原则，积极开发农村清洁能源，解决农村生活用能问题。积极利用畜禽养殖废弃物、农作物秸秆和林业剩余物等生物质资源，采用沼气、生物质气化、成型燃料等方式提供生活用能，鼓励建设大型沼气工程、生物质气化集中供气工程、生物质燃料集中供暖工程等。大力推广太阳能热利用技术，支持农户使用太阳能热水器、太阳能灶、建设太阳能采暖设施，鼓励在学校、医院等公共建筑建设集中式太阳能供热工程，鼓励分布式光伏发电与设施农业发展相结合，通过以上措施，形成清洁高效的多元化农村生活用能供应体系。

第20讲　强化能源规划实施机制

能源规划是落实国家能源战略、指导能源行业发展、发挥市场配置资源决定性作用的纲领性文件，也是政府履行能源行业管理和市场监管职能的重要依据。强化能源规划实施，确保能源发展目标和任务有效落实，切实维护规划的严肃性和权威性，是保障能源科学可持续发展的根本途径。“十三五”期间，要进一步完善能源规划体系，明确责任分工，增强规划引导约束作用，建立健全规划动态评估和修订机制，加强能源规划实施监管，确保能源规划有效实施。

第一节　强化能源规划实施的必要性

一、实施能源战略规划是世界各国促进能源发展和转型的重要手段

政府能源战略和规划具有鲜明的导向作用。从世界各国的实践经验来看，几乎所有国家都在研究制定能源产业的战略或规划，并通过实施一系列的法案政策，使长期能源战略目标得以落实。例如，美国政府2014年5月发布的《全面能源战略》，提出了美国未来低碳化发展的重要领域和举措。德国2010年9月发布的《能源战略2050——清洁、可靠和经济的能源系统》提出了德国至21世纪中叶能源发展路线图，2014年8月发布的《可再生能源法案（2014年版）》明确了风电、太阳能发电、生物质发电的发展速度。法国2014年通过的《能源转型法》就未来能源消费和生产的中长期调整提出了多个重要的目标。由此可见，即使在市场经济体制非常完善的欧美发达国家，也需要发布与《规划》具有相近职能的能源发展

纲领性文件或行动指南，以促进能源行业健康发展，实现能源结构转型。

二、我国能源规划是落实国家能源长期战略，指导能源行业近期发展的重要抓手

国家能源战略是从经济社会发展整体考量，对能源发展路线提出全局性、方向性和结构性的深刻谋划，其时间跨度一般是未来20年以上，其发展思路和目标具有较强的稳定性。由于战略周期长，在具体实现路径和时序上并不十分明确。规划是实现长期战略的阶段性行动指南，其时间跨度一般在5～10年。规划具有明确的阶段性目标、重点任务和保障性措施，具备很强的可操作性，能够有效指导近期行业发展，是长期战略和项目计划之间必不可少的关键环节。因此，与能源战略相比，规划更加注重具体实施。

三、当前我国能源规划实施仍存在一定问题

当前能源规划实施存在一些问题，主要体现在以下三个方面：

一是规划统筹衔接不充分，引导约束力不足。我国能源规划管理尚不完善，各级各类规划之间衔接不够充分，导致在实施过程中仍存在一定争议，使规划难以落地。

二是规划灵活性不足，不能适应实际发展需要。规划对未来能源需求、外部环境、技术发展等方面的预判存在不确定性。"十二五"期间在我国经济社会发展进入新常态的情况下，能源需求增长放缓，但规划未能及时调整发展目标和任务，导致规划方案与现实存在较大差距，某些行业出现产能过剩问题。

三是规划监管力度不足，实施效果不佳。我国能源行业发展长期以来存在"重审批、轻监管"的问题，对规划实施缺乏必要的奖惩机制，导致规划执行力不够。

四、强化能源规划实施有利于构建清洁低碳、安全高效的现代能源体系

强化能源规划实施有利于加快转变政府职能，推进简政放权、放管结

合、优化服务。按照党的十八届三中全会部署，将继续深化行政体制改革，加快转变政府职能，进一步简政放权。能源管理工作必须贯彻中央部署，主动适应、把握和引领新常态，将规划与市场经济有机结合，强化规划在能源行业管理中的龙头作用，发挥市场在资源配置中的决定性作用，促进能源行业科学发展。

强化能源规划实施有利于推动能源清洁低碳转型，促进能源行业协调发展。在落实国家能源战略、推行能源清洁低碳转型过程中，清洁能源发展面临一定困难。一是清洁能源发展的经济性问题，例如目前风电、太阳能发电、气电等成本仍然较高，需要在政策上给予鼓励。二是新能源与传统能源的协调发展问题，需要统筹各类能源的开发建设和运行管理。凡此种种，都需通过规划科学引导和统筹协调。

强化能源规划实施有利于保障能源供应安全。能源供应安全关系国计民生，是保障经济社会发展的重要基础产业。我国油气对外依存度较高，随着国际地缘政治关系日趋复杂，供应来源及通道存在安全风险。因此，必须强化规划的统领作用，增强能源自给能力，构建多轮驱动的能源供应体系，全方位保障能源安全。

强化能源规划实施有利于促进能源经济高效发展。能源产业投资规模大、建设周期长，随着政府行政体制改革和简政放权的推进，如果不加强能源规划实施，可能造成大量产能过剩和投资浪费，降低投资效益和运行效率，最终必然转嫁为全社会用能成本。“规划的节约是最大的节约”，所以必须提高规划的科学合理性，并严格实施。

第二节　增强能源规划引导约束作用

一、完善能源规划体系

完善能源规划体系的主要目的是建立层次清晰、类别齐全的能源规划架构，规范特定时间与空间范围内的各类能源开发利用活动，实现能源规划工作的规范化、制度化和系统化，引导市场主体行为与规划方向保持一致。我国能源规划体系可以用“两级三类”来概括，“两级”是指按行政层级分为国家规划和省级规划，“三类”是指按对象和功能类别分为总体规划、专项规划和重点区域规划。

国家级能源规划重点明确国家重大能源生产力布局、跨区跨省重大项目，能源总量控制及有关资金补贴方案，各类能源转型和创新技术集成示范等能源发展主要思路、方向和重点，服务国家重大战略。省级能源规划要重点明确涉及全国布局、总量控制及跨省重大项目的推进方案，以及省级能源发展布局、政策导向、科技创新和体制创新等重大行动举措，并建立与本级政府核准权限相对应的重大项目、重大专项和重点任务清单。

能源总体规划是能源发展战略性、纲领性、综合性的规划，是指导能源产业发展、确定重大建设布局和项目、安排政府投资和财政支出预算、制定能源相关政策的重要依据。能源专项规划是以能源发展特定领域为对象而编制的规划，是总体规划在特定领域的细化，是指导该领域能源开发布局、建设项目核准（审批）、具体投资计划安排等事项的主要依据。重点区域能源规划是以跨行政区的特定区域能源发展为对象而编制的规划，是能源总体规划在特定区域的细化和落实，是特定区域内能源供需衔接平衡、产业布局和重点项目建设的主要依据。

二、增强规划引导作用

在国家进一步简政放权，充分发挥市场决定性作用的形势下，要坚持国家能源战略方向，确保能源行业健康有序发展，必须增强规划引导作用。

（1）增强规划引导作用，规划本身应科学合理。一是要建立能源规划研究技术支撑体系，加强能源专家队伍建设，加大规划研究资金投入。二是要提高能源规划研究水平，强化科学理论支撑，做好基础调研、信息搜集、需求预测以及拟纳入规划重大项目的研究论证等前期工作。三是规划决策过程应公开透明，以规划研究成果为依据，全面落实国家和地方经济社会发展目标要求，充分发扬民主，广泛征求各方的意见和建议。

（2）增强规划引导作用，规划本身应具备很强的可操作性。规划应明确发展目标、发展思路和重点任务，建立与本级及以上政府核准权限相对应的能源项目清单。各级政府部门和相关企业都能在规划中找到自身定位和发展方向，按规划行事简单明了，效果突出。

（3）增强规划引导作用，必须做好统筹衔接。规划之间如果相互脱节，会导致实施主体无所适从，影响实施效果。能源规划应在国民经济社会发展规划纲要的指导下编制，并与土地利用、环境保护、城乡建设等相关规划衔接。国家规划与省级规划、总体规划与专项规划之间应当建立衔接协调机制。能源规划与价格、财税、投资等政策也应紧密协调，加大对民生服务、新兴产业的支持，加快淘汰落后产能，促进能源转型升级。

三、增强规划约束作用

规划作为落实国家能源战略的重要抓手，要完成国家确定的清洁低碳转型、生态环境保护、控制污染物排放等方面的刚性要求，必须增强规划约束作用。

（1）增强规划约束作用，应加强能源规划管理。能源规划应遵循下级规划服从上级规划、专项规划服从总体规划的原则。国家能源总体规划必须统领专项规划、省级规划和重点区域规划，将规划确定的主要目标任务分解落实到省级能源规划中，实现规划对有关总量控制的约束。各级地方政府应将国家规划作为编制省级规划的依据。能源企业可在政府能源规划的框架下自行编制企业规划，涉及全国布局、总量控制及跨省输送的应及时主动报能源主管部门衔接协调，未经批准不得对社会公开发布。

（2）增强规划约束作用，应提高规划对项目的约束力。处理好政府与市场的关系，把加大简政放权力度与严格落实规划实施统一起来。对于应该交给市场的事项，要扎实推进市场化改革，充分发挥市场的作用。同时，健全项目审批制度，项目按核准权限分级纳入相关规划，原则上未列入规划的项目不得核准。建立能源重点项目库，并按照规划期内计划建成、拟定开工或研究论证的方式加以分类，任何单位或个人不得随意调整任务项目。

四、明确规划职责分工

规划提出的非化石能源消费比重、能源消费强度、污染物排放等约束性指标，具有法律效力，是中央政府对地方政府和中央政府有关部门提出的工作要求。各级政府和有关部门负责分解落实能源规划约束性指标，明确责任和进度，确保规划目标顺利实现。各级政府要把约束性指标的完成情况纳入绩效评价考核体系。

规划提出的预期性指标和主要任务，是国家期望的发展目标，主要依靠市场主体的自主行为实施。各级政府的主要职责是对预期性指标和主要任务的实施情况进行跟踪统计和监测，健全市场机制和政策导向，通过政策引导激发市场主体的积极性，更好发挥市场配置资源的决定性作用。能源项目单位需加强重点工程项目实施管理，明确实施时间表和路线图，积极跟踪项目进展，定期做好项目进展情况上报工作，保障主要任务落实完成。

第三节　建立能源规划动态评估机制

经济社会发展是不断变化的，若要规划紧密结合实际，必须在坚持国家能源战略方向不变的基础上，及时调整阶段性目标和任务。以往规划中期评估工作不够及时灵活，没有对规划进行动态调整，使规划实施效果大打折扣。“十三五”期间，要建立能源规划实施监测和动态评估机制，必要时对规划进行调整修订，使规划始终保持正确的引导约束作用。

规划动态评估的基础是建立规划实施监测体系，完善能源信息统计管理制度，加强能源信息数据分析和发布，建立能源发展监测和预警机制，构建统一的能源信息数据平台。能源规划实施中期应开展实施情况评估工作，也可根据实际情况增加开展规划年度评估工作。评估工作由政府能源主管部门组织实施，也可根据需要委托开展第三方评估。评估工作主要包括监测目标完成情况和重点任务执行情况，并开展偏差分析，提出纠偏措施，形成评估报告，作为规划调整修订的重要依据。

基于评估结果，需对能源规划进行调整修订的，能源主管部门应提出调整修订方案，按程序履行报批、公布手续，未经法定程序批复，不得随意调整发展目标和主要任务。总体规划内容有较大变化的，涉及的专项规划、区域规划或省级规划也应做相应调整修订。

第四节 创新能源规划实施监管方式

一、建立能源规划实施监管体系

坚持放管结合，建立高效透明的能源规划实施监管体系。重点监管规划发展目标、产业政策、改革措施和重大项目落实情况，明确整改措施，形成年度监管报告，作为规划调整修订的重要依据。针对规划确定的重大项目，可视情况开展专项监管。

规划实施责任主体要及时发布规划实施进展情况，保障社会公众知情权。对规划实施过程中出现的苗头性、倾向性问题，要及时采取措施，积极妥善应对。依法向本级政府和上级部门报告规划实施情况、评估报告、监管报告和整改结果，将规划实施情况纳入政府绩效和领导干部考核评价体系和审计监督范围。

二、创新能源规划实施监管方式

重视运用现代管理理念、方法、手段创新监管方式，不断提高监管工作科学化水平。提高规划实施监管的及时性、全面性和准确性，强化事中、事后监管。推广随机抽查，规范监管行为，强化市场主体自律和社会监督，着力解决群众反映强烈的突出问题，提高监管效能。建立健全诚信档案和黑名单制度，让失信者一处违规、处处受限。

附录名词解释

火电灵活性

火电灵活性是近年来在欧洲能源转型大背景下发展出来的新方向，目前国内仍无明确的学术定义。按照国际上的共识，火电灵活性是指通过对火电机组技术改造，以牺牲机组自身效率和经济性为代价，大幅提升其功率调节的幅度和速率，达到增强电力系统消纳可再生能源能力的目的。系统通过辅助服务市场等方式，对通过灵活性改造为系统调峰做出贡献的机组进行补偿。

考虑到我国减碳目标和大气污染防治需要，火电灵活性还应包括燃料灵活性的范畴，即通过煤炭与生物质等耦合发电，降低火电机组化石能源消耗和碳排放强度。同时，发挥存量火电厂覆盖范围广和环保设施齐全的优势，就地就近对秸秆、污泥等进行无害化处理。

电能替代

电能替代是指在终端能源消费环节，使用电能替代散烧煤、燃油等的能源消费方式，如电采暖、地能热泵、工业电锅炉（窑炉）、农业电排灌、电动汽车、靠港船舶使用岸电、机场桥载设备、电蓄能调峰等。

智能电网

智能电网是传统电力系统与现代信息技术、先进传感控制技术的深度融合，电源、电网、用户间信息双向流动、高度感知和灵活互动的新一代电力系统，是建立集中分散协同、多种能源融合、供需双向互动、高效灵活配置的现代能源供应体系的重要基础，是实现能源结构调整，促进能源生产、消费、技术和体制革命的重要手段等。

充电基础设施

充电基础设施是指为电动汽车提供电能补给的各类充换电设施，是新型的城市基础设施，主要包括各类集中式充换电站和分散式充电桩。

第二代核电

第二代核电是20世纪60年代末到80年代期间，在实验性和原型核电站基础上，陆续建成的核电机组，是目前世界在运的主力堆型。

第三代核电

国际上通常把满足美国核电用户要求文件（URD）或欧洲核电用户要求文件（EUR）的核电机组称为第三代核电机组。与第二代核电相比，三代核电通过采用简化系统、模块化设计、非能动安全等措施，使轻水堆核电站安全性大大提高。

第四代核电

通常要求堆芯的毁损概率在10^{-6}以下，事故工况下无放射性厂外释放，在经济性方面要求总体电力成本低于每度电3美分，建设周期小于三年，初期投资每千瓦造价1000美元左右。

压水堆

压水堆英文缩写PWR，是轻水反应堆的一种，是使用加压欠热轻水作为冷却剂和慢化剂的核反应堆。水在堆内不沸腾，热量通过蒸汽发生器传至二回路，把二回路的水变成蒸汽驱动汽轮发电机组发电。

快堆

快堆是快中子反应堆的简称，主要利用快中子来引起链式裂变反应。快中子通常是指能量大于0.1兆电子伏特，慢中子能量正常小于0.1兆电子伏特。目前普遍使用的压水堆主要以铀235为燃料，铀235吸收一个中子发生裂变同时放出2～3个中子，然后中子继续轰击铀235，使得裂变反应能够持续进行。而快堆是以钚239为燃料，钚239裂变同时放出的快中子能够将占铀大多数的铀238转化成钚239，实现核燃料增殖，能够使铀的利用率比普通压水堆提高60～70倍。

商业快堆是指商业化运营的快堆。

聚变堆

聚变堆是指由质量较轻的原子核（主要是指氢的同位素氘和氚）在超高温条件下，发生聚合作用，生成较重的原子核（氦），并释放出能量的反应堆。

高温气冷堆

高温气冷堆是用涂覆颗粒燃料，以氦气为冷却剂，石墨为慢化剂和结构材料，冷却剂出口温度可达750～950℃的核反应堆。具有热效率高、燃耗深、转换比高等优点，由于氦气化学稳定性好、传热性能好，而且诱生放射性小，停堆后能将余热安全导出，因而安全性能好。高温气冷堆是有希望成为第四代先进核能系统的技术之一。

“华龙一号”

“华龙一号”是我国在30多年核电建设运营成熟经验基础上，汲取世界核电先进设计理念，考虑福岛核事故的经验反馈，研发而成的具有完全自主知识产权，满足我国最新核安全要求的先进百万千瓦级压水堆核电技术。

CAP1400

CAP1400是在引进美国西屋AP1000技术基础上，充分汲取三门、海阳两个自主化依托项目经验，通过自主创新开发的大型非能动三代压水堆，具有完全自主知识产权。

小型堆

国际上通常把发电功率小于300兆瓦的反应堆称为小型堆，一般具有模块化、多功能等特点。

企业义务储备

国家石油储备的组成部分，通过制定有关法律法规，对企业提出储备义务要求。国家对原油加工企业和成品油批发企业的生产经营性周转库存最低保有量做出界定，在此基础上要求企业承担一定数量的义务储备，并逐渐加大义务储备的份额。依据国家有关规定确定企业义务储备的目标和品种，并加强监督检查，规范管理。

地下水封洞库

地下洞库是20世纪70年代兴起的地下储油方式，具有安全性能高、不占或少占耕地、投资省、损耗少、运营费用低、使用寿命长、污染小、装卸速度快等优点。其中，地下水封洞库处于稳定的地下水位线以下一定的深度，通过人工在地下岩石中开挖出一定容积的洞室，利用稳定地下水的水封作用密封储存在洞室内的石油。